U0945135

有温度地记录历史

新闻传播实务笔谈

冯诚 著

新华出版社

图书在版编目（CIP）数据

有温度地记录历史：新闻传播实务笔谈 / 冯诚著.
-- 北京：新华出版社, 2022.12
ISBN 978-7-5166-6687-6

Ⅰ. ①有… Ⅱ. ①冯… Ⅲ. ①新闻学－传播学－文集
Ⅳ. ①G210-53

中国版本图书馆CIP数据核字（2022）第248542号

有温度地记录历史：新闻传播实务笔谈

作　　者： 冯　诚

出 版 人： 匡乐成　　**出版统筹：** 许　新
责任编辑： 祝玉婷　陈思淇　　**封面设计：** 赵晓冉
校　　对： 许晓徐

出版发行： 新华出版社
地　　址： 北京石景山区京原路8号　　**邮　　编：** 100040
网　　址： http://www.xinhuapub.com
经　　销： 新华书店、新华出版社天猫旗舰店、京东旗舰店及各大网店
购书热线： 010－63077122　　**中国新闻书店购书热线：** 010－63072012

照　　排： 六合方圆
印　　刷： 北京金康利印刷有限公司

成品尺寸： 170mm × 240mm　1/16
印　　张： 24.5　　**字　　数：** 300千字
版　　次： 2023年10月第一版　　**印　　次：** 2023年10月第一次印刷

书　　号： ISBN　978-7-5166-6687-6
定　　价： 72.00元

专家点评

崔士鑫　人民日报副总编辑，高级编辑

有理想、有情怀的新闻业者通常会经历四种境界：积极投身实践积累从业经验，凭借观察分析快速提升技能，把握新闻规律深化理论思考，转型授业解惑致力弘道立言。这也是一种脚力、眼力、脑力、笔力的逐级提升与融通耦合。细读这一“有温度”也“见火候”的理论与实务兼具、由术入道的新闻学著作，或许就能够体味一位“跨界”新闻人的专业境界与价值追求。

严文斌　新华社原副社长，高级编辑

书名如人名，它展露出冯诚兄作为记者与师者的真实性格，揭示了作者不断发现事实、理性分析、传播真相并引发读者广泛共鸣的人生追求，散发出他对这个时代和人民群众始终保持的那份真挚的爱。这就是一名记录者成功的奥秘。

周跃敏 江苏省记协主席，高级记者，原新华日报社社长、党委书记、新华报业传媒集团董事长

冯诚先生是我多年的老朋友，他在任新华社江苏分社社长期间，不但赢得地方党委、政府的充分信任，同地方媒体也结下了深厚的友谊，特别是因为都以“新华”命名，冯社长领导下的江苏分社和新华日报更是亲如一家、相互支持，新华日报专门开辟“中央媒体看江苏”专栏，包括新华社在内的中央媒体对江苏的重要报道，都及时转载落地，进一步扩大影响。给我留下深刻印象的还有冯诚先生对党的新闻事业的无限忠诚和不懈追求。他不但统筹指挥分社同志推出了一系列重大主题报道，产生广泛深远的影响，还亲自操刀采写了一批重头调研稿，对推动实际工作起到了积极的作用。他和分社同仁的许多作品成为新华日报编辑记者研究业务时学习的对象。令人钦佩的是，冯诚先生既是一名优秀的记者，又喜爱诗歌，擅长书法，退休后受聘出任母校兰州大学新闻与传播学院院长、教授、博士生导师。多重身份集于一身，冯诚同志张驰有度、游刃有余，不但新闻业务精，作品屡屡获奖，诗歌、书法的水准也令同行感佩不已，是业内难得的多面手、真秀才。记得冯诚先生2018年出版新闻专著《镇版报道的气质养成》时，我曾先睹为快，并专门写下一段文字予以隆重推荐。5年过去，冯诚先生再次推出新作《有温度地记录历史》。正如他在前言中所言：“从业界新闻采写的丰厚实践，到校园教学科研语境的熏陶，在身份的跨界和视角的转换中，不断努力使自己从‘术’的积累向‘道’的

层面提升”。和以前的专著比，他的新作实现了从“术”向“道”的提升。特别是提出“做有温度的记者，采写有温度的稿件”，更是有着极强的针对性。这既是他身份跨界、角色转换的必然，更是他不断思考、深入研究的结果。因而，他的新作兼具实操性和学理性，是进行马克思主义新闻观教育的生动教材，相信一定会受到新闻工作者和新闻专业学子的欢迎和追捧。

向培凤 湖北省记协主席，高级记者，湖北省人大常委、省人大城乡建设与环境资源保护委员会副主任委员

《有温度地记录历史》一书，有细节的雕刻，有思辨的深度，更有情感的厚度。该书通过解构优秀的新闻作品，复盘采写的心路历程，诠释如何在事件的客观记录中浸润人文的温度、在流动的事实中勾勒历史的脉络。作者长期深入基层，用自己独特的视角观察分析问题，采写了大量影响广泛的作品。即使担任领导职务，仍然坚持在采编一线，笔耕不辍。在学术研究中，特别注重传播学理论和新闻传播实践的有机结合，其成果兼具理论高度和实践指导价值，该书就是其中的代表作。

郭锦诗 **甘肃省记协主席，省委宣传部一级巡视员，原省委宣传部副部长、省政府新闻办主任**

冯诚先生是深受甘肃新闻界尊重的一位老新闻工作者。他的记者生涯从新华社甘肃分社开始，在一线记者到社长岗位的14年里，积极关注甘肃经济社会发展，足迹遍及甘肃各地，做了大量采访报道。书稿中多篇文章就是在甘肃组织策划和深入采访报道的实践感悟。退休后的冯诚先生仍然笔耕不辍、精业笃行。近几年他回到兰州大学新闻学院担任院长，同时热心关心参与省记协工作，担任甘肃新闻奖评奖和“好记者讲好故事”活动的评委。他还经常为省内宣传系统和新闻媒体做专题讲座，传授新闻业务知识和自己丰富的实践经验。相信冯诚先生的《有温度地记录历史》一书会成为新闻工作者的良师益友。

胡正荣 **中国社会科学院新闻与传播研究所所长，中国社会科学院大学新闻传播学院院长，教授、博士生导师；中国新闻文化促进会副会长、中国传播学会（中国新闻文化促进会传播学分会）会长**

植根于丰厚的实践沃土，站位于党和国家事业发展大局，不断推出一篇篇有温度有品质的新闻佳作，这是冯诚先生作为一名国家通讯社记者与时代同步、为时代讴歌的使命担当和专业精神；更为难能可贵的是，他在自己的记者生涯和教学实践中始终不忘对党的新闻事业发展和年轻新闻人才成长的内省与观照，既勤于理性哲思，又怀揣育人之爱，“且行且思”，日积月累，形成这部具有教科书意义的新闻传播实务笔谈。毫无疑问，它不仅为新闻同行提供了可资借鉴的经验分享，也为高校新闻传播课堂贡献了生动的教学案例，这正是《有温度地记录历史》一书的厚重所在，也是冯诚先生从业界跨界到学界的成功之处。

王润泽 中国新闻史学会会长，教育部“长江学者奖励计划”特聘教授，中国人民大学新闻学院副院长、教授、博士生导师，教育部人文社会科学重点基地新闻与社会发展研究中心执行主任

文字功底，是一名记者最重要的基本功；笔耕不辍，是一名文字工作者的职业能力和追求；心怀对个体的同情、守护社会正义，秉持家国情怀，是媒体人的优秀素养和高贵灵魂，冯诚教授汇集30多年新华社记者的实践经历、凝练多年新闻教育的理念和经验，呈现给读者《有温度地记录历史》的著作，值得细细地读，慢慢地品，从中可以体会和学习一位资深媒体人是如何用文字记录历史、表达情感、扶持正义，体会什么叫文字精炼、准确、优美并富有感情和生命。见字如面，文如其人，冯诚先生就是这样一位有温度的记者和学者。

刘晓程 兰州大学新闻与传播学院副院长、教授、博士生导师，中国新闻史学会公共关系专业委员会理事长

新闻传播实务是一门经验之学。对新闻传播现象和新闻传播规律的思考、对重大新闻报道策划的总结、对具体采写实践和创新作品的评析，是新闻传播实务研究和教学的重要方式。呈现在读者面前的《有温度地记录历史》一书，是一位拥有 32 年实战经验的新闻前辈的业务总结，也是一位新闻老兵转型从教后针对相关问题自发形成的“新思考”和“再研究”。在这本书中，我们不仅可以了解一篇篇“有温度的新闻报道”背后的心路历程，更能感受到一位“有温度的大学新闻教授”对相关问题展开的真切思考。在全书 40 篇“有温度地记录”背后，恰恰描摹形成了“实践中的马克思主义新闻观”的纯粹底色。

前 言

32年新闻记者生涯，4年新闻传播学界经历，从业界新闻采写一线的丰厚实践，到校园教学科研语境的熏陶，在身份的跨界和视角的转换中，不断努力使自己从“术”的积累向“道”的层面提升。于是，下决心把那些且行且思的点滴感悟和业务积淀，也如同利用新闻作品记录新闻事件一样梳理记录下来，与同道分享，任世人指谬。这便是我不揣浅陋、有勇气出版拙著的动因所在。

本书选收了我多年来撰写发表的一些探讨新闻传播实务类的业务文章，以及在新闻传播业界、学界、党政机关、企事业单位的各类专题讲座讲稿等共40篇。全书按照内容特点分编为“谈经论道”“平台引领”“案例解码”3辑。书中既有如何从做好采访记录开始筑好新闻报道“大厦之基”的得失之谈，又有如何以工匠精神苦心打磨精品佳作的从业感悟；既有策划指挥重大战役报道、深度调研报道、突发事件报道和热点舆情引导之范式探讨，又有自己亲身领衔采写典型报道的案例解码（“案例解码”中部分文章选自2018年出版的个人专著《镇版报道的气质养成》）。全书力图从世界观和方法论的高度探讨年轻从业者在新时代新征程如何进一步筑牢初心使命，自觉锤炼“四力”，多出新闻精品，为实现中华民族伟大复兴的中国梦和构建人类命运共同体贡献力量。同时，作为必须“心怀国之大者”、担当为党育人、为国育才使命的高校新闻传播教育工作者，我同样力求使自己笔下的这些文章能对新闻学子的专业学习有所裨益。

我的记者生涯于1985年6月从新华社甘肃分社开始，在一线记者岗位8年多时间，1993年担任分社副社长，1996年12月起，先后辗转新疆、甘肃、湖北、江苏四个国内分社担任社长、首席记者。本书中的大部分笔谈文章，都是以在这些地方的采访报道实践为案例展开的。其中，有的是当时采访报道后的“热思考”，有的是时过多年反思过滤后的“冷积淀”。值得一提的是，我从业界岗位退休不久，于2018年11月应聘担任兰州大学新闻与传播学院兼职教授，接着于2019年3月又受聘为学院院长、博士生导师，而本书中一半以上的文字是这4年间的新作，这就意味着在这些文字的写作过程中，更多地代入了学理性的审视、研究和认知。

《有温度地记录历史》——这个书名，缘于我收入本书一篇文章的标题。2020年4月8日零时，经历了史无前例的封城和76个日日夜夜艰苦卓绝的斗争，英雄之城武汉终于迎来了“解封”时刻：水、陆、空离汉离鄂通道全面开启。《从“暂停”到“重启”：武汉解除离汉通道管控》一稿全面生动、权威翔实地报道了这一重要历史性事件，在第三十一届中国新闻奖评奖中，它无可争议地收获了消息一等奖第一名的最高荣誉。作者是我曾经的同事，我能想象他们策划报道武汉疫情取得阶段性胜利成果的标志性事件“武汉解除离汉通道管控”时的兴奋状态，能感受到他们倾注于稿件中的澎湃激情。我甚至认为这篇稿件之所以获得中国新闻奖一等奖，一个重要原因是稿件的字里行间饱含着作者的情感，能触摸到作者的体温。为此，我专门撰写了一篇点评，题目就是《有温度地记录历史——简评第三十一届中国新闻奖一等奖〈从“暂停”到“重启”：武汉解除离汉通道管控〉》（《中国记者》2022年第1期）。

其实，这个标题，也表达了我一贯的新闻理念：我认为党媒记者从事新闻报道、记录历史事件，应该是“有立场”（刘少奇同志语）有情感的，其作品应该有鲜明的倾向性，换句话说就是要“有温度地记录历史”。

现在把自己探讨新闻传播实务的集子冠以“有温度地记录历史”，就是强调一个概念：做“有温度”的新闻，首先要做“有温度”的记者。而有温度的记者就应该理所当然地将自己的立场、情感、爱憎贯注于新闻传播实务的方方面面。

需要说明的是，这里所说的“有温度”乃是有理想、有追求的媒体记者应具备的无须他人提醒的自觉，是家国情怀、社会责任的具体化。这种自觉不是拿到了记者证就自然获得，而是每一个选题、每一次报道的用心用情，是作品吸引人、感染人的内生张力。

从我初做记者采写的第一篇通讯报道《会师楼下新长征》，到记者生涯最后一篇报道《江苏：给长江一个绿色承诺》，稿件水平高低另当别论，但我敢说，几十年间经手的所有稿件都带着自己的体温。当一线记者时写粮食丰收是有温度的，写扶贫开发是有温度的，揭露《百吨支农钢材七次转手倒卖》是有温度的，深夜奔赴百里之外的黄土山坡飞机失事现场报道突发灾难事件是有温度的，30年前从青海到山东穿行5省数千公里进行黄河水资源调查、因亲眼目睹母亲河当时的“水荒之忧”“悬河之患”“废河之虞（水质污染严重）”而发出《忧患母亲河》的呼吁是有温度的；在分社首席记者岗位组织指挥各类重点报道是有温度的；和同事们一道围坐桌前策划选题讨论修改稿件时，深入工矿企业访问劳模时，走进农家院落触摸粮囤热炕时，把干部群众的改革创新转变成媒体终端的精品佳作时，那种沉浸体验，那种喜忧共情，仿佛只有赋予真情实感的“温度”二字才可以诠释。

毫无疑问，做“有温度”的记者，采写有温度的稿件，作者一定要有正确的新闻观。也就是说，只有坚持以马克思主义新闻观为指导，坚持正确舆论导向，坚持真实准确、客观全面，稿件才能有温度，也才能经得起历史的检验。正如当代著名记者、新华社前社长郭超人所说，“我坚信不疑的是，凡属实事求是的新闻报道会经受住时间的检验，会透过历史的尘埃，从不同侧面反映出时代的风貌，记录社会的进程，显示自己独特的生命力”（《郭超人作品选》前言）。

本书以“笔谈”的形式出现，是因为书中文章选题自由、语境宽松，行文不囿程式，篇幅不限长短。它不是系统地面面俱到地谈论新闻传播实操 ABC 的教科书，而是有选择地对新闻传播实践中一些专业性较强的理论和实践问题或当下舆论热点问题进行话题式的交流和讨论。令我惶恐的是，限于理论素养和专业水平，笔下错漏缺憾在所难免，因此还望所有热心的读者朋友多多批评指正。

冯　诚

2023 年 7 月于兰州大学新闻与传播学院

目录

第一辑　谈经论道篇

第二辑　平台引领篇

第三辑　案例解码篇

第一辑

谈经论道篇

评奖范式与经略好稿

——参评中国新闻奖管见

冯　诚

摘要：

中国新闻奖，是中国新闻界优秀作品最具影响力的奖项，备受业界、学界和社会各界关注。获奖作品除了通过种种形式得以二次传播外，很多都成为年轻新闻工作者学习借鉴的范本，更是高校新闻传播学子实务能力训练的好教材。作为一个写稿几十年的新闻人，又跨界到学界人才培养岗位，作者参加中国新闻奖评审的实践和感悟，想必会对人们了解高等级新闻奖项评奖范式进而有效经营精品佳作有所启发和帮助。

关键词：新闻奖；评奖范式；经略好稿

从 1991 年开始，中国新闻奖每年评选一次，迄今已举行 31 届评奖活动。目前，每年从全国各地新闻媒体各类作品中评选出获奖作品 350 件左右。一般来说，获评全国新闻奖的作品大多堪称精品佳作，具有很好的示范意义和导向性作用。近年来，中国新闻奖评奖一直强调坚持“公平、公正、公开”的原则，统筹兼顾中央媒体与地方媒体，发达地区与欠发达地区，平面媒体与广电媒体、新媒体的参评作品；鼓励践行“四力”

和“走转改”的作品；鼓励媒体融合成效突出的作品。正如前中国记协主席张研农在第二十八届中国新闻奖、第十五届长江韬奋奖定评会上所指出的:“我们评奖的初心是为了推动新闻工作,是为了激励新闻工作者”;“我们评奖的目的就是推动新闻界更好地去履行48字职责使命，不断提高新闻舆论的传播力、引导力、影响力、公信力。”

新闻奖评奖备受各类媒体、广大新闻工作者和社会各界关注。获奖作品除了通过种种形式得以二次传播外，还有很多成为年轻新闻工作者学习借鉴的范本。特别是对于高校新闻传播学界来说，不少优秀作品更是成为学生专业实务能力训练的好教材。

从2014年开始，兰州大学新闻与传播学院成为中国记协确定的11个首批新闻奖推荐试点高等院校之一。迄今8年间，学院总共推荐报送24件文字消息、通讯、评论、视频、融媒体等作品，其中获奖作品10件，获奖率比较高。从2019年开始，近三年间我一直参加学院的推荐工作。与此同时，我作为中国记协新闻奖评审委员库委员，2020年参加了该奖报纸副刊作品、国际传播的初评；2021年参加了第三十一届中国新闻奖终评。一个写稿几十年的新闻人又跨界到学界新闻传播人才培养岗位，从写稿、评稿到与师生一道分析参评稿件的优劣得失，几年的参评实践，给我不少启发和感悟。

杜绝差错，根除硬伤

如果不是亲身参加推荐和终评活动，真不知道参评稿件的内容差错竟是如此普遍且让人抱憾的问题。

中国记协近年来一直对存在内容差错的作品，实行获奖等级限制，并有详细规定：

1. 表述有误，存在成语使用不规范、词语使用或搭配不当、缩略词语不当、生造词语、指代不统一、数量单位缺失、前后表述不一致等情况，以及广播作品现场音响和电视作品画面质量存在明显缺陷的，不得获一等奖。

2. 存在词序错乱、成分缺失、指代不明、语句杂糅、归类有误等错误的，不得获一、二等奖。

3. 作品中出现 3 次（个）以上不同类型差错的，不得获奖。

反观这些规定，可以看出被推荐参评新闻奖的作品竟也免不了五花八门的差错。

网络化时代，网上手机上的文字、音视频等的差错，人们习以为常，但是落到纸上或者各类媒体上，真正承担记录时代风云的使命，各类差错就是不能容忍的了。

在第三十一届中国新闻奖终评过程中，评奖办工作人员介绍，根据审核委员会主任会议研究情况，评奖办公室将影响作品参评的审核意见反馈给有关报送单位，并受理复议。结果有 113 件作品经报送单位提出了复议。对复议情况，中国记协高度重视，召开评委会主任会议专题研究。根据《评选办法》有关规定，评委会主任会议决定对其中 66 件不宜获奖的作品不予评选；同意把审核委员会关于 194 件作品的审核意见提交评委会评选时参考。

我所在的第一组，分工文字消息、评论、副刊、摄影作品的小组评审，共涉及推荐稿件 214 件，其中主任会议提出的审核意见中，因稿件差错不能获相应级别奖项的情况就有“不得获一、二等奖作品”7 件、“不得获一等奖作品”23 件，还有一些其他类型的评议意见。

以“不得获一、二等奖”的 7 件作品为例，评委指出的问题就有标点符号使用不当、表述不准确、直接引语不当、缩略语不当、词语指代不明、词序错乱、逻辑有误，等等。

“不得获一等奖作品”的23件作品，有的稿件就因为其中“这是十分厚重的肯定”这句话中“厚重的肯定”用词不当而不能获评一等奖；有的因“各省市也纷纷出台减免政策，最大程度缓解企业困难”这句话中把“各省（区）市”写成了“各省市”而不能获评一等奖。诸如此类，不一而足。

这种情况，在兰大新闻与传播学院每年收到的各地各新闻单位推荐来的作品中也比比皆是，大体计算有各种差错的稿件约占来稿三分之一，无论是文字稿件还是音视频稿件，有的一篇中各类差错达5处以上。显然，许多有可能获奖的稿件，过不了差错这一关，真正输在了“起跑线”上。

经常写稿发稿，差错难免，关键是看怎么对待差错问题。

朱光潜先生在《谈美书简》中谈到文学语言的锤炼时曾经说到，“我还记得30年代左右，夏丏尊、叶圣陶和朱自清几位同志在《一般》和《中学生》两种青年刊物中曾特辟出‘文章病院’，把有语病的文章请进这个病院加以诊断剖析。当时我初放弃文言文，学写语体文，从这个‘文章病院’几位名医的言教和身教中确实获得不少的教育，才认识到语体文也要字斟句酌，于是开始努力养成字斟句酌的习惯，现在回想到那些名医，还深心铭感。”（朱光潜《谈美书简》，作家出版社2018年9月第一版第193—194页。）

2021年年底，有社会机构发布了《2021年语言文字差错调查报告》，分析人士梳理归纳出容易出错的几个特点：政治性差错依然是政企、媒体、出版业单位最为关注的；输入差错已成为致错的“罪魁祸首”；常识性错误比较普遍；短视频字幕成文字差错“重灾区”。这些当是新闻媒体和采编人员须臾不可疏忽的问题。

不要侥幸撞大运，能够获奖的好作品一定是有策划、有经营、有备而来

以第三十一届中国新闻奖消息一等奖《从“暂停”到“重启”：武汉解除离汉通道管控》为例，武汉“解封”是一个动态事件，或许有人认为写一条简讯足矣，或者有人照发个新闻发布会的通稿交差。但是，该消息作者一面亲临离鄂通道，现场采访有序恢复对外交通、人员凭健康“绿码”安全流动的实时情况，强调“解封”是经过76天的举国拼搏、900多万人的顽强坚守所取得的阶段性重要成效；一面又以大量来自车站、码头、街巷、公园、早餐摊点等场所的“我在现场”多点描述，窥斑见豹，见事见人，有情有景，全方位地支撑起“重启”最硬核的新闻事实。显然，“重启”是经过采编人员精心策划，有组织、有准备地深入现场深度挖掘、经营的一条重头稿件。由此可见，有经验的新闻人，对重大事件、“可造之材”，决不轻易放过。

说到“有备而来”，《陕西日报》的举动让人刮目相看。第三十一届中国新闻奖评奖结束不久，《陕西日报》就组织了一次2021年新闻作品诊断会，就报社拟冲刺下一年度中国新闻奖的作品研判短板弱项，明确整改举措，寻求创新路径。他们从当年前9个月稿件中遴选出数十件文字、图片、音视频各类稿件，还有后几个月的数十个重点选题，邀请刚刚参加了中国新闻奖终评活动的多名评委以及部分学界、业界专家进行点评指导。虽然由于疫情影响只能线上举行，但大家的交流互动十分热烈，专家们从如何进一步提升稿件选题的新闻价值、全国意义，到更加注意参评作品体裁、形式的广泛性；从具体案例的解剖指谬到策划组织重头稿件的方法路径，直言相谏毫无保留。报社负责同志介绍说，近年来，《陕西日报》认真学习贯彻习近平总书记对《陕西日报》创刊80周年重要指示精神，坚持“对版《人民日报》、对标中国新闻奖”，新闻采编工作取得了突破性进展。继 2020 年 4 件作品分获第三十届中国新闻奖不同奖项后，2021 年又有 4 件作品上榜第三十一届中国新闻奖。他们认为，冲刺中国新闻奖只是手段，其目的是通过全方位提升采编工作质量水平和采编队伍整体实力，更好地承担起举旗帜、聚民心、育新人、兴文化、展形象的使命任务。他们的这一“作品诊断”举措始于 2020 年，效果很显著。报社负责人强调他们也并不单纯为得奖而看重作品质量，其着眼点是党媒的使命担当和队伍成长。

由此可见，推荐参评新闻奖的过程，往往会倒逼媒体和采编人员进一步提升对稿件质量的认知和重视。

时刻牢记新闻作品的价值取向，始终围绕党和国家工作大局做文章

这里所强调的，是要始终围绕时代大主题和政治大局做文章。比如要问 2020 年新闻报道方面的时代大主题是什么？那就要数抗击新冠肺炎和全面脱贫攻坚实现小康。这两大主题下的稿子，就看谁的分量重，谁的角度新，谁写得好！仍以上述《从“暂停”到“重启”：武汉解除离汉通道管控》为例，它全面生动、权威翔实地报道了 2020 年年初武汉抗击新冠疫情这一重要历史性事件，在第三十一届中国新闻奖评奖中，无可争议地收获了消息一等奖的最高荣誉。这篇消息播发后，先后被百余家媒体采用，互联网、新媒体浏览量累计破千万。作品社会影响广泛，又获消息类最高奖项，究其原因，首先是它主题重大。在评委眼中，这是一篇新闻性、思想性、可读性俱佳的好消息，它用 908 字的短短篇幅，巧妙地完成了举世关注的武汉抗疫斗争的宏大叙事，充分彰显了中国特色社会主义的制度优势，体现了以习近平同志为核心的党中央非凡的治国理政能力。稿件告诉读者：虽然抗疫斗争尚未结束，但武汉保卫战、湖北保卫战取得了决定性成果。这正是2020年全国人民休戚与共的生命关切，也是“重启”一稿的主题承载。有媒体人称赞说，这篇报道兼具历史视角、全局高度、人民情怀，充分体现了国家通讯社的特殊站位和视野，其特点是主题重大，带入感强，情感细腻，写作精到，堪称标志性作品。唯其如此，才能在同类参评稿件中胜出。

新闻工作，具有很强的社会政治属性，策划经营精品佳作，必须有强烈的政治意识，必须从政治上着眼，策划重点报道。只要把握好了选题，可以是宏大叙事，也可以是以小见大。以扶贫攻坚为例，可以写出《“三西”扶贫记》(第二十三届中国新闻奖特等奖)这样的鸿篇巨制，也可以写出《羊小平砸缸》（第二十七届中国新闻奖三等奖）这样玲珑剔透的通讯精品。而第三十一届新闻奖作品中以“扶贫开发”为主题的获奖作品数量可观、体裁多样。

把平时经常强调的“问题性导向”具体到“这一篇”稿件中来

第三十届中国新闻奖二等奖作品《把“放管服”变“管卡压”——甘肃省人社厅任性用权被问责处理》，就是一篇“问题性导向”思维催生的文字消息。这篇稿件是兰州大学新闻与传播学院从数十篇来稿中择优遴选出来，推荐到中国记协评委会的。人才流失多、引进难，一直是困扰甘肃发展的难题。2019年2月，甘肃省放宽高层次人才引进政策，甘肃省人社厅随后却擅自出台文件，将事后备案变相分为招聘计划备案、考试体检备案、审批结果备案3个事前备案环节，实行“变相审批”，阻碍了人才引进，甘肃省对此内部问责通报。正值十九届四中全会闭幕不久，记者通过内部渠道获得该线索，敏锐地察觉到事件反映出的问题很有普遍性。在通报决定未向社会公开的情况下，立即深入采访，很快用700余字的短消息独家公开报道这一地方“放管服”改革过程中出现的反面典型，深刻地揭示出职能部门“变相审批”背后的“任性用权”本质。稿件有理有据，事实依据清晰，文字理性平和，直击问题要害，对全国党政机关领导干部具有极强的警示性，体现了新华社记者的使命担当。该报道获得中央政治局常委、国务院总理李克强等同志的重要批示，230 多家媒体包括网站转载、采用，在微信、微博、百度贴吧等网络平台关注度高。其中，新华社客户端总阅读量 391 万次，评论 4915 条，网民对甘肃省委、省政府“刀刃向内”、不护短的做法一片叫好。事后，时任甘肃省人社厅厅长的贾廷权同志带领全体党组成员到新华社甘肃分社与采编人员座谈，表示新华社报道振聋发聩，帮助他们深刻认识到权力观错位的危害性，下一步将进一步从形式主义、官僚主义等方面梳理查摆问题，举一反三，吸取教训。学院师生进行评审时，一致首推这篇稿件并最终获奖。

近期参加一家省报稿件诊断会时，发现有一篇文字消息题材很不错，但就是问题导向不突出，没有写出全国意义。我在点评时讲了如下意见：消息稿《省委常委会开到高质量项目现场》一稿，本应是想象中一条很有现场感的动态新闻，但稿件没有把握住重点，没有突出问题意识，主要写的是观摩项目和听取汇报的过程以及会议的开法，写成了简单的会议消息。这样的消息在省内可能有一定的新闻性，但要参评全国新闻奖就难了。比如，领导人在观摩现场和汇报交流时发现了哪些好的做法、解决了哪些问题等，稿件都没有呈现。受新冠疫情影响，2020 年以后各地恢复生产、抓高质量大项目建设是一项极有现实针对性的工作，如果抓得早、抓得实、抓得好，特别是省委班子深入项目建设一线去探路子、破难题，一定会有很好的示范意义。如果作者能挖掘出省委常委会到高质量项目现场解决实际问题的举措和效果，那么，不管是动态消息还是现场特写，都会有很大的笔力展示空间，稿件也就有全国性的传播价值了。

以上强调的是策划采写稿件过程中的问题思维，而对于那些党和政府明令禁止、人民群众深恶痛绝的丑恶现象和问题，媒体记者当然要铁肩道义、疾恶如仇，勇于揭露批评。这方面的稿件，如《青海“隐形首富”：祁连山非法采煤获利百亿至今未停》（刊发单位：《经济参考报》），获得第三十一届中国新闻奖“文字通讯与深度报道”一等奖，自然是毫无争议的。这类批评性稿件在每届新闻奖中都有一定的比重。

始终记得突出特色，力争题材人无我有，事件独一无二，内容独家原创

第三十一届中国新闻奖文字消息一等奖作品《我国最后一个不通公路的建制村车路双通　滴滴！阿布洛哈村来车了》，就是一篇以独特的新闻事件和独家原创的报道而胜出的优秀作品。

2020 年 6 月 30 日，凉山彝族自治州布拖县乌依乡阿布洛哈村通路通车。这是全国最后一个不通公路的建制村，其通路通车，是全国打赢脱贫攻坚战的一个标志性事件。《四川日报》对阿布洛哈村的关注和报道已持续了十余年。在此次通车前，记者又专程徒步入村蹲点数周，详细了解村庄情况修路难点及村民对道路修筑的期盼，后期通车后做了即时报道。阿布洛哈在彝语中的意思是“高山中的深谷”“人迹罕至的地方”，从稿件中可以看到，阿布洛哈村坐落在金沙江畔西溪河峡谷中，三面环山，一面临崖，一直没有通公路。2019 年 6 月，阿布洛哈村通村公路被列入全省“具备条件的建制村通硬化路”范畴，正式开工建设。一年后车路双通，这在全国来说，是独一无二的题材，典型性突出，意义深远，在诸多参评消息稿中脱颖而出，原因就在于此。

第二十八届中国新闻奖文字通讯一等奖《“见字如面”23 年》（《工人日报》2017 年 3 月 18 日），更是一篇题材独特、故事新奇、写作精美、令人爱不释手的经典通讯。该报道通过一对平凡夫妻23年共同写下的6820多条留言、24万余字的12本“家庭日记”，记录了他们23年里聚少离多、牵肠挂肚的平凡故事。文章全文1489字，20个自然段，语言简练，娓娓道来，通过一个个小小的细节，一句句质朴的话语，带领读者不知不觉中体会到这世上最普通也最触动人心的亲情之美、家庭之美、人性之美和劳动者的温暖情怀。报道刊发后，引起强烈社会反响，《工人日报》微信、微博和客户端几天内的阅读量突破百万，此后数月的时间里，网络上的阅读、转发评论持续不断，读者的留言超千条，被点赞为是最能代表普通中国人的爱情故事、展现平凡职工情感的“最美留言”。2018年年初，中宣部、中央网信办、中国铁路总公司等部门又以《24万字，写就“最美情书”》为题，将这个故事推荐为“新春走基层”采访活动的重点选题，全国超百家主流媒体和网络媒体、20多家卫视频道、广播电台和地方电视台在重要版面、重点时段追踪报道，让这个“见字如面”的新闻故事家喻户晓（见《第二十八届中国新闻奖作品选》第54页）。

显然，这样的好作品获中国新闻奖就是顺理成章、无可争议的事了。当然，我们也要为评委慧眼识珠点赞。

以“好笔力”纵写大时代

“笔力”的本意是什么？从传统意义上讲，自然是文字写作能力。“铁肩担道义，妙手著文章”，说的是笔头功夫；“读书破万卷，下笔如有神”，是讲笔下功夫如何获得；“笔下有财产万千，笔下有人命关天，笔下有是非曲直，笔下有毁誉忠奸”，强调的是新闻记者笔下的职责使命。

笔力无处不在！古往今来，写作精到、笔力好的文章人人喜欢！流传千古的历史名篇哪一篇不是笔力取胜！获得新闻奖的作品，其笔力必然是可圈可点的。

“笔力”是新闻内容的外在表现，任何优秀的新闻作品都是由“好的笔力”呈现出来的，记者增强脚力、眼力、脑力，最后都要通过笔力来呈现新闻事实。

脚力，可以通过管理机制和作风培养实现；眼力，可以通过媒体站位和经验积累实现；脑力，可以通过调查研究、深入思考实现；而笔力，是入行进门的准入证！精准诗意的文字语言，始终是呈现事实、穿透历史的有效载体之一。权威主流媒体，无论怎样转型创新，都十分重视文字能力的养成。

这些年，我感到有一种倾向，就是无论在媒体内部，还是在学界的讲坛上，受眼前眼花缭乱的新媒体呈现方式影响，人们对传统的文字写作和表达有轻视、忽视、漠视倾向，这是不应该的。其实，我们在高等院校新闻传播专业学生择业应聘过程中就深有体会，社会用人单位对笔力的要求从来没有忽视过。

当然，在今天融媒体时代，我们必须重新审视新技术赋能条件下笔力的概念和内涵，十分重视融媒体视域下的笔力养成。否则，我们的媒体就会失去受众和市场。

对于传统媒体来说，过去强调的是笔头、口头、镜头，这些年转型遇到的最大问题，其实就是“笔力”倒逼，使得我们在新闻报道中不仅要考虑“三头”，还要考虑文字脚本对各种新形式、新终端的多元适配，即全媒体融合呈现。所以说，如今，笔力已不仅仅是文字写作能力，它要求媒体的采、写、编、评、发，都要与网络、音视频、两微一端等多向适配顺畅交互，使文本稿件一源多端，实现传播效应最大化。

在大众媒体时代，我们强调记者的十八般武艺，会写文字会拍照，会录播会开车，驻外记者还要会发电文；在专业方面，有专业型、通才型、杂家型，等等。在全媒体时代，我们的媒体人不仅要有文字呈现能力，还要掌握无人机拍摄、短视频制作、机器人写稿、大数据挖掘、微平台推送、融合创新等。

如果以前我们讲数百家媒体采用，是一种平面媒体传播效果，那么现在全网浏览量数亿、公众号十万加、客户端百万以上等，这些数字反映的就是立体多元呈现方式带来的传播效果。在第三十一届中国新闻奖评奖规则中就强调要注重向新媒体倾斜，为什么？亿万读者、听众、网民，什么是他们喜闻乐见的形式和内容？这就为我们提出了一个问题：文字写作能力和新媒体、新技术的应用能力相得益彰，才能实现新闻内容的更好呈现。当然，无论新媒体呈现如何五花八门，传统意义上文字笔力的重要性依然是不容忽视的。我曾在拙著《镇版报道的气质养成》中谈道，“无论终端呈现方式如何千变万化，都离不开具有深邃思想的文字表达和文本原创这个基石；今天，我们依然需要用写作来思考、整理和记录这个非凡的时代。”

当然，强调文本写作和笔力作用时绝不能对脚力、眼力、脑力有丝毫疏忽。

习近平总书记在2016年党的新闻舆论工作座谈会上讲话指出：“好的新闻报道，要靠好的作风文风来完成，靠好的脚力、眼力、脑力、笔力得来。”2018年全国宣传思想工作会议上，习近平总书记进一步强调：“‘四力’要求对整个宣传思想战线都是适用的，要不断增强脚力、眼力、脑力、笔力，努力打造一支政治过硬、本领高强、求实创新、能打胜仗的宣传思想工作队伍。”新闻工作者的“四力”锤炼是一个系统性、基础性的能力提升工程，也是一个长期过程，它体现在所有的采访调研和稿件写作过程之中，须臾不能放松，更不能顾此失彼，有所偏废。

（原载《青年记者》2022年6月上，总第727期）

“有温度”地记录历史

——简评第三十一届中国新闻奖一等奖《从“暂停”到“重启”：武汉解除离汉通道管控》

冯　诚

2020 年 4 月 8 日零时，经历了史无前例的封城和 76 个日日夜夜艰苦卓绝的斗争，英雄之城武汉终于迎来了“解封”时刻：水、陆、空离汉离鄂通道全面开启。《从“暂停”到“重启”：武汉解除离汉通道管控》（以下简称《重启》）一稿全面生动、权威翔实地报道了这一重要历史性事件。在第三十一届中国新闻奖评奖中，它无可争议地收获了消息一等奖的最高荣誉。作为终评评委，我自然为这篇精品佳作投下了充满敬意的一票。

（一）

好作品自带流量。这篇消息播发后，先后被百余家媒体采用，互联网、新媒体浏览量累计破千万。究其原因，它回答了受众的欲知、应知、喜闻乐见。

好作品自有它的无可替代性。在评委眼中，这是一篇新闻性、思想性、可读性俱佳的好消息，它用 908 字的短短篇幅，巧妙地完成了举世关注的武汉抗疫斗争的宏大叙事，充分彰显了中国特色社会主义的制度优势，体现了以习近平同志为核心的党中央非凡的治国理政能力。稿件告诉读者：虽然抗疫斗争尚未结束，但武汉保卫战、湖北保卫战取得决定性胜利成果。这正是2020年全国人民休戚与共的生命关切，也是《重启》一稿的主题承载。

同行的检视如一面镜子。有媒体人称赞说，这篇报道兼具历史视角、全局高度、人民情怀，充分体现了国家通讯社的特殊站位和视野。

（二）

消息的标题是它的眼睛，也是成就好稿的基础，有经验的记者绝不草率处之。《重启》一稿采取“两段式”标题法，将稿件的主题以前段式前置，引出稿件最重要的新闻点——武汉解除离汉通道管控，以“虚”引“实”，最大限度充盈信息量，鲜活、生动、形象地传达出武汉解封这一核心新闻事实。标题设置中“暂停”“重启”“解除”“管控”四个动词力透纸背，将抗疫斗争的惨烈、壮阔、坚守、决胜高度浓缩而又过程化展开，大大强化了文章主题的重大和事实的无可置疑。

“这是注定将载入史册的重要时刻：4月8日零时起，武汉市解除离汉离鄂通道管控措施，有序恢复对外交通，人员凭健康‘绿码’安全流动。”稿件的导语评述结合，以准确平实的语言开篇，通过一句点明要义的评论式叙述和一句核心新闻事实的描述，开宗明义、简明扼要，突出了新闻的核心价值和社会意义。

“倒金字塔”结构是重大新闻事件消息报道的常用手法。《重启》一稿导语之后，即点明新闻背景：“解封”是经过76天的举国拼搏、900多万人的顽强坚守所取得阶段性重要成效。接着以大量来自车站、码头、街巷、公园、早餐摊点等场所的“我在现场”多点描述，窥斑见豹，见事见人，有情有景，全方位地支撑起“重启”最硬核的新闻事实，新闻背景、现实场景均高度凝练、真实记录，既符合媒介融合时代的传播规律，也多元化地呈现出新闻消息具备的丰富元素，做到了新闻性和思想性的有机统一。

（三）

在做足了“我在现场”的文章后，作者顺应人们的阅读情绪，恰到好处地“逆锋起笔”，用电影蒙太奇手法和三个“人们不会忘记”的排比句，层次分明、广角多维地链接出艰苦卓绝的抗疫历程。决策层的运筹擘画、白衣执甲的忘我牺牲、子弟兵的闻令而动、全国各地的鼎力驰援，江城市民的顾全大局、社会各界的万众一心……作品本身仿佛澎湃着伟大抗疫斗争的磅礴力量。

稿件在短短篇幅中，竟能展开这样纵深宏阔的画卷，此乃作者最具匠心的一笔。

之后，笔锋跳转，行文节奏加快，几个数据就铁证般诠释了当初以封城阻断疫情蔓延的经验和意义。最后，作者不忘主流媒体的舆论引导职责，客观描述抗疫斗争仍将面对的风险与问题，“零新增不等于零风险，‘开城门’不等于‘开家门’”，引导和提醒人们胜利之时仍需保持清醒与冷静。

《重启》特别力求“短、实、新”。“九省通衢”的活力、长江大桥桥头奏出的“重启”交响曲……一个个具象化的符号，把细节感拉满，凸显质感和节奏，让新华社传统的通稿消息更加灵动、更接地气。“封一座城，护一国人”，这样既简洁有力又具有传播潜力的短句，画龙点睛，让稿件拥有了灵魂。整篇稿件句子短、节奏快、跳跃性强，保证了信息抵达受众的连贯性和植入性，句句如实锤落地，铿锵有声。

（四）

疫情是一场灾难，解封只标志阶段性胜利。《重启》的一个显著特点是稿件调性拿捏十分得当。作为有经验、负责任的记者，他们向受众讲述的是战胜灾难、走出阴霾的不易和欣慰，因此笔调始终是沉稳的、平实的、坚毅的，没有浅层次的喜气洋洋，也不渲染万众欢呼。

决定稿件调性、气质的是作者注入稿件的内在情感。阅读《重启》，你会从故事链中发现一条“有温度”、有律动的情感线。请看：

“我们都对这一天期盼已久”，这是4月8日零时一位普通人驾车驶离武汉西大门时发自肺腑的心声；

“大街小巷中，有的市民‘过早’时一边等候那碗最爱的热干面，一边互道‘好久不见’”，这里有最普通却最有代表性、最地域且极具烟火气的情感表达，仿佛让人看到那碗热气腾腾的热干面，听到了久违的市井寒暄，市民们对平常而幸福的生活失而复得、来之不易的喜悦之情跃然纸上；

“人们不会忘记，走过惊恐、焦灼、悲伤……在与疫魔的搏斗中，那些识大体、顾大局的武汉人”“在最困难、最黑暗的时刻也没退缩”……

消息篇幅不长，但从导语中的“人员凭健康‘绿码’安全流动”，到“我们还将继续战斗”的结尾，全篇13个自然段中，11个直接写到人。解除管控是说事，稿件落脚是写人。普通人的镜头、生活化的场景，正如邹韬奋先生说过的，“简直随他们的歌泣为歌泣，随他们的喜怒为喜怒，恍若与无数至诚的挚友握手言欢似的。”唯其如此，笔下的文字才会有温度、感动人。

（五）

“身入”方能深入，丰厚的一线积累才是孕育精品佳作的物质基础。

3位作者在长达数月的时间里，指挥或参与了新华社武汉抗疫一线报道的全过程。他们和江城人民一道，跨越冬与春，经历生与死，冒着巨大的未知危险，闯“红区”、入方舱、进社区、访病患，发出大量明辨是非、提振士气、鼓舞人心的抗疫报道，形成丰厚的采访积淀。解除离汉离鄂通道管控之际，记者又深入高速路口、机场、火车站多地直击现场，因而才有《重启》一稿写作时左右逢源、出手时冒热气接地气、大而不空、活而不散的上好品相。

要成就一篇好作品，绝非什么人都可以撞大运；优秀的作品后面必然是优秀的记者。新华社武汉前方报道指挥部总指挥、湖北分社社长唐卫彬获得“抗击新冠肺炎疫情全国三八红旗手”荣誉称号；新华社湖北分社总编室常务副总编李鹏翔获得“湖北省优秀共产党员”“湖北省抗击新冠肺炎先进个人”荣誉称号；增援湖北的新华社国内部记者胡喆获得“全国抗击新冠肺炎先进个人”荣誉称号。这就不难理解，为什么社会把“传播党的政策主张、记录时代风云、推动社会进步、守望公平正义”的崇高使命赋予那些心怀“国之大者”的媒体记者。

武汉“解封”是一个动态事件，或许有人认为写一条简讯足矣，或许有人说看看短视频就够了，或者有人照发个新闻发布会的通稿交差。但是，我要说，无论技术赋能使媒体形态、呈现方式、分发渠道如何五花八门，今天依然需要用文字记录和思考这个波澜壮阔的时代。写好文字消息，依然是媒体人的孜孜追求。

（原载《中国记者》2022年第1期）

附原稿阅读链接二维码：《从“暂停”到“重启”：武汉解除离汉通道管控》。

记者贵于“记”

冯　诚

近年来，兰州大学新闻与传播学院每年暑期都开展师生“重走中国西北角”实践采访教学活动，行前培训时，带队老师总要对学生强调一点：大家在行走采访中一定要勤动手记笔记，不要太依赖于自己的脑袋或录音笔、手机等现代化手段而甩手不记。之所以强调这一点，是因为老师们在多年行走实践中发现这是一个存在于每一届学生中的普遍问题，因此总要重复那句老话：“好记性不如烂笔头”。这让我想起自己刚当记者时，前辈们也经常叮嘱：“记者的采访本就像战士手中的枪，枪膛里没子弹就打不了仗，采访本上没东西，你注定就是个‘穷记者’！”

履职之本，大厦之基

“记”：记录、记述，记言、记事，脑记、笔记……工作生活中，很多人都有“记”的习惯。作家采风要记，因为要积累创作素材；学者做学问要记，因为要整理文献研究问题；记者采访要记，因为要通过记录时间、地点、信源、故事，完成新闻报道。其实，就算不是以文字为业的行政官员、企业家、社会工作者都能从“记”中尝到工作和生活的甜头。

“记”作为一种文体，古往今来，“记”的经典很多；“记”作为一种社会职业，古人有“左史记言、右史记事”之分工，而现代记者则二者兼备，一身二任。

“记者”的本意是什么，为什么把从事新闻报道的人叫“记者”？《新闻传播学大辞典》（中国大百科全书出版社）对“记者”（Journalist）词条的注解是：泛指所有新闻从业人员，即记者、编辑、台长、总编辑、摄像、发行人等；专指则指专门跑外勤的人员，即专职新闻采访写作人员；又称外勤、访事、访员等；记者的主要任务是为媒体采写新闻报道，基本的活动方式是采访与写作。这一权威注释没有讲“记者”一词的由来。而从记者的职能和社会责任来说，媒体人熟知美国现代新闻之父普利策名言：“倘若一个国家是一条航行在大海上的船，新闻记者就是船头的瞭望者”；而国内权威主流媒体对“记者”概念质性的阐释是：“记者是党的政策主张的传播者，时代风云的记录者，社会进步的推动者，公平正义的守望者”。

我认为，在汉语语境下，记者一词的字面含义顾名思义可以解释为“记的人”即“记言记事的人”，引申为“专门通过记言记事向社会大众传播重要信息的人”。由此，引发我对“记者”之“记”的如下认知：

记者之“记”，就是做采访记录，它是新闻报道的“大厦之基”——在采集、制作、播发稿件过程中，“记”是“一”，其他是“零”，有了一，后面的零才有了意义；记者以“记”为本，没有记，就没有报道可言，它从根本上体现着记者的专业根基和职业精神。

2002 年 5 月，时任新华社总编辑南振中到甘肃调研，5 天时间内，他无论是在甘肃分社与采编人员座谈，还是会见省里领导，或到基层调研走访，采访本始终不离手，交谈采访中随手就记是他的习惯动作。在去河西走廊途中，因为路途遥远，免不了在越野车上打个盹，但他即使得空在副驾驶位置小憩一会儿，笔记本和圆珠笔仍然紧紧握在手中抱在怀里不松开；车上有谁聊到甘肃一些有趣的事儿，他还会随手记几行，全然不顾车子颠簸。这个动作让一路陪同的我心生敬佩并无限感慨：将近四十年新闻龄的当代名记者、官位正部级的新华社总编辑，他还像一个刚入职的年轻人一样，生怕把什么要紧的东西漏记了回单位交不了差似的。这无疑是一位老记者对新闻职业的敬畏。当时，同行的人都赞叹南总编就是与众不同，没有几个大编辑、大领导能像他那样认真严谨而又谦恭得像个小记者，甚至许多年轻人也做不到。几天下来，他从北京带来的一个绿皮笔记本就基本记满了。

南振中先生为什么如此重视采访记录？此前他曾在自己的专著《记者的发现力》（新华出版社 1999 年 12 月出版）一书中专门讲过这个问题。他说，“古今中外，许多在写作上有成就的作家，都很重视自己的‘笔记本’。果戈里有一个近 500 页的笔记本。他总爱把自己每时每刻看到的、听到的传闻趣事、警句谚语随时记到这个笔记本里。”书中讲到美国著名记者、《西行漫记》作者埃德加·斯诺在我国西北的革命根据地采访，记下了十几本日记和笔记，拍摄了三十卷胶卷，还搜集了几磅重的共产党杂志、报纸和文件。他把这些宝贵资料藏在一个包里，在前往西安途中差一点丢失，“假如斯诺的笔记本丢掉了，那么可以想见，我们是不会看到世界著名的《西行漫记》的。”

那次甘肃调研回京不久，南振中就结合调研情况撰写了一篇全面系统研究思考如何进一步搞好西部大开发报道的专题文章，发表在新华社《新闻业务》上，成为全社深入报道国家西部大开发战略的业务遵循。

2014 年 9 月，退休后应聘担任郑州大学新闻学院院长的南振中，在新生见面会上给学生做了一次讲座，其间专门讲述了自己的采访笔记：

“年轻人好奇，经常问我究竟有多少本笔记。我可以告诉你们，有三千多本笔记，排列起来占了书房的一面墙。”“我的笔记都是整理过的：封面上写有‘内容提要’；‘书脊’标明笔记主题及年、月、日；前几页是笔记目录。所有笔记以时间为序存放。与文本笔记相对应的，是电脑中的‘笔记本电子目录’：每年的笔记编目连成一个小型文本文件；每10年的笔记编目连成一个中型文本文件；40年的笔记编目连成一个大型文本文件。寻找什么资料，只要输入检索词，就可以查到这一资料记在哪一年、哪一月、哪一天的笔记本中，从书架上抽出即可，非常方便”（2014年9月16日郑州大学新闻网）。

这段话有很多的专业技术含量和实操秘籍，而我看到后首先想到的是光那一本本笔记的记录、整理，需要一种怎样的职业精神，才能在几十年的风雨兼程中不离不弃坚持下来。

从南振中重视采访记录和打理采访笔记的经验，我们一定会对善记笔记与好记者之间的关系有特殊领悟。

宁可多记，不可不记

在常人眼中，记者做采访笔记，似乎是一个没有意义的话题，但在新闻实践中，记不记，记多记少，详记还是略记，作为新闻记者入场采访报道的第一道工序，没人能绕得开这些问题。

读过美国著名记者约翰·布雷迪《采访技巧》一书（新华出版社1986年8月出版），就知道西方记者是怎样把记好采访笔记当作学问来研究。约翰·布雷迪通过对美国一大批著名记者、专栏撰稿人采访调查，多层面阐释了记者做采访笔记的重要性并归纳出了一系列行之有效的方法和技巧。约翰·布雷迪在分析了“一些新闻报道教科书认为记者最好少做笔记”、甚至“有的记者主张没笔记就是好笔记”的现象后指出：“一定要做笔记。尽管一些报业老手把笔记本视为业余通讯员的标志，凡是通过广泛调查为杂志撰文的记者，最好还是随身带着笔和本。如果采访对象想讲清一个复杂的问题，这就尤其重要。”他进一步指出，对一些重要的采访要多记详记：“如果问题复杂，或者记者不熟悉，笔记就该不厌其多而又精确无误。为了逐字引用，也必须全部记录——不然就容易担风险，看见你只记了寥寥数笔的采访对象事后很可能会说：‘我不是那么说的！’”约翰·布雷迪还援引著名记者梅里曼·史密斯“误引总统的话会引起股票市场的涨落”的经验之谈指出：“一般地说，我们的共和国经得住误引带来的灾害，而记者大概就吃不消了。所以他在采访中做笔记或录音，以此自卫。”（《采访技巧》新华出版社 1986 年 8 月出版，第 169—186 页）

在这里，约翰·布雷迪把记者必须记好笔记的道理讲清楚了：既为了报道内容准确，还要考虑“以此自卫”；对于比较复杂的问题，自己不熟悉的问题，记录要“不厌其多而又精确无误”，这样才能保证报道内容准确无误，而“以此自卫”这一点，在对风云人物专题报道和一些涉及问题性批评性的报道中，笔记本的原始记录就显得非常重要了。约翰·布雷迪所言很有普遍性，在这一点上可以说中西方记者感同身受。

记得我刚做记者的时候，分社领导经常督促年轻人要多到基层去“抓活鱼”、采摘“带露珠的黄瓜”，靠采访本上的活材料写稿，绝不能整天在城里泡会议编材料，自己手中的采访本像摆设，那样是写不出什么像样稿子的。慢慢地我也养成了重视采访笔记并坚持勤记详记笔记的习惯，而且受益匪浅。后来我做了分社领导，在与年轻记者的业务交流中也经常这样提醒他们，有一个案例让我至今记忆犹新。那是我在新疆分社工作期间的 1999 年春节前夕，分社正在筹划春节报道的时候，时任年轻记者段芝璞（现任中国图片集团董事长、党委书记）有天晚上到我办公室，说他打算春节期间深入到南疆的喀什、和田等地就社会稳定问题做些蹲点调研，为此他已搜集了一些相关资料、采访了一些专家学者，做了必要的前期采访准备，但重点是要深入一线抓一些鲜活生动的东西。那几年南疆地区暴力恐怖活动频发，经济社会发展受到一定程度的影响，干部群众多有担忧。当时我到新疆工作已有两年时间，对区情有了比较全面的了解，对如何做好这方面的报道也有了一些自己的思路。比如，同样是研究问题，但我们新闻工作者与专家学者的视角和方式不同，我们的优势在于动态性、现时性和深入访谈的一手材料，而不是长时间大跨度的课题式研究。在讨论到此次下去如何采访写稿时，我们共同认为要改变以往在反恐维稳方面的报道套路 ，靠我们自己的眼睛、耳朵、采访本写稿；要结合以往的积累，重点靠自己记在采访本上的鲜活东西写出有分量的稿件来。我记得当时段芝璞同志表示我们的讨论交流让他信心倍增。果不其然 ，那次他在喀什、和田采访 15 天，共写出 10 篇重要的参考性稿件，篇篇来自于记在笔记本上的活材料。那次报道，段芝璞同志受到总社有关部门表扬，分社的参考报道由此打开新局面。

其实，这还只是记者蹲点采访中善记会用采访笔记之一例。在新闻报道实践中，很多权威媒体都会不断策划组织涉及国计民生重大主题的战略性全局性深度调研报道，这样的采访报道往往周期长、规模大，对稿件的精准性、全局性、参考性、导向性要求极高，它既要挖掘丰富翔实的基层创新探索典型，又要贯注专家学者的分析研究观点；既要忠于采访事实，又要归纳提炼出真知灼见，假如做不好采访调研记录，就难以当此大任。

那么，为什么会有人主张“少记笔记”，或者“不现场记笔记”“不当着采访对象面记笔记”呢？我认为，这种说法也是来自采访报道实践，有一定的案例依据，但它只是在特殊场合、特殊事件或面对特殊采访对象时的特例，不可能成为记者的常态。试想，上述段芝璞同志连续 15 天的采访，怎么可能不记或少记笔记呢！再比如光凭记忆，许多新闻发布会、采访座谈会一开几小时，怎么可能凭记忆解决问题。

对此，可以从三个方面来理解：其一，“不记”是不可能的。西方记者讲的“不记”，是由于种种原因不一定在采访现场做文字记录，但必须调动高强度记忆能力，事后立即靠回忆补记笔记或采用其他方式完成记录。比如，西方有的记者为了不遗漏现场采访内容，竟设法打断采访对象的陈述，自己跑到隐蔽处把刚才的重要情况补记到笔记本，返回后重启之前的话题；还有的记者面对不喜欢当面记录的采访对象时，故意不掏笔记本，而是若无其事地将桌上的报纸折小一些露出登广告的空白处，然后放在桌沿下面用腿垫着报纸悄悄做记录。不管什么方式，总是要想方设法把采访到的情况记录下来。尽可能原汁原味，准确真实，充分全面，这是对采访记录的本质要求，也是记者的职业守则，千万不可因人为记忆、访谈印象不周全而扭曲对方原意。当然，对于挖掘负面事件真相、揭露社会不良现象、核查性暗访性采访，在对方不便或不愿配合时就不能无视他人感受，不能旁若无人、毫无顾忌地做记录、拍画面。这是不言自明的。

其二，如今社会发展进步到了移动互联网时代，人们的思想观念和开放意识大为增强，对记者职业的认知度也越来越高了，“你若记录我就不讲”，或者见你做记录他就怯场、讲不出话来，这样的情况很少了，如果真的遇上了，通过手机录音或录音笔等其他办法会解决的，因为现在记录的办法越来越多了。

其三，记者采访中有时出现当场少记的情况，是为了集中精力听讲、加深采访印象并及时互动和引导，延展采访的广度深度，这无疑是十分重要的，而且是保证采访质量和进程之必须。但有经验的记者总是不会漏记重要内容并善于把互动引导过程变成适时动笔做好记录的契机，使二者的衔接天衣无缝，而不是相反。正如有学者所讲，“所谓当场少记，不是不记，而是记要点，记精粹的话，记生动的语言，记人名、地名、物名、数字之类。”

当然，如果我们今天把采访记录只停留在记文字笔记的理解上，那肯定是太迂腐落后不合时宜了。如今技术赋能时代，记录工具、技术手段越来越多越来越先进，智能手机、袖珍录音机、微型摄像机、无人机等功能强大，记者的“记”不仅限于文字记录，拍照、摄像、录音等音像记录同样是不可或缺的记录手段。虽然它们不能完全代替文字笔记，但也确实先进实用，可以补足记者速记能力不足的短板。就文字记者而言，熟练使用手机录音、随时拍摄一些照片、短视频，其采访报道的真实、准确、全面包括时效都会大大提高。但一定不能过度依赖这些先进设备，否则，采访过后整理录音材料做笔记和现场记录的成色还是有差距的，我总是认为一打开现场现时的记录本，那信息量、信息眼与自己的记忆一下子就接通了。

除此之外，专职做摄影、音视频包括新媒体报道的记者，同样要十分重视文字记录，对他们来说，事后做文字补记当是正常的工作流程。

应记尽记，多管齐下

如果把宁可多记、应记尽记仅仅理解为面对采访对象时的访谈记录，那一定是不全面的。

试想，当你驰骋数千里、来到四野茫茫的内蒙古额济纳旗东居延海湖盆深处，面对 16 平方公里碧波荡漾的水面时，你真的只顾自己兴奋狂奔而放心让身上的笔记本睡大觉？你真的以为这干涸几十年后起死回生的湖水不会说话？这时，你最好像面对一位饱经沧桑的老者正在倾诉衷肠似的，在景与心的对话中，轻轻地拿出笔和采访本，记下视野中那空旷宁静而又美不胜收的画面：清风徐来，水天一色，水鸟啁啾，水草茵茵……这深藏于遥远荒漠中的神性生机完全缘于国家黑河生态调水工程。此时哪怕你手中有智能手机或其他音像设备，现场景观的文字描写和记录已经成为写作稿件必不可少的要件。2002 年 9 月的那次赴居延海采访，我们采写的《水荡居延海，情暖额济纳》《沙漠骆驼泉》《敖包的守望》等多篇稿件都是靠记录在采访本上的眼见耳闻写出来的。

这里要强调的是，记者的采访对象不仅仅是人，采访本记录的内容不仅是与被采访人的对话交流，还应包括采访全过程多维度的亲历与感知。第一，前期搜集准备的资料、素材，最好都要点式的记录在这次采访使用的笔记本上。

第二，采访时间、地点、路途、距离、采访环境、过程，采访印象、感受、收获，还有采访期间发生的相关故事等等，要过程化、链条化地记录整理下来。假如一连采访三个贫困户，你不一一记下每一家的人口、收入、生活门路、口粮、饮水、孩子上学、家庭困难现状等，写稿时不出现张冠李戴才怪呢。

第三，要考虑到记者的采访常常是一次采访多次利用，此记录可能会成为其它报道的素材，要想到没有哪一次采访是孤立的、与其他事件毫无联系的，不要以为只要能完成此次报道，记不记无关紧要，谁知道此次采访的记录会不会成为下次报道的背景材料？苏联著名记者、作家利亚伯契科夫有一本《新闻学著作》，其中谈到他的记者生涯，他说，“一个记者在某个时候所作的笔记，总有一天他会再次需要的。”（《苏联名记者写作经验谈》，格·萨加尔著，新华出版社 1983 年 5 月出版，第 170 页）

第四，采访结束后及时整理标注，把当时的灵感、脑子里蹦出来的题目、采访中觉得还要做哪些补充完善采访等，做必要的提示。这样做，你的采访本就像大厦之基，博大、厚实、牢靠。而对于写满、用过的笔记本的保存，前述南振中总编辑的办法是再好不过的了。

写到此处，我还想起了老记者经常说的一句话：“记者的采访本就像战士的枪，要多重要有多重要，要随时带在身上，不能丢、不能撕、不能事后乱涂改。”老记者告诉我们，记者的采访本不光采访、写稿时离不开，以后也说不定什么时候还用得上，所以平时一定要注意保存好，不能丢失；还要注意保密，不能乱撕，最好保持原始记录状态。在工作实践中发现，这些经验之谈特别管用。比如，以身上带不带采访本为例，有一次我和两位年轻同事采访途中夜宿甘肃省武山县，准备第二天早餐后回兰州。谁知县委书记闻讯后主动前来共进早餐，当我们在饭桌上随口与这位书记聊起国家西部大开发战略实施情况时，他的话匣子一下打开了，还如数家珍、眉飞色舞地掰着手指头给我们算了四笔账：经济账、生态账、观念账、政治账，有故事、有甘苦、有感悟。这种对于自己亲身经历、烂熟于心情况的即兴交流，比提前约好的采访还生动精彩真实可靠。那时，我们正在到处调研了解国家西部大开发战略实施三年来的情况，没想到能偶遇这样一位难得的采访对象。颇为尴尬的是，因为吃早餐且无思想准备，我们仨都没带采访本，身上一张纸也没有，餐厅也找不到纸，怎么办？因为书记讲的都是具体事例和数字，凭记忆根本不可能完整记下来，实在没办法，我当即抽出桌上纸盒里的餐巾纸铺在饭桌上，用左手撑展，拿出圆珠笔边交流边记，到早餐结束时已记了六七页。有了这些意外收获，我们便改变计划，跟随县委书记在武山实地采访参观半天。由于对县委书记介绍的情况记录完整加之实地考察和相关补充材料，回兰州后很快将这位县委书记的四笔西部大开发账写成了参考报道，之后不久又作了公开报道，产生很好的社会反响。事后回想，这次采访开始没带笔记本，是因为吃早餐、事先没有采访的打算，便“刀枪入库，马放南山”，差点和一篇有价值的报道失之交臂。但归根到底还是没有经验：新闻难道不会在饭桌上发生？这就不难理解有的西方记者为什么身上除了带笔记本，还要特意把纸张折叠到衣兜大小装在上衣口袋里。而意大利著名记者法拉奇说她采访风云人物一般要带两台小录音机，“不然中途出了故障我只好自杀。”（《中外记者经验谈》537—538页）

再拿保密来说，现场采访记录的东西，在公开报道前就是保密的；一些重要的采访活动、重大事件、内部决策，包括一些政策的出台等，都是在正式发稿前不能随便泄露出去的，有的内容还有更长的保密时限。如果采访本丢失，不仅影响写稿，还会带来泄密隐患。再如笔记本原始记录，在涉及批评性报道、案件纠纷报道以及判定稿件是否失实方面，就会发挥法律质证的重要作用。这也就是西方记者所谓立此存照、“以此自卫”的道理。

记是手段，用是王道

“记录时代风云，推动社会进步”，这是记者的天职。就采访笔记而言，勤记是手段，善用是王道。

当代名记者、原新华社社长郭超人曾专门谈到过自己善用采访本的故事。

郭超人《在写作技巧的背后》(《喉舌论》1998年9月新华出版社出版）中有这样的记述：“20多年来，我的挎包里经常装着三种笔记本子，一种作采访笔记，一种是生活杂记，还有一种是思考摘记。生活杂记内容丰富，包括山川风物，传闻轶事，突出的印象，有趣的人物，生动的场景，等等。总之，记录下自己观察、接触到的一切。”“1958年，我随中共西藏工委工作队横穿辽阔的藏北草原到阿里去，绝大部分地区渺无人烟，找不到采访对象。但我坚持记生活杂记，每日不断。后来一些刊物向我约稿，我把这些杂记稍加整理，便写成了长篇通讯《藏北两千里》。1960年攀登珠穆朗玛峰期间，在繁忙的采访之余，我也写了大量的生活杂记。不久前出版社约我整理一本登山报道选集时，我从这些生活杂记中选摘了4万多字，加了一个标题:《同地球之巅的较量》，每段长短不拘，文笔自由，读起来还有些兴味。"

郭超人还强调，坚持写一些思考摘记，对于一个记者的成长尤为重要。"记者工作需要每日每时地去认识和反映客观世界里的新事物、新情况和新问题，而这种认识和反映常常不是一下子就能完成的。一个印象的凝聚，一个观念的形成，一个时期思想脉络的发展，都会有个从低级到高级的过程，总是从朦胧到明确，从肤浅到深刻，从片面到全面，从不正确到正确。这是非常重要的思想积累过程。如果能随时记录下来并加以分析和总结，将是一笔极其宝贵的精神财富。有些开始也许只是一种带偶然性的极不完整的一闪念，及时记录下来后，抓住不放，不断地加以深化和扩展，经过一段时间的积累，就可能变成一个极有意义的认识和观念，成为宣传报道上的一个重大主题。"他的《扫除唯心论的阶级估量》等重要稿件就是靠长时间的思想、素材积累形成的。

无独有偶。苏联著名记者格·萨加尔在他的《苏联名记者写作经验谈》中曾讲到，利亚伯契科夫（苏联著名记者、作家）有一本比较厚的笔记本，叫作"题材库"，在这个笔记本里有"明确的题材"与"不清楚的题材"的标题。"我翻阅过他的这个本子，读到了其中早年写的一个'不清楚的题材'，而这个'不清楚的题材'后来就成为发表在《星火》杂志上的一篇令人难忘的报道《迎着太阳》的基本材料。"（《苏联名记者写作经验谈》，格·萨加尔著，新华出版社1983年5月出版，第176页）

中外名记者的经验之谈，今天并未过时。勤于记录，善于积累，敏于致用，才可能成为业界常说的贵记者、富记者、好记者。

用好采访记录，履行好记者职责，这是所有新闻工作者的职业理想和价值体现。

（原载《中国记者》2023 年第 7 期）

追求准确

冯　诚

真实、准确，是新闻报道的不变天条，也是最高追求。

真实、准确，既是无产阶级新闻的党性原则，也是新华社扩大影响力和正确引导新闻舆论的必然要求。

在新闻信息传播快捷、社会现象复杂多变的今天，新闻报道一旦失实或不准确，其负面影响将很难估量。

尽管如此，在我们的新闻报道中，不够准确、不够真实，差错、失真的问题依然相当普遍。据《总编室交接班日记》，仅 2004 年 11 月、12 月两个月，总编室汇报会就通报评析了我社 10 余篇或因新闻来源不权威而导致不准确不真实、或因采编作风马虎、违规操作导致出差错、失真失实的稿件；国内部通报的记者原稿差错几乎每天都有好几条；而从大广播每天的改稿和读者纠错情况看，已经播发出去或播发后已经落地的稿件中一般性、技术性的差错就更多了。可以想象，这些稿件在一定程度上必然使新华社在媒体和读者中的形象受到损害。

准确无误：新闻稿件全部要素的质检底线

作为采编人员，在业务报道方面最怕出问题的就是稿件真实准确问题。无论是正面报道还是批评性报道，无论是公开报道还是调研稿件，只要做到真实准确，我们就立于不败之地。反之，我们便理屈词穷。更重要的是不实不准的报道会对实际工作造成不可弥补的损失。正因为如此，2004 年 9 月，田聪明社长和南振中总编辑专门致信各分社社长，就内参报道真实性、准确性问题提出五条具体要求，并多次在有关材料上批示，要求各类报道都必须首先确保真实准确；社总编室再次印发了社党组关于确保新闻报道真实性的七条规定；国内二编部下发了关于进一步确保内参报道真实性、准确性的通知。

总体来说，新华社采编工作者对新闻真实性、准确性问题的认识还是比较到位的，但为什么在实际报道中还是不能尽如人意呢？

反观我们的新闻报道实践，有一个值得注意的问题是，许多采编人员对新闻主体事实的真实性比较重视，绝大多数稿件主要事实都是经得起检验的；但在准确性方面，不少稿件却大打折扣，人们的重视程度也不尽一致。因此，在确保新闻事实必须真实可靠的前提下，有必要对准确性问题予以特别强调。

“准確”一词，《现代汉语词典》解释为“指行动的结果完全符合实际或预期”。照此理解，在新闻报道中，准确，应该是指全部报道完全符合报道对象和事件本身。它应该是贯穿新闻稿件始终的一个基本标尺，是稿件全部要素的质检“底线”。

毫无疑问，准确和真实总是密不可分，没有准确，就没有真实，准确是真实的基础，是真实的支点。而不真实的必然是不准确的。但准确与真实也确有区别。一般来说，真实主要是检验稿件的主体事实是否属实，是否立得住；而准确则更多的是从方方面面细部入手检验稿件，大到主体事实、标题导语，小到字、词、句，标点符号，无所不包。正因为如此，人们常常误以为真实是大问题，准确是小问题；真实是原则问题，准确是小节问题。读者或报道对象对稿件提出质疑时，采编人员总以为只要主要事实真实准确就不怕，局部、细节不准确情有可原。然而，有经验的新闻工作者深知，大问题常常出在小节上。“让人疲惫的不是远山，而是鞋里面的一粒沙子。”在新闻报道中，最惹人烦恼的恰恰是准确问题。它无处不在，纠缠不休，无论你是资深“老新闻”还是年轻新兵，谁小看了准确问题，谁准吃亏。特别是涉及批评性、问题性报道，一旦存在不准确问题，就会直接削弱稿件的说服力和影响力，给报道对象留下口实，甚至招惹官司。纵观这些年大量惹出新闻官司的报道，许多都是在准确层面出了问题。

2004 年 10 月 9 日，湖北《楚天都市报》驻黄石记者了解到当地一个个体户销售的河南豫花面粉过氧化笨甲酰（增白剂）含量超标，已被工商部门查封，当天即向报社发了稿。遗憾的是，他在报道时将面粉增白剂国家标准 0.06 克 / 千克错报为 0.006 克 / 千克，以此推算增白剂含量 0.089/ 千克的豫花面粉超标 14 倍，成了“有毒面粉”，其他一些媒体也跟着作了报道。一时间，河南豫花面粉增白剂超标 14 倍、工商部门清剿“毒面粉”的消息覆盖了江城多数都市报，一些网站纷纷转载。随即武汉等地展开了一场声势浩大的查封豫花面粉的行动。生产豫花面粉的河南大程集团因此一度陷入困境。其后不久，在大程集团等有关方面呼吁下，《人民日报》《中华工商时报》等首都大报刊登大篇幅文章，批评湖北媒体的报道夸大事实，不负责任，损害了一个知名企业的声誉。李长春、刘云山等有关领导也就此作出批示，要求对涉及类似食品、饮料、药品等关系人民日常生活用品质量的报道一定要慎之又慎，注意社会影响，切忌炒作。事后，湖北省委常委会专题总结此次报道的教训，认为豫花面粉增白剂超标本是事实，执法人员清查查封没有错，但在新闻报道中出了三个不准确问题导致的错误：1. 超标数字没弄准，扩大了10倍；2. 由第一个问题引出的“毒面粉”一词夸大事实，定性不准；3. 一些媒体用“清剿”之词来描述执法行动有炒作之嫌。相关媒体和责任人因此受到批评和处理。湖北省委主管宣传工作的副书记邓道坤在总结此次事件教训时说，本是一次维护消费者权益和促进企业提高产品质量的活动，就因为一个数字、两个用词不准确，给我们的工作造成很大的负面影响，教训实在深刻。

在文学作品中，准确是一种境界，是感染力，是穿透力。准确方能灵动，准确方能完美。“鸟宿池边树，僧敲月下门”，一个“敲”字，何以让文人墨客推崇千古？首先是因为用词准，准确地描述了月下之僧的行为本身。只有“敲”，屋内之人才能闻声回应。因为用得准，才显得巧、显得活、显得美。

在新闻稿件中，准确是生命，是影响力，是竞争力，它体现着媒体的公信度和权威性。打一个比方，准确出问题，就像人的肌肤长了脓疮，轻则局部坏死，重则致命。一篇稿件中不准确的地方多了，就像一个病体，失去神采、失去活力，也就失去了美。

刘勰在《文心雕龙》“总术”篇中论述到文章写作技巧时说：“夫骥足虽骏，纆牵忌长。以万分一累，且废千里。况文体多术，共相弥纶，一物携贰，莫不解体。”意思是说，文章写作，要注意多方面的技巧，就是看上去次要的部分也不能忽略，正是在这些部分上会招致写作的失败。比方驾车的马缰绳长一点儿，这好像是无关紧要的细节，但就是因了这个细微的缺点，影响千里马不能在规定的时间里跑一千里路。这说明在写作上，不仅大的地方像谋篇结构等不能忽略，就是在用词造句等小节上也不能马虎。刘勰的论述可谓精辟，我们今天的新闻采写实践中许多闪失何尝不是以“万分一累，且废千里”。有时，一个数字的差错，便造成无可挽回的影响，如上述豫花面粉事件；有时一个汉字的疏忽，让人遗憾不已，如2004年11月16日我社播发的《辽海轮在大连海域失火》，因记者在采访中对发音相近的字词分辨不清，将辽海轮的上级单位“大连航运集团”写成“大连海运集团”，一字之差造成失实。

就说小小标点符号吧，我想很多人都熟知语文老师经常讲起的那个例子：“下雨天留客，天留，我不留。”“下雨天，留客天，留我不?留。”同样的文字，仅几个标点符号的变化，表述的事实完全相左。这样的问题如果出现在新闻报道中，后果同样难以设想。所以，准确无小事，准确不可违。

规避失准：谨防三个迷你陷阱

从我们长期的新闻报道实践看，准确方面的问题，一般可归纳为三类情况，也可以说是三个陷阱。

一是差错疏漏，包括事实、语法、字词、时间、地点、人名、数据、标点，等等。这类问题最为普遍。据2004年新闻研究所《媒介调查与舆情分析》第26期刊登的统计分析文章，2004年2月25日至4月25日两个月里，仅用户和读者挑出我社通稿的差错就达293条，日均4.8条。其中，标点、字母差错各1处，错字、多字、漏字186处；包括数量词、年月份、日期、人名、地名、方向等事实性差错34个；颠倒用词、称谓错误、缩写有误、翻译不规范等错误66条；还有改过的差错重复出现等差错5处。

二是局部失真，表述不当，包括夸大渲染，以点带面，以偏概全，概念不清，新闻来源不权威，事实表述不完整，等等。吴锦才同志在2004年12月19日晚总编室汇报会上讲道，近一段时间，我社有记者根据一些防治艾滋病专家的推算发布新闻说我国有500万—1000万人的同性恋者，并估算了他们患艾滋病的比例。卫生部对此来函提醒说，我国尚未开展大规模的同性恋人群基数及其所患艾滋病感染率的调查，因此，尚难估计人数。卫生部说，艾滋病属于传染病，其疫情由卫生行政部门对外发布，不能由专家和医生发布。他还讲到与此相关的一件事是此前我社播发的一篇《厦门大学问卷调查表明，近九成女研究生赞成同居》受到该校研究生的质疑。经查证，这项调查的有效问卷只有312份。他说，今年以来，我国新闻界一些媒体根据不准确、不科学的调查结论发布了像“杜蕾斯调查表明中国人平均每人有19.3个性伴侣”“我国新闻工作者平均寿命为40多岁”等，都被公认为假新闻（据2004年12月20日《总编室交接班日记》）。

三是事实“疑似”，也就是何平同志所讲的“疑似新闻”。这个问题在我们的报道中也是比较常见的。2004年5月16日播发的《曲格平呼吁：我国发展循环经济刻不容缓》中说“联合国公布的不适宜人类居住的约20个城市中，16个在中国”。稿件播发后有媒体提出质疑，指出“联合国驻华代表表示未公布过此类名单”。经查证，曲格平表示，这一提法并非原文，实际出处是联合国开发计划署曾在《2002中国人类发展报告》称，“在全球约20个空气污染严重的城市当中，中国占16个”。“空气污染严重”并不等同于“不适宜人类居住”。何平同志将这篇报道中出现的现象形象而生动地概括为“疑似新闻”，即：虽不是人为编造的假新闻，但对事实的报道却不准确，是失真的，经不住检验的。例如：不适宜人类居住的城市16个在中国、我国将把省级行政区划增至50个、韩国申报端午节为世界文化遗产等。这些似是而非的报道对媒体的权威性和公信力都会造成不良影响（据2004年11月25日《总编室交接班日记》）。

穿透表象：让准确经得住时空的安检

把握新闻稿件的准确与否，还有一个和报道与生俱来的深层次问题不可忽视，即：对人类社会客观事物发展规律的认识水平和对社会现象及事物之间内在联系的判别能力。也就是要做到本质的真实、本质的准确，使稿件的准确性经得起历史的检验。我们经常要求采编人员在采访报道中要丰富知识面，学习辩证法，学会运用历史的、全面的、辩证的观点分析研究问题，善于对耳闻目睹的社会现象和采访搜集的新闻素材去粗取精、去伪存真，研究问题要抓本质，看主流，防止片面性、绝对化，道理就在于此。否则，就难免在稿件中留下历史性的遗憾。

我读过新华社老记者周长年回忆周恩来总理修改他一条消息稿的文章。他在文中回忆说，1972 年 7 月，他就当时发掘长沙马王堆汉墓出土许多珍贵文物写了一条消息，稿件经郭沫若同志审阅后送周总理审定，周总理审阅后改了四个字，就是将原稿中把出土的一幅帛画说成“古代帛画中空前的杰作”一句中“空前”二字，改为“前所未见”四字。当时他“没有仔细去想周总理为什么要这样改”。但在25年后当他看到了“全国考古新发现精品展”上的那件“锦质护膊”后才领悟到了总理修改的深意。那件护膊实际是一幅用绢织成的帛画，与马王堆汉墓帛画同为汉晋时期作品，1995 年出土于新疆民丰县尼雅遗址，呈长方形，织有孔雀、仙鹤、龙、虎等动物图案，题材新颖，色泽鲜艳，对汉晋时期我国丝绸工艺、绘画及相关领域的研究，具有重要价值。周长年说，如似我消息中所写，说马王堆出土的帛画是“古代帛画中空前的杰作”，就等于说此前再没有类似的帛画了，而“锦质护膊”出土的事实说明，汉晋时期，尚有“锦质护膊”存在，只不过在 20 世纪 70 年代尚未发现和为人所见。从这一意义上说，将马王堆帛画说成“空前”的杰作，未免太武断了，甚至是失实了。周总理将“空前”改成“前所未见”，表达就准确了，说明只是在当时已经出土的帛画中，尚未见到过类似马王堆帛画，而不是中国古代就没有马王堆帛画以外的帛画了。另外，即使今天仍没有出土“锦质护膊”，新闻报道用语也应该留有余地，不要说得太绝、太满，而“空前”就太绝对、太满了。周长年的文章让我们深受教益。

前不久发生的一个失实报道例子也令我们深思。就是2004年11月21日包头空难后，我社于11月28日播发的《“11·21”空难一遇难者家属因悲伤过度猝然离世》一稿。这篇稿件一方面因为消息来源不可靠，稿件中所谓已死亡的家属事实上并未死亡而完全失实，造成负面影响，教训深刻。而另一方面，如果再做些进一步的分析，即使此家属的确已死，但能否说是因为“悲伤过度”所致？是直接原因还是间接原因？是唯一原因还是多种原因？该不该发稿？尚需仔细斟酌，慎而又慎，至少应依据专家的鉴定结论，不能人云亦云。湖北分社部分采编人员在学习贯彻社领导关于此稿问题的批示时认为，类似问题并非个别现象，本分社去年就曾出现过对事实未认真核准或对事件表象未深入探析而导致失真、失准的报道。因此，我们每一个采编人员都应该在这方面自警自省，做到在任何时候、任何情况下，既确保新闻来源的准确、权威，又不忘对新闻事件本质真实的认真探究。

准确再造：每一个环节都是最后一道关隘

一篇稿件的出炉，要经过采、写、编、校、发等诸多环节，而每一道环节都应该是向更加精准推进的过程，我把它叫作“准确再造”。每一个采、编、发人员都应该把自己当作再造准确的终端把关者来看待；每个人都应把稿件的准确推到极致。这里要强调的是，在编辑环节有两个问题需要特别慎重。一个是在编删稿件时，要防止因粗枝大叶造成新闻要素不全、逻辑关系不严等失准现象。客观地说，一线记者的来稿一般都要经编辑精编删改再润色，有的来稿甚至弃之可惜，编起来费劲儿，要耗费编辑很多精力。这就需要编辑以平和心态、牺牲精神悉心“为他人做嫁衣裳”。二是标题和导语的遣词造句要十分严谨，切忌根据自己的主观理解而用概念化的形容词、副词“升华”、拔高、渲染事实。标题和导语集中反映着稿件的核心内容和最精华部分，一旦失准，全篇失色。甘肃读者王增仁曾反映，我社一报纸 2004 年 11 月 7 日头版刊登的《反美武装围魏救赵，萨迈拉城血流成河》，标题中“血流成河”渲染过分。从文中看，该城的爆炸共造成 37 人死亡，62 人受伤。这些死亡人数还不至于出现“血流成河”的景象（据 2004 年 11 月 25 日《用户意见反馈》）。查看 11 月 6 日国际通稿原文，此稿标题是《伊拉克萨迈拉市连环爆炸造成近百人伤亡》，稿件内容没有“血流成河”一词，而且这些死伤人数是当天几个不同地方不同时间多次爆炸造成死伤人数的总和，也就是说死伤的近百人并非集中在一个地方。所以读者认为标题渲染过分。这说明，读者对新闻事实有自己的判断能力。在新闻报道中常常有这种情况：记者采写的稿件，内容是准确的，对事实的描述是恰当的，但见报后一个过分渲染甚至耸人听闻的标题，让读者大跌眼镜，让作者诚惶诚恐。如果是批评性、问题性报道，作者十有八九要上“被告席”。因此，我们在制作标题、编写导语时更要时刻注意按照马克思所说的“根据事实来描写事实”，而不能按自己的理解和想象来描写事实。

准确问题，归根到底，反映的是采编人员的业务素质和工作作风。追求准确，就是追求真理，就是追求完美。在媒体竞争日趋激烈、人们对新闻信息真实性、准确性的要求越来越高的今天，作为国家通讯社的新闻工作者，我们应该不折不扣地贯彻执行社领导指示精神和社党组的规定，把追求准确当成一种基本素养和品行，坚持深入实际、深入生活，认真调查研究，一丝不苟地写作编发每一条稿件，把真正堪称真实、准确、全面、客观而又权威可信的新闻信息奉献给读者。

准确些，再准确些！因为："笔下有人命关天，笔下有财产万千，笔下有毁誉忠奸"！

（原载《新闻业务》2005年第7期）

好作品是以工匠精神苦心打磨出来的

冯　诚

好稿不厌改

有经验的记者知道，所有稿件在出手之前都有修改的余地。

一位老新闻工作者曾感叹：哪有什么一气呵成、一挥而就、妙语连珠，所有好作品都经历过呕心沥血；每一篇稿件的成功都有一个笔力提升和制作过程的精致化。正所谓好文章，是苦心编改打磨出来的。

新华社记者披露，2018 年中国新闻奖特等奖作品《中国反贫困斗争的伟大决战》（新华社稿件）策划采写一年，修改了三个月；2013 年中国新闻奖特等奖作品《三西扶贫记》（新华社稿件）修改 12 遍。《人民日报》原副总编米博华先生谈到评论文章修改时说："修改有时比写作更重要。'一笔准'，落笔字字珠玑，谁也吹不起这个牛。鲁迅手稿看上去文不加点，但不少手稿是改抄后的文本；托尔斯泰也常常把整段整章的文字撕掉，一遍遍重新写过。这样的例子不胜枚举。一个作者不断地修改自己的文章是个好习惯，说明他有求深求准、求新求美的追求。修改的过程是升华思想、修炼内功的过程。改得越苦，功力越有长进。思路欠通要改，表达不准要改，文字啰唆要改，句子太长要改，改而后读，读之不上口还要改。越改越好，那是一定的（见《新闻评论实战教程》，米博华著，《人民日报》出版社，第 70 页）。”他举例说：“《筑起我们新的长城》，改了 9 稿，结构多次调整，段落再三修改，文字反复斟酌，题目是倒数第二稿才改定的。2008 年获得中国新闻奖的《走好全国一盘棋》，写了近两年，初稿 4 万多字，改了 14 稿。2007 年获中国新闻奖的《长征，迎着民族复兴的曙光》，改了 11 稿（同上，第 71 页）。”

当下的新闻奖作品是这样，大师级的新闻前辈写稿也不例外。

新华社高级老记者周德广曾和我说起过，他 1965 年在新华社国内部做发稿干事的时候，几次帮着送印厂打印穆青等 3 人采写的《县委书记的榜样焦裕禄》修改稿。这篇稿件穆青先后改了 7 遍，打印了 7 遍。7 遍下来，原稿“面目全非”，稿件越改越精，当新华社播发出来后便轰动全国，无数人含泪阅读、聆听。这篇名作让他这个年轻记者懂得，哪有什么一挥而就，好稿件一定是精心编改打磨出来的，这也正是新华社的专业精神和优良传统。

美联社著名记者、普利策新闻奖获得者哈尔·博伊尔曾说：“有人说，大多数写稿人都是匆匆写完稿件几乎不加修改，这种说法是有害的。拜伦和莎士比亚也许很少删掉一行文字，或更换一个短语，但是他们仅仅是天才的例外。一般情况是，大多数稿件是经过无休止地修改的，只有草率从事的写稿人才会把粗制滥造的稿件留给编辑去修改。用恰当的词汇表达恰当的思想，把文章修整到完美的程度，这是一个好的写稿人引以自豪的事情（《美国名记者谈采访工作经验》第 55 页，新华出版社 1981 年 6 月）。”

哈尔·博伊尔还说过：“我曾看见两次获得过普利策新闻奖的雷尔迈·（帕特）莫林 11 次撕毁一篇特写的导语，直到他相信自己已经写对了方才罢手的情景。”

苏联著名记者格·萨迦尔说，我们在福楼拜（法国著名作家，1821—1880）的一封信中看到了这样的话，“为了写成一页半稿纸，我涂抹了12页，而布丰（法国博物学家、作家、进化思想的先驱者，1707—1788）涂改了14页”（《苏联名记者写作经验谈》第8页，格·萨加尔著，新华出版社1983年5月出版）。

看，这就是大师们的经验之谈。

高水准架设通向好稿的云梯

当然，光有耐心修改打磨稿件的工匠精神，还不是产出好稿的全部，关键看你是以什么样的水准标尺去架设通向好稿的云梯。

人所共知，周总理日理万机，每天要处理许多事关党和国家全局的大事，休息、睡眠的时间很短，劳累程度大大超过了他的身体极限。但他还经常要审改新华社的重要稿件。令人敬佩不已的是，当他审改稿件时，从不草率从事，不仅在政治、外交等大的方面严格把关，而且在行文逻辑、语言文字上都要仔细推敲。经过周总理审阅过的稿件都非常严谨准确。凡是见过周总理审批稿件的人，无不为他那种严肃认真的工作作风所感动。

周德广1965年6月至1966年7月在新华社国内总编室当发稿干事时，曾有机会接触过周恩来总理审改批示的许多稿件。他和我交谈时回忆说，周总理审改稿件有几个显著特点：一是不论稿件长短，对其标点符号都要从头至尾重新标点一遍。原稿标点对的，在上面重复标一次；原稿标点错了的，就随笔改过来。周总理这样做，是为了集中精力，以便逐字、逐句、逐段地进行思考、推敲和修改；二是凡是在稿件上删字、删句或者删去某一段落时，都是轻轻地从周围圈一下，从不在上面涂改，清晰地保持着原稿的字、句和段落；凡是在稿件中要加的字、句或者段落，都写得很工整，勾画得很清楚；三是记者稿件中有错误的地方或提法不妥的地方，周总理会坚决改过来，并在旁边批上："照我改的发！"没有商量的余地。有时稿件退回来之后，秘书又接着来电话，告诉为什么要这样删改；四是讲究时效，从不压稿。新华社有许多稿件由于时间紧迫，往往在晚上九、十点以后送审。但只要送去，不论稿件长短，周总理都会抓紧时间审阅，当晚就批回来。有时周总理在清晨两三点还在审稿。

周德广的话，让我深深懂得了为什么新华人都尊称周总理为"新华社编外总编辑"！

客观上，认真修改打磨稿件，体现的是新闻工作者的政治素质、理想情怀、知识水平、文化修养和专业功底，归根到底折射的是采编人员对人民的感情、对职业的忠诚。

新华社前社长郭超人在《在写作技巧的背后》（《喉舌论》1998 年 9 月新华出版社出版）一文中曾专门讲了他三易其稿以期体现新闻稿件时代精神的过程。现将他这段文字敬录于后：

我有这样一次亲身的经历：西藏平叛改革以前，广大农奴和奴隶普遍使用原始的木制农具生产，平叛改革以后，党中央和国务院向西藏农村供应了 100 多万件新式铁制农具，使西藏农业生产的面貌焕然一新。这当然是件很重要的事实。但是，怎样才能把这件重要的事报道好呢？这就涉及究竟怎样认识它的意义的问题。我在写第一稿时，把着眼点放在党和政府对西藏人民的关怀上，同时也写到西藏人民对党和政府的深情感激。这不能说不是一种写法，但是自己很不满意。写第二稿时，我换了一个角度，重点突出 100 多万件铁制农具对西藏农业生产的促进作用，并引用了许多地方粮食产量增加的数字作为证据。看来看去，自己仍然感到没有写到点子上。第三稿，我把一、二稿的主题思想拼凑在一起，既讲党和政府对西藏人民的关怀，又讲铁制农具对西藏农业生产的促进。

这一稿内容比较丰满了，但仍未跳出就事论事的圈子，虽然也涉及事情的意义，但都是表面的，缺乏思想深度。

这篇总共不过几百字的稿子，却使我苦恼了很长时间。但我没有灰心，坚持不断地进行思索。渐渐地越想越深，终于找到了这件事实最重要、最本质的内涵：按照马克思主义历史唯物论的观点，人类历史是在社会生产力同社会生产关系不断统一又不断矛盾中前进的。生产力总是走在生产关系的前面，成为最活跃的方面。而生产力的发展又首先表现为生产工具的革新和发展。从这个意义上说，西藏农村大批使用新式铁制农具，改变了过去使用原始木制农具生产的极其落后的状况，标志着西藏社会在推翻农奴制度以后出现的历史性的飞跃。用一句简洁的语言表达，就是一个旧时代的终结，一个新时代的开始。我认为这才是西藏农村出现 100 多万件铁制农具的深刻意义之所在。按照这个思路来写，结果稿件的字数虽然并未增加，但分量却大不一样了。

由此可见，当初步的采访、写作已经完成，编改过程就成为进一步提升稿件品质、“温度”和思想深度的关键。

“三有”佳作的三重境界：精准表达、精练表达、精美表达

记者的眼界决定稿件的境界。

写诗有所谓三个境界之说，好的新闻作品也有境界高下之分。我在长期的新闻工作实践中体会到，大凡“有思想、有温度、有品质”的“三有”新闻佳作也可以归纳出三重境界，这就是：精准表达、精练表达、精美表达。精编细改耐心打磨稿件，说穿了，就是追求此三重境界。

（一）精准表达：用词准、不渲染

准确是使用词汇的起码要求，新闻稿件中的语言词汇应该准确无误

地表达作者所要表达的新闻事实和思想。

密苏里大学的写作教程中说，新闻报道要客观地、正确地报道新闻事实，就必须在丰富的词语中选择最准确的词，恰如其分地、毫不含糊地写出我们报道的事实，包括新闻事实的时间和数量都要给人以明晰精确的印象。

该教程强调，一切优秀作品都应具备五个特点：用词准确、清晰、与内容相适应的节奏、用过渡词句或段落把读者从一个思想引入另一个思想、对读者有感染力。其中"准确"被列为第一条：

除了校对粗疏造成的差错外，用词不准、表述不当的问题在新闻稿件中最为普遍。我在参加第三十一届中国新闻奖终评时，所在小组 182 件文字消息、评论、副刊参评稿件中，审稿委员会专家审出"不得获一、二等奖作品"7 件，"不得获一等奖作品"23 件。以"不得获一、二等奖"的 7 件作品为例，评委指出的问题就有标点符号使用不当、表述不准确、直接引语不当、缩略语不当、词语指代不明、词序错乱、逻辑有误，等等。比如：某省推荐参评的文字消息《32 岁的"高工"笑了！甘肃 214 人通过"绿色通道"晋升高级职称》，原文中有一句"对于酒钢集团职工梁克韬来说，这是十分厚重的肯定。近日，年仅 32 岁的他顺利通过甘肃省人社厅组织的专家评审，成为集团最年轻的正高级工程师。"新闻奖审稿专家组指出："厚重的肯定"用词不当，并建议此稿因这一差错不能评为一等奖。

新闻报道，讲的是真实事实，写法是记录、陈述，最忌夸大其词、肆意拔高、任性渲染。曾几何时，在我们的新闻报道中，那些"轰轰烈烈""如火如荼""大干快上""弯道超车"一类的形容词频频出现，人们习以为常。其实，当记者使用这一类词藻时，可能他采访积累的有用素材已穷尽了。

渲染拔高问题，是媒体记者容易犯的通病。海伦·凯勒在《假如给我三天光明》一书中写过，有一家报纸在报道她的大学毕业典礼时刊登了这样一条消息："这天毕业典礼的礼堂里挤得水泄不通，当然每位在场的同学都会接受毕业证书，但来宾们的目光焦点却集中在一位学生身上，她就是美丽、成绩优异却眼盲的海伦·凯勒，长久以来不辞辛劳协助这位少女的沙莉文老师也分享了她的荣誉。当司仪念到海伦·凯勒的名字时，全场响起了雷鸣般的掌声。这位少女不仅以优异成绩学完了大学所有课程，而且她在英国文学这门课上的表现更为杰出，因此博得了师长同学的交相赞誉。"海伦·凯勒说："沙莉文老师十分高兴我能够在英国文学这门课上得到高分，这完全要归功于她。可是，除了这两点事实外，报纸上的其他报道都是一派胡言。当天的来宾并没有记者报道的那么多，专程来参加我毕业典礼的朋友仅五六位而已，最遗憾的是母亲因为生病未能参加我的毕业典礼，校长只是做了例行演讲而已，并未特别提到我和沙莉文老师。不仅如此，其他老师也没有特别过来和我打招呼。另外，在我上台领毕业证书时，并未出现如报纸上所说雷鸣般的掌声。总之，毕业典礼并没有像报纸上形容的那样盛大空前。"

想当然、找噱头、夸大、渲染以吸引受众眼球，总有人能看懂一些媒体人笔下的伎俩。

为了吸引眼球，作者和编辑常常会在标题和导语中绞尽脑汁，使尽全身解数。我 2005 年年初撰写的《追求准确》一文中曾写道："标题和导语集中反映着稿件的核心内容和最精华部分，一旦失准，全篇失色。甘肃读者王增仁曾反映，某媒体一报纸 2004 年 11 月 7 日头版刊登的《反美武装围魏救赵，萨迈拉城血流成河》，标题中'血流成河'渲染过分。从文中看，该城的爆炸共造成 37 人死亡，62 人受伤。这些死亡人数还不至于出现'血流成河'的景象。查看 11 月 6 日新华社国际通稿原文，此稿标题是《伊拉克萨迈拉市连环爆炸造成近百人伤亡》，稿件内容没有‘血流成河’一词，而且这些死伤人数是当天几个不同地方不同时间多次爆炸造成死伤人数的总和，也就是说死伤的近百人并非集中在一个地方。所以读者认为标题渲染过分。这说明，读者对新闻事实有自己的判断能力。在新闻报道中常常有这种情况：记者采写的稿件，内容是准确的，对事实的描述是恰当的，但见报后一个过分渲染甚至耸人听闻的标题，让读者大跌眼镜，让作者诚惶诚恐。如果是批评性、问题性报道，作者十有八九要上‘被告席’。因此，我们在制作标题、编写导语时更要时刻注意按照马克思所说的‘根据事实来描写事实’，而不能按自己的理解和想象来描写事实。”

（二）精练表达：思路清，篇幅短

精练表达是新闻写作的又一境界，而精练表达的前提是思路清晰言之有物，文字干净篇幅简短。

前述密苏里大学新闻学院讲的五条写作技巧有一条是“清晰”。强调记者在写出每个字之前，应该想到下述三个简明规则，使用简单句，正确运用语法，思路要清楚。我理解，就是句子简短，语法严谨，思路清楚。

美国名记者、普利策新闻奖两度获得者唐·怀特黑德说：“新闻写作中最困难的部分是什么？清楚明了！要写出一篇让读者明确无误了解你所要说明之事的稿件，这比做什么事都更困难些。我虽然也搞了40年的新闻报道工作，但是我现在仍然感到自己还在为实现清楚明了的目标而奋斗。而我懂得：清楚明了只有在把新闻写得简明扼要时才能实现，而要做到简明扼要却并非易事。”

唐·怀特黑德的经验和体会说明，清楚明了和简明扼要相辅相成。新闻作品，要力戒篇幅冗长。思路清楚明了、语言简约节制、文字简明扼要，这样的新闻作品自然符合“删繁就简”、篇幅精短的要求。浙江大学原副校长郑强在一次演讲中对同学们说，我希望你们简单一些、纯洁一些、自然一些。做人如此，写文章何尝不是这样呢！

20 世纪 80 年代中期，新华社老社长穆青倡导写短新闻，一时间短新闻写作在新华社系统和全国新闻界迅速唱响。在我的记忆中，新华社从来就不提倡各驻地分社记者写“长篇大论”，消息稿千字以内、通讯特写类不超过 2500 字，就是供领导层决策参考的内参稿件一般也不能超过 2000 字，否则，要层层报批。

中国新闻奖评奖中有一条规定，6000 字以上的就算超长稿，评奖数量上严格控制。精练表达，考验的是笔力水准；言简意赅，历来是文人追求的写作境界。今天的网民有一句颇带调侃的话：“字少事大”，也是一种佐证。

鲁迅先生在复北斗杂志社一封信里曾列举了八条写文章的规则，其中有一条就讲道，“写完后至少看两遍，竭力将可有可无的字、句、段删去，毫不可惜。宁可将可作小说的材料缩成速写，决不将速写材料拉成小说。”何等精辟！美学大师朱光潜先生对鲁迅先生这一条写作经验特别欣赏，他在和青年作家谈写作时说过这样的话：“要多做短小精悍的速写，不要一来就写长篇大作。我因此联想起德国青年爱克曼不畏长途跋涉，走向歌德求教，初到不久，歌德就谆谆教导他‘不要写大部头作品’，说许多作家包括他自己在内，都在‘贪图写大部头作品上吃过苦头’。”他说，歌德的经验和鲁迅先生的教导不谋而合，“在现代繁忙生活中，每个人的时间都很宝贵，不容易抽出工夫去读‘将速写拉成小说’的作品。速写不拉成小说，就要写得简练。我个人生平爱读的一部书是《世说新语》，语言既简练而意味又隽永，是典型的速写作品。可见速写也可以写出传世杰作，千万不要小看它（《谈美书简》作家出版社 2018 年 9 月第一版第 196 页、197 页）。”拿文学大师们的这些经验之谈用以指导新闻记者的写作，再贴切不过了。

2006 年三峡大坝建成时，我和同事张先国采写了一条仅有 718 字的现场短消息：《三峡大坝建成庆祝仪式只有 8 分钟》，这条消息占据了数百家媒体的版面（时段），各类网站纷纷转载，被新华社评为当年社级好稿（最高等级）。三峡工程举世关注，大坝到顶也是各类媒体报道的重点，能否用现场白描手法，简洁明了而又历史性地呈现这一特定时刻？我们做了大胆尝试：

新华社三峡工地 2006 年 5 月 20 日电（记者冯诚、张先国）历经 3080 个昼夜浇筑而成的三峡大坝，20 日 14 时全线建成，但建成庆祝仪式只用了 8 分钟。

烈日下的三峡大坝，气温高达 34 摄氏度。13 时 40 分左右，前来参加仪式的大坝参建单位代表和有关专家陆续到达坝顶。仪式现场设在紧挨最后一仓混凝土浇筑区的空地上，面积比篮球场略大，没有设主席台，没有一张桌子，没有一把椅子，也没有纪念品，参加活动的代表每人领到了一瓶矿泉水。

14 时整，经过 34 小时的连续浇筑，三峡大坝最后一仓混凝土顺利收仓，庆祝仪式开始。

在施工单位负责人报告收仓情况后，中国三峡总公司总经理李永安满怀激情地宣布：“2006 年 5 月 20 号下午两点，三峡大坝浇完最后一仓混凝土，全线达到设计高程 185 米！”现场顿时响起热烈的掌声。

……

大坝建成背景、庆典现场情景，通过平实简洁的语言、可触碰的视觉画面层层推进叙事，给人身临其境的氛围营造。之后五个简短的自然段，把庆典过程，建设者的感慨、喜悦，专家的评价，大坝右岸电站照常施工的状态一一呈现，记录下了已投资 1260 多亿元、历时 3080 个昼夜、创造了百余项“世界第一”的宏伟大坝建成的历史时刻，建构起了“简朴见证辉煌”的高阶语境。

特大型水坝浇铸到顶时举行盛大庆典活动，是世界水电界通行的做法。那些年，国内搞工程开工、竣工庆典更是家常便饭。我们在当时了解到，三峡大坝在坝体到顶之前，三峡工程总公司就老早张罗运筹庆典活动，计划花上百万元大搞一场，最大的愿景是请中央高层领导参加庆典仪式，各大媒体也纷纷筹划着最高规格的庆典报道。但高层和工程方最终放弃了这一打算，原因是大坝建成只是三峡工程的阶段性成果，后期工程建设、移民、环保等任务依然十分艰巨，应该把主要精力放在后期工作上。这一下，许多媒体觉得没戏了：如此宏大的工程，高层领导不来参加庆典，报道怎么搞？众所周知，各类庆典活动，出席的领导嘉宾层次越高新闻稿件越好发越容易登上好版面、好时段。现在可好，不搞大型庆典，不就成了工程建设方的自娱自乐了吗？有什么可报道的！有的媒体甚至半途打道回府。其实，对举世关注的三峡大坝来说，搞大型庆典有新闻，不搞大型庆典同样有新闻。比如，在大坝建成前一天，我们独家发出一条短消息：《三峡大坝建成时不搞大型庆典活动》，消息一经发出，迅速被各类报台和网站采用。许多媒体在大坝现场早就派有记者，但他们此时要动手已晚，只能用新华社的稿件。第二天庆祝活动的现场短新闻，因为我们也是提前做了策划安排，独家首发而又写作独到，因此备受媒体青睐，也赢得社会广泛好评。

此次大坝建成报道，从 5 月 19 日零点新华社三峡工程前方报道中心（以湖北分社采编人员为主）正式启动，到 20 日 23:00 报道中心完成阶段性报道任务，总社国内部共播发新华社三峡快讯 108 条、通稿 38 篇；对外部播发中文稿 68 条、英文稿 50 条；摄影部播发中英文照片共计

117张、图表21幅；参编部组织内参稿件5篇；音像部播发视频稿的时长超过30分钟，并与东方卫视进行了一个小时的联合直播；新华网也在施工现场进行了网络实时报道。《新华每日电讯》浓墨重彩地展示了新华社播发的精品力作。新华总社在5月26日的通报表彰中特别指出："三峡大坝建成报道坚持按新闻规律组织、开展报道，不以领导人出席的级别确定新闻报道的规格，并充分关注和挖掘三峡大坝不举行盛大庆典这一事件的新闻价值，写出了独家新闻《三峡大坝建成时不搞大型庆典活动》《三峡大坝建成庆祝只有8分钟》，并及时抢发'新华快评'《简朴见证辉煌》。这组报道迅速覆盖了各大媒体，一些媒体了解到新华社三峡报道的思路后，对自己原有的报道计划进行了调整，美联、路透等西方通讯社还纷纷跟进新华社发自三峡工地的消息。我社三峡大坝建成报道主动引导舆论，是一次尊重新闻规律的成功实践。"此次报道，罕见地获得当年新华社文字、摄影、图表、对外、视频5个社级好稿。

（三）精美表达：重细节，带节奏

精美表达是新闻报道的美学追求，经营好的新闻作品，包括议题设置、创意策划、采访报道、方式创新、网页制作、视频拍摄、画面构图、配音解说、文字说明都要熟练运用形象化的语言和文学修辞手段，追求精美境界。

新闻稿件怎样才能达到精美境界？怎样才能推出更多有思想、有温度、有品质的精美作品？

1. 重细节

在文学作品中，让人泪目的往往是细节，新闻作品也不例外。

仍以《三峡大坝建成庆祝仪式只有8分钟》为例，718字消息中大量的是现场细节描写：

仪式现场设在紧挨最后一仓混凝土浇筑区的空地上，面积比篮球场略大，没有设主席台，没有一张桌子，没有一把椅子，也没有纪念品，参加活动的代表每人领到了一瓶矿泉水。

据记者现场录音，李永安简短有力的讲话只有466字，用了1分50秒，其间响起了四次掌声。

14时08分，庆祝仪式结束。刚刚收仓的工人们，衣服沾满了泥浆点，脚上还穿着闷热的橡胶鞋。他们燃起鞭炮、挥舞彩旗，欢呼着、跳跃着，把工友高高抛起，庆祝这一历史性的时刻。现场浇筑指挥邓永平说："今天，我像结婚那天一样高兴。"

如果没有这些细节的描写，这篇稿件就有骨无肉、形同骷髅，没有温度了。

再如1998年，我在新疆分社时采写过一篇街头擦鞋工的报道：《皮鞋美容成风景》，稿件也是以典型的细节描写支撑起来的。

清晨八九点，乌鲁木齐市西北路华都商场楼前，擦鞋师傅小尹打开工具箱，支起折叠椅，开始了他一天的工作。寒来暑往，小尹的擦鞋摊已在这里经营7年了。戴着一副近视眼镜的小尹说："7年的工龄够得上技师了，不过我们更喜欢人家叫我们皮鞋美容师！我们的职业是让人足下生辉。"

如今，在边城乌鲁木齐，这样的"皮鞋美容"摊已遍布大街小巷。建设路南口东侧的擦鞋摊有4男4女一字排开，坐在一般高的小木凳上背对马路，面朝行人。每人面前一把亮锃锃的电镀椅，上面铺一条崭新的花毛巾，顾客搁脚的小木踏也很讲究。摊主个个笑脸招人，礼貌邀客。上前打问，方知都来自陇东农村，很看重乡风行规、手艺口碑。

落座在张姓女师傅的椅子上，搁脚说话之间，只见她双手往来如梭，鞋子沙沙作响，洗尘、去污、上油、打蜡、亮光，几道工序转眼完成，一双鞋五六分钟就擦好了。

而最让人叹为观止的是，她在最后的亮光工序完成后，突然从口袋里掏出一块一尺多长的红绸子，在鞋子上“噌噌噌”又是一阵猛擦，然后扬手让你看：红绸子一尘不染。

其情其景，让人身心一爽。

可以看出，细节描写，必然要诉诸视觉听觉感官功能，必然要启动形象思维。换句话说，就是要记者具备视觉新闻的写作能力。当代新闻界泰斗、新华社老社长穆青曾在 20 世纪 80 年代初专门给新华社国内部采编人员讲过“学会写视觉新闻”的课。他说：“所谓视觉新闻，无非是形象化、立体化，有典型细节生动的画面，读来有声有色，使人能够具体地形象地看到你所报道的事实的真面貌，这样我们的新闻就可以克服枯燥和概念化的缺陷，更好地适应今天这个电视发达的时代。”“视觉新闻的关键在于紧扣主题，去抓事实的有特点的形象、有典型意义的形象、有立体感的形象，要运用形象思维，把生活中那些最精彩、最富有时代特色的最本质的形象摄取出来，表现出来。形象思维也是人们概括事物的一种方法，我们的许多记者还不善于运用它，甚至还没有重视它。实际上，要学会运用形象思维概括和反映事物，并不是一件简单的事，这需要有对事物非常敏锐、精辟、深刻的洞察力和选择力，还要从文学中吸取营养，我们的记者一定要学会这个本领。”（以上摘自《新华社采编经验选萃》新华出版社 2000 年 10 月第一版第 45—48 页）穆老的话在今天移动互联网时代仍然有很强的指导意义。

2. 带节奏：就是稿件行文带有节奏和旋律

有一个很重要但很少被人注意的新闻写作技巧，这就是行文的节奏和旋律。比如看似寻常的句子、词汇，一旦带有了节奏和旋律，就能引发读者的阅读兴奋和共情。这就涉及了文学修辞手法在新闻作品中的运用。新闻写作属于文学写作范畴，文学写作中的许多修辞手法同样适用于新闻写作。比如文章中排比句应用，就给人一种节奏和旋律的感觉，它会在一定程度上增强作品的感染力，带动读者的阅读情感，将读者的情绪推向高潮，进而实现传播预期。《在大海中永生》堪称典范：

大海，是他革命生涯的起点；

大海，磨炼了他坚强的意志；

大海，坚定了他革命的信念；

也许，奔腾不息的浪花会把他的骨灰送向祖国的万里海疆。小平回眸应笑慰。他开创的有中国特色社会主义伟大事业，处处气象万千，后继有人，大有希望；

也许，奔腾不息的浪花会把他的骨灰送向香港、澳门。小平回眸应笑慰。他提出的“一国两制”的伟大构想，即将成为现实。香港回归即在眼前，澳门回归指日可待；

也许，奔腾不息的浪花会把他的骨灰送向台湾。小平回眸应笑慰。实现祖国完全统一，是他也是海峡两岸中国人的共同心愿，骨肉同胞终有一天会团圆；

也许，奔腾不息的浪花会把他的骨灰送向太平洋、印度洋、大西洋……小平回眸应笑慰。海外侨胞为祖国在改革开放中腾飞而骄傲；各国政要和人民盛赞小平：“二十世纪罕见的杰出人物”“本世纪公认的世界级领袖”“邓小平的影响超时代超国界”……邓小平不仅属于中国，也属于全世界。

一段段排比句式，一句句感人肺腑的话语，一遍遍地唤起读者的感情跌宕，作者、读者共同呼唤一个铭刻在亿万人民心中不朽的名字，并深情地祝福他“在大海中永生”！

再以拙作《浙江大潮动陇原》导语和行文为例，也是力图将强烈的采写情感贯注于通篇稿件的节奏感，以表达甘肃向浙江学习的深刻自省和紧迫感，以期达到对受众心理、生理上的通感预期：

原稿导语：

这是一场触痛灵魂的反思。

这是一次“知耻后勇”的腾跃！

20年前，甘肃与浙江在人均国内生产总值、地方财政收入、农民人均纯收入等主要经济指标排位上同属全国中等水平，绝对值也都相差无几。

20年后，浙江经济总量由改革开放前的全国第13位左右上升到第4位，而甘肃几大经济指标都退居全国的倒数三四位。

难道仅仅是因为地理区位的差异？

难道仅仅是因为开放程度的不同？

当9位耄耋老人将他们身临浙江考察后的反思和感悟，告白于2500万甘肃干部群众时，一场学习浙江经验，发展非公有制经济的“浙江大潮”漫卷于千里陇原……

稿件三个部分的小标题和开头如下：

浙江“取经”，9位使者老骥伏枥不辱使命，成为传薪播火急先锋

这是一群特殊的“取经”使者——受甘肃省委委托，今年5月，以省人大主任卢克俭和省政协主席杨振杰为团长，组成甘肃省非公有制经济考察团，对浙江非公有制经济发展情况进行考察。包括两位团长在内的考察团9位成员年龄都在70岁以上，有7人是已退出领导岗位的省级老干部。

这更是一段让9位老人难忘的日子……

激情回放，省委常委会谋篇布局，誓做一篇革故创新的大文章

这是一次必将载入甘肃发展史册的特殊会议。

这是一部鸿篇巨制的开卷辞。

5月29日下午，甘肃省委书记宋照肃主持召开了省委十届四次常委会……

真学真动，17场报告会力撼陇原，非公有制经济前路正通

这是一场强烈的思想风暴，在甘肃与浙江巨大的发展反差中，甘肃2500万干部群众再一次深刻理解了“发展是硬道理”的历史哲理。

“听了激动，看了感动，回来不动”，这是人们形容过去许多外出考察团的顺口溜。而这次学习浙江经验，人们的评价是“真行动，行动快，动作大，后劲足”……

这篇稿件三个部分的小标题均采用了同类型的长短句式，开头部分均是排比递进，强调节奏、动感和气势，强化了内容的入脑效果，有效实现了稿件新闻性、思想性、文学性的统一，荣获2002年度甘肃新闻奖一等奖。

（本文系为兰州大学新闻与传播学院学生新闻实务系列讲座提纲之一，修订完稿于2021年10月）

附原稿阅读链接二维码：

《三峡大坝 3080 个昼夜浇筑而成 庆祝仪式仅用 8 分钟》

《简朴见证辉煌》

“让全世界都能听到我们的声音”
——浅谈新华社记者的站位与视野

冯　诚

在国内各级各类的新闻媒体中，新华社可以说是一个最独特的存在。

她是国家通讯社，又是世界性通讯社；她是党和政府的喉舌耳目，又是国内最庞大的新闻信息总汇；她是业态完备的全媒体机构，又是为国家决策机关治国理政建言献策的高端智库；她的血液中流淌着红色基因，又始终保持着守正创新与时俱进的生机活力。

1931 年 11 月 7 日，中国共产党人创建的第一个全国性红色政权——中华苏维埃共和国临时中央政府宣告诞生。同一天，靠着从敌人手中缴获的一部半电台，新华社的前身——红色中华通讯社（简称红中社）应运而生（1937 年在延安改为新华通讯社）。红中社播发的第一条新闻，就是宣告了这个人民当家做主的新生政权诞生。从此，她从位于江西瑞金的“茅屋通讯社”出发，走向延安、走到西柏坡、走进北京，为中国革命发挥了不可替代的“笔杆子”作用。

20 世纪 50 年代，毛泽东主席对新华社提出要求：“新华社要把地球管起来，让全世界都能听到我们的声音。”从此以后，在社会主义革命和建设的伟大征程上，一代代新华人便肩负起这一光荣而神圣的使命砥砺前行，书写着一个红色媒体不负时代、不负人民的璀璨华章。

2021 年 11 月 6 日，新华社建社 90 周年之际，习近平总书记致信热烈祝贺。贺信说："90 年来，新华社坚定不移跟党走，宣传党的主张，反映人民心声，记录时代精神，传播中国声音，在革命、建设、改革各个历史时期发挥了重要作用。""在全面建设社会主义现代化国家新征程上，新华社要在党的领导下，把握正确政治方向，坚定理想信念，坚守人民情怀，赓续红色血脉，坚持守正创新，加快融合发展，加强对外传播，努力建成国际一流新型全媒体机构，为实现中华民族伟大复兴的中国梦、推动构建人类命运共同体作出新的更大的贡献。"习近平总书记的贺信高度评价了新华社 90 年非凡的历史功绩，指明了新华社在新时代、新阶段、新征程的职责使命和发展方向，提出了"努力建成国际一流新型全媒体机构，为实现中华民族伟大复兴的中国梦、推动构建人类命运共同体作出新的更大的贡献"的宏伟目标。

重温毛泽东主席的历史嘱托、学习习近平总书记的贺信，回顾新华社 90 年的发展历程，就会明白，无论是过去还是现在，新华社作为一个媒体机构，其平台的定位、职能，其报道的站位、视野都离不开党和国家的顶层擘画，这也正是新华社始终出色履行党和人民喉舌耳目职责、正确引导国内舆论、积极影响国际舆论的根本所在。

当然，在现实生活中，因为特殊的定位，新华社对外始终具有神秘感，不仅广大干部群众对其系统运行一知半解，就是媒体同行和高校新闻学子，也有不少人对其职能特色和站位视野知之甚少。为此，本文就这个话题结合自己的实践认知进行一些交流和分享。

红色基因赓续传承

新华社诞生于血雨腥风的战争年代，是中国革命赖以成功的"两杆子"

（枪杆子、笔杆子）之一。1991 年 11 月，新华社建社 60 周年的时候，时任社长穆青在为《新华社 60 年》大型画册作的序言中说："新华社的历史是和中国革命史紧密联结在一起的，新华社的历史是党史和中国新闻事业史的重要组成部分。"

1985 年，我进入新华社以后才知道，凡是新进新华社的年轻人，不管是在总社还是在分社岗位，入社教育的一堂必修课就是接受老一辈新华人做的革命传统教育。每当我们听到仅在革命战争年代新华社就有 130 多位烈士为中国革命和党的新闻事业献出宝贵生命时，便禁不住心潮难平感慨万千，今天的新华社，是革命前辈用鲜血和生命换来的。

走进北京宣武门西大街 57 号新华社大院中的社史馆，在一面墙上悬挂着新华社历任负责人的照片，王观澜、周以栗、李一氓、沙可夫、杨尚昆、瞿秋白、博古、廖承志、胡乔木等这些大家非常熟悉的革命家都曾在战争年代担任过新华社负责人。百岁老革命家宋平，在 1946 年也曾先后担任新华社重庆分社和南京分社社长。

不少老一辈无产阶级革命家在革命战争年代和社会主义建设年代，一直亲切地关怀、支持甚至直接指挥新华社的工作。

据新华社有关社史资料记载，1931 年 12 月 11 日，即红中社成立不到一个月，《红色中华》报在瑞金创刊，它与红中社分别是中华苏维埃共和国临时中央政府的机关报和机关通讯社，在组织上它们是一个机构，两块牌子。当年 12 月底，周恩来离开上海，经广东、福建到达中央苏区首府瑞金，就任中共苏区中央局书记，从此，刚刚诞生的红中社和《红色中华》报经常得到他的关怀和指导。1937 年 1 月 13 日，红中社随党中央从保安迁到延安，25 日起改名为新华通讯社（简称新华社）。1940 年 3 月，周恩来从莫斯科治疗臂伤返回延安，带来一部广播发射机。在他的建议下，党中央发出建立延安新华广播电台的指示，设立广播委员会，负责筹建工作，主任由周恩来兼任，委员包括新华社社长向仲华。广播电台于 12 月 30 日建成并对外播音。这是中国共产党创办的第一座广播电台，广播稿件由新华社提供，这个时期，党的通讯社、机关报、广播电台皆由一套机构统一管理。

据新华社老同志回忆，党中央转战陕北时期，“四大队”（随党中央转战陕北的新华社代号为“四大队”）每天要送给中央一大叠中外文电讯，全是手译原稿。从退回的电讯中，可以看到上面用毛笔、铅笔画着圈、点、线各种符号，有的还写有批注，这说明中央领导同志看得十分仔细，而且根据这些材料中央可以及时掌握时局动向，分析形势。中央还常常给“四大队”送来一篇篇社论、评论。这些文章都是经过周恩来、任弼时审阅，最后由毛泽东修改定稿的。有统计表明，毛泽东主席亲自为新华社撰写和修改的稿件多达上百篇，新华社的人尊称毛主席是“新华社首席记者”。

1947 年 9 月，时任新华社副总编辑的范长江在写给社长廖承志和社编委会的一封信中，汇报“四大队”工作情况时这样写道：“在写文章的过程中，这种认真与求精的精神完全推翻了我过去十几年来所认为的最高的‘认真’的标准。一篇社论、一个谈话、一条新闻，往往要改好几遍，甚至重写几遍。其中绝大部分都在任、周、陆（任弼时、周恩来、陆定一——本文作者注）等详细传阅之外，主席又加以一字不苟地修改。我回想过去写文章那种大笔一挥的作风，不觉满身出汗，实在可怕。”

新中国成立以后，各项事业百废待兴，内政外交各方面的新闻报道事关重大，周恩来总理长期直接指导过问新华社的工作，从宣传报道方针到具体业务建设，从事业发展到队伍成长，无所不包，关怀备至，经他修改审签的社论、评论、消息等重要稿件更是不计其数。1955 年，周总理曾几次对时任社长吴冷西说：“我倒成了你们的总编辑了。你们要学会自己走路，越少找我越好。我当助理总编辑就行了（新华社《新闻业务》1998 年第 1 期第 14 页）。”

老一辈革命家特殊的关怀和亲切的指导教诲，构成了新华社历史宝库的无形资产，也为新华社革命传统的形成和赓续传承奠定了坚实基础；红色的基因决定了新华社永远跟党走的政治品格和对工作一丝不苟的职业精神。

“四大职能”无可替代

新中国成立以后，1950 年 3 月，经毛泽东、周恩来批准，中央发出《关于改新华社为统一集中的国家通讯社》的指示，过去战争时期较为分散的、“带有浓厚的地方性的”总分社、分社、支社全部归总社统一调度管理，中央人民政府赋予其“统一集中的国家通讯社”职能，承担向海内外发布重大新闻的任务，并开辟内部通道“下情上达”，为高层决策提供参考。因此，新华社一直有“国家通讯社、消息总汇、耳目喉舌、智库”“四大职能”之说。

国家通讯社的显著标志，就是受权向海内外发布党和国家重要公告性新闻和外交性新闻，包括各类政令、重要军事、外交事务公告等。比如，党的历次会议公报、每年全国两会公报、政府工作报告，重要的文件规定、领导人重要讲话等，都是中央授权新华社向海内外发布。中央还规定，一些重大的天灾人祸事件如大地震、重大疫情等突发新闻事件，由新华社统一对外发稿。在世人眼中，新华社代表着官方最权威的声音，事实也的确如此。

称其为“消息总汇”，是因为除了受权发布之外，新华社还承担着将国内新闻和国际新闻供给各类新闻媒体的任务，素有新闻信息产品“批发商”之称，其业态之完备、发稿量之大、发稿面之广、发稿时效之快都远超一般媒体。当代名记者、新华社前社长郭超人1992年在全社国内工作会议上指出："通讯社的职责，就是要最广泛地采访、汇集和发布新闻，以满足各种不同新闻媒体和用户的需要。这些媒体和用户包括综合性的、专业性的、全国性的、地方性的各种报纸，包括广播电台、电视台，也包括政府、军队、团体和企事业单位乃至个人。通讯社就是要为新闻媒体和整个社会提供服务。"为了给用户提供细分化、专业化、适销对路的产品，最近几十年来，新华社不断进行供给侧结构性改革，对各级各类媒体用户开设了不同类型的供稿线路，诸如文字通稿线路、专稿线路、图片专线、视频专线、体育新闻专线、文化新闻专线、政法专线、金融信息专线、服务新闻专线、对外新闻专线、国际新闻专线等，以超市化、菜单式、全方位的供稿服务最大限度地满足中央、省、市、县各级党媒、都市类媒体及其他社会用户需求。不仅如此，新华社自己直接面向受众的媒体终端同样高度发达，从平面媒体时代创办的20多种知名报刊（包括《参考消息》《瞭望》《半月谈》《经济参考报》《新华每日电讯报》《中国证券报》《上海证券报》等），到国内首屈一指的新闻网站新华网，再到移动互联网时代各类新媒体终端，形成了实力强大的全媒体矩阵。

功能越强大，责任越重大。因此，在新华社内部有明确规定，凡重要新闻，都不允许迟报、漏报、瞒报，否则必究其责，因为你是通讯社，必须用户至上，受众至上，尊重受众的知情权。大众传媒时代，新华社一直是引导舆论的"领头羊"，到了移动互联网时代，自媒体、平台型媒体高度发达，这一地位受到前所未有的挑战。但凭借着自己独特的资源整合和应用聚合优势，新华社适时转型发展逆势而上，保持着与时俱进的良好势头和生机活力，其新闻信息用户不仅没有减少，反而大大增加。

所谓耳目喉舌，包括两个方面，一方面是通过大量公开报道旗帜鲜明地宣传党的政策主张，记录时代风云，即喉舌作用；另一方面是利用新华社遍布海内外的记者网络和队伍优势，通过内参渠道，及时向决策机关反映不宜公开的重要动态、重要情况，即耳目作用。1949 年 9 月，新华社就根据中央《中共中央关于新华社应供给各种资料的指示》，创办了《内部参考》，为中央“供给各种参考资料”“帮助中央了解各地情况”，包括各地工作中的苗头性、倾向性问题，以及损害党和人民利益的负面问题，发挥特殊的舆论监督作用。这方面的发稿，不受任何地方任何部门干扰，直接向中央负责，中央领导也非常重视和支持。

通过内部渠道向高层反映重要情况，“朱穆李事件”是典型一例。据《新华社六十年》记载，在十年动乱期间，新华社广大干部职工对“四人帮”的倒行逆施强烈不满，并进行了抵制和斗争，其中“朱穆李事件”影响甚大：1975 年 9 月，全国农业学大寨会议在山西省昔阳县召开，邓小平副总理在开幕会上做了整顿农业的重要报告，江青却在会议期间，指桑骂槐，并借机就评《水浒》大做文章，说什么：“批《水浒》就是要让大家知道我们党内就是有投降派”，把矛头直接指向邓小平，并影射周恩来总理。社长朱穆之、副社长穆青获知这一情况后认为事关重大，决定如实向毛泽东主席汇报。10 月初，相关材料整理好后，朱穆之、穆青还联名写了一封信说明情况，两人在信上签上了自己的名字，总编室副主任李琴在负责呈送时因同意信上的内容，也签上了自己的名字。后来，“四人帮”知道了这件事，江青气急败坏地叫嚷：“新华社领导最坏，竟敢告老娘的状。”姚文元则多次在电话中说，新华社核心小组有人背着社核心小组告江青的状，这是阶级斗争的新动向，新华社要把盖子揭开。从 1976 年 4 月开始，朱、穆、李被停职，进行检查，受到迫害。粉碎“四人帮”后，朱、穆、李才重获解放。可以想见，在那个“四人帮”大施淫威的年代，向毛主席告江青的状，要冒多大的政治风险，需要怎样的胆识和勇气。

除了反映国内情况的《内部参考》外，新华社创办的《参考消息》和《参考资料》也在中央领导层研究国际问题方面发挥了特殊作用。

据新华社《新闻业务》1998年第1期刊登的卫广益同志《周总理指导办好“参考”》一文介绍，1955年，新华社根据周恩来总理的提议，在办好原有主要以国际新闻报道为主的《参考消息》基础上，新创办了《参考资料》，担负起“全面地、详尽地介绍国际动态，提供资料的任务”，“供有关业务部门及研究部门参阅及使用材料”，并逐渐成为党中央了解外部世界情况、就国际问题和对外工作作出决策部署的重要信息情报依据。周总理还就办好《参考资料》作过不少指示，要求驻外记者要广交朋友，深入调研，多写内参稿件，如实反映情况，全面分析问题，参考编辑同样要进行调研，坚持全面客观报道的方针。陈毅副总理曾称赞《参考资料》是外事工作者的“食粮”。美国著名的“中国通”学者鲍大可，在《中国外交政策的制定：结构与过程》一书中说：《参考资料》之所以特别重要，是因为它供中国全体最高层领导人和政策制定者阅读，是整个领导层了解世界事务的一个主要消息来源。

改革开放以来，新华社内参通道作用进一步加强，陆续创办了分供中央、省、市、县、乡镇各层级的内部决策参考刊物，既反映重要动态情况，又刊发深度调研报道。中央有关部门多次发文要求各级党委政府支持新华社内参报道工作。

“思想库”“智囊团”。除了及时、准确反映国内外重要动态和敏感信息外，新华社长期以问题为导向，通过系统而强大的调查研究机制，适时为高层决策提供治国理政、国计民生、军事国防、内政外交等方面具有战略性、前瞻性、对策性的调研成果，发挥“思想库”“智囊团”作用，推动改革发展、社会稳定、国家安全等各项工作。新华社现任社长傅华在《深入践行“四力”要求　发扬调查研究“传家宝”》一文中指出：“深度调研始终是新华社的核心竞争力。自诞生之日起，新华社就在我们党直接领导下履行参考报道职能，服务于党和国家中心工作。近年来‘智库’建设也逐步成为新华社的独特优势，为党中央运筹帷幄、决胜千里提供了大量有价值的信息，成为党中央得心应手、坚强有力的参谋助手（《中国记者》2022 年第 2 期）。”

中国特色的“世界性通讯社”崛起于全球媒体之林

建设世界性通讯社，就是要在国际传播格局中具有自己的话语权和传播力、影响力、竞争力，“让全世界都能听到我们的声音。”

1948 年春，新华社第一个海外分社——布拉格分社成立，新中国成立后，新华社就按照中央要求，向海外增派记者、增加海外分社。20 世纪 50 年代中期，毛泽东主席“新华社要把地球管起来，让全世界都能听到我们的声音”的谈话更是鼓舞新华人迈开了走向世界、建立世界性通讯社的步伐。历史把站起来了的中国人民推上了国际政治舞台，新华社必须让全世界都能听到社会主义中国的声音。1956 年 11 月，新华社编委会就提出，中国是世界大国，新华社应该成为最大的世界性通讯社，同西方资产阶级各大通讯社进行竞争，打破它们的新闻封锁和垄断。从 1956 年到 1965 年 10 年间，新华社驻外分社增加了 40 个，总数达到 51 个，还在 32 个国家内聘用了外籍报道员。在此期间，新华社便已建立了多文种对外广播，除英文外，先后增加了俄文、法文、西班牙文和阿拉伯文 4 个文种，开辟了针对不同地区的专线广播。

改革开放以后，新华社建设世界性通讯社的步伐大大加快，经过四十多年的不懈努力，今天的新华社，已经崛起于全球媒体之林，成为名副其实的世界性通讯社。

2021年新华社建社90周年时，已在海外设立了180多个分支机构，建立了覆盖全球的新闻信息采集和发布网络，形成了多语种、多媒体、多渠道、多层次、多功能的新闻采集体系和发布体系，集通讯社供稿业务、报刊业务、电视业务、经济信息业务、互联网和新媒体业务等为一体，每天24小时不间断用中文、英文、法文、俄文、西班牙文、阿拉伯文、葡萄牙文和日文等15个语种，为全球8000多家新闻信息机构用户提供文字、图片、图表、音频、视频等各种新闻和信息产品，日均发稿8000条以上；同时，又通过驻外记者将世界各国各地的重要新闻信息源源不断发回国内。长期以来，国内媒体所采用的各类国际新闻，其稿源绝大多数来自新华社，国内省、市级党报、都市报全部订购新华社国内、国际新闻产品。

几十年来，新华社全面加强国际传播能力建设，不断提升国际报道和对外报道水平，积极抢占海外新媒体和主要社交媒体平台，打造"网上通讯社"，讲述中国故事，传播中国声音，阐释中国特色，充分发挥对外宣传主力军和主阵地作用，维护国家利益，服务外交大局。新华社的报道不仅勾勒出中国特色社会主义的国家形象，成为海外读者了解、认识中国的重要渠道，对于许多第三世界国家的读者来说，新华社的报道也代表着中国人民对他们的理解和支持。

新华社还是许多国际新闻组织的成员，与世界一百多个国家和地区的通讯社或新闻机构签署了新闻交换、人员交流和技术合作等方面的合作协议。

值得一提的是，党的十八大以来这十年，新华社抢抓机遇转型发展，加之中央政府的大力支持，其技术装备、经营实力、融合创新等方面已跃居世界各大通讯社前列。

“三大发明”刷新技术赋能

面对移动互联网时代的突如其来，2013 年 7 月，新华社召开全社工作座谈会，专题研究以集成服务推动新闻信息生产传播模式转型升级，会议文件中提出这样的目标任务：

深入贯彻落实党的十八大和习近平总书记一系列重要讲话精神，牢牢把握正确舆论导向，充分利用我社网络、内容、终端和人才等优势，加快资源整合与平台构建，打造多样化、个性化、对象化产品，探索综合性、全程性、交互性新闻信息服务，着力调整、改造、转型、升级现有新闻信息生产方式、供给方式、服务方式和商业盈利模式，努力构建新的内容形态、媒介形态、产业形态、组织形态，尽快实现由一般性的内容提供向新闻信息集成服务转变，进一步提高主流舆论的传播力和引导力，增强整体实力和核心竞争力，提升在国际社会和传媒领域的地位和影响，推动我社战略转型和事业科学发展实现新跨越，更好地发挥喉舌、耳目、智库和信息总汇作用，为党和国家工作大局服务、为社会主义现代化建设服务、为人民服务（见 2013 年《新华社年鉴》第 149 页）。

作为参会成员，如今回头看，我至今还为当时全社上下面对新技术、新媒体的严峻挑战而表现出的忧患意识、紧迫感以及审时度势、自觉转型、不留退路的前瞻眼光和果敢笃行而感佩。之后，将近 10 年踔厉奋发勇毅前行，国内最为庞大而传统的多媒体机构一跃成为勇立时代潮头的融媒体矩阵。仅以技术创新为例，2015 年，新华社就推出了可以批量写新闻的写作机器人“快笔小新”，在体育、财经领域广泛应用。随后几年在技术赋能方面更上一层楼，其“代表作”就是“三大发明”：

1.“媒体大脑”实现新闻产品秒级生产

2017 年 12 月，新华社依托“媒体大脑”发布了首条 MGC（机器生产内容）新闻。这是中国第一个媒体人工智能平台，也是中国第一次正式宣布把大数据和人工智能技术用于服务海内外媒体。它基于云计算、物联网、大数据、人工智能（AI）等技术，覆盖报道线索、策划、采访、生产、分发、反馈等全新闻链路。

某会议现场：21 路摄像头、4 类传感器，还有会场附近多类传感器随时待命，它们构成了“媒体大脑”的眼睛和耳朵，301 万个网站的公开数据则是“媒体大脑”的知识储备库，背后通过强大的计算能力，实时将数据、AI 功能提炼串联。

根据首条 MGC（机器生产内容）视频新闻显示，该新闻由“媒体大脑 2410 会议报道模型”生成，实时调用服务器数量 1000 台，分析网页 1 亿个以上，检索视频 15793 分钟、音频 4465 分钟，调用知识节点 437 个，计算耗时 10.3 秒。

2018 年世锦赛期间通过该媒体大脑生产 3.7 万条短视频，1 天能生产上百条，最快的只用 6 秒。

媒体大脑主要有八大功能：2410（智能媒体生产平台）、新闻分发、采访、版权监测、人脸核查、用户画像、智能会话、语音合成。国内各媒体机构均可在认证后使用“媒体大脑”的各项功能和产品。

2.“现场云”实现移动采、编、发

“现场云”是由新华社主导研发，以实现“新闻在线生产、在线审核、在线签发”为目标的移动采编发系统，目前已有 4100 多家媒体和党政机构用户。

当 MAGIC 与现场云结合，三步就能快速生产一条短视频。首先，前方记者基于现场云实时采集视频素材，即拍即传，完成第一轮报道。第二步，现场云报道以素材形式进入 MAGIC 智能生产平台，经过人脸识别、语音识别、数据处理等 AI 工具，自动或人机协作批量生产短视频内容。最后，审稿人对批量内容集中审核，稿件签发后完成第二轮传播。机器

+ 人脑，技术 + 内容，不仅效率倍增，也使新闻变得更有魔力。

3. 全球首个“AI 合成主播”几可乱真

2018 年 11 月 7 日新华社建社 87 周年之际，新华社联合搜狗在第五届世界互联网大会上发布全球首个合成新闻主播——“AI 合成主播”，运用最新人工智能技术，“克隆”出与真人主播拥有同样播报能力的“分身”。这不仅在全球 AI 合成领域实现了技术创新和突破，更是在新闻领域开创了实时音视频与 AI 真人形象合成的先河。

“AI 合成主播”目前有中文和英文两种语言播报新闻资讯。

从主播“真人”到“分身”，“AI 合成主播”有多项人工智能前沿技术的“加持”。与真人主播不同的是，“AI 合成主播”还开了“外挂”。在新华社中英文客户端、微信公众号、中国新华新闻电视网（CNC）、新华社“微悦读”等平台上都会看到“AI 合成主播”的身影。

上述“三大发明”都经新华社向国内外发了通稿，也就是说，它是业内公认的媒体技术创新成果。

2019 年国庆阅兵报道，新华社全平台发力、全息化传播，“三大发明”大显身手，图文、视频直播、短视频、VR、AR、H5 等各展其能，电视、电脑、手机、IPTV、OTT、微博和微信朋友圈等无所不及，实现“六线”同步、台线并轨直播，即同时进行中文直播、英文直播、4K 直播、VR 直播、专供电视台服务、用户视频连线。

2019 年 12 月，新华社媒体融合国家实验室揭牌运行，这是中宣部指导、科技部批准建设的媒体融合生产领域首个国家重点实验室。相隔几天，新华社宣布首个智能化编辑部正式建成并投入使用，开启了国社新闻生产与传播的智慧革命，大幅度提升了新媒体产品的创意创新能力和生产传播效率。近两年，新华社进一步加大技术建设投入力度，加快构建新型一体化技术发展指挥体系，培育建强“5G 融媒体传播平台”等终端产品新旗舰，打造“5G 沉浸式新闻”等技术领先、系统先进的平台级创新应用。2022 年 3 月 5 日，新华社旗下的新华网推出《XR 看报告：绘景未来》融媒体产品，可视化解读 2022 年政府工作报告，产品运用 XR 扩展现实拍摄、VR 绘画和虚幻引擎三维渲染二维等技术，构建童话般的虚拟场景，第一次实现实景布景与虚拟场景融合，呈现出政府工作报告的目标任务，浏览量突破 1.3 亿。

在新媒体技术的加持下，新华社构建起报、网、端、屏全业态全功能融媒体矩阵，重组新闻生产组织架构，再造新闻信息生产流程，加快产品升级换代，各类报道的平台、渠道、终端优势比以往任何时候都发挥得淋漓尽致，新闻的移动化、场景化、全息化水平大大提高。

心怀“国之大者”　眼观世界风云

媒体的职能定位决定着采编人员的业务站位和视野。由此考察新华社记者的站立与视野，其最突出的特点在于“五个坚持”：

其一，坚持心怀“国之大者”，眼观世界风云，这是作为国家通讯社和世界性通讯社记者的站位坐标和视域维度。新华社一直要求记者不管是在总社还是长期驻守地方分社，都要熟悉国情、世情，有全国意识、全球意识，‘站在天安门广场看问题、看世界”。新华社各驻地分社记者，有一项十分重要的基本功训练，就是培养全国观点，即选题写稿必须立足当地胸怀全国，用全国观点判断报道价值。与此同时，地方分社的记者承担着对外报道的外宣任务，就是适合对海外国家地区播发的新闻不能遗漏，因此必须研究国际问题，培养世界眼光。驻外记者也是一个道理。在全面建设社会主义现代化国家、向第二个百年奋斗目标进军征程中，新华社更是要求全体采编人员深入学习和践行习近平总书记贺信要求，心中装着中华民族伟大复兴的中国梦，致力构建人类命运共同体，连接中外，沟通世界，既做好国内舆论引导“领头羊”，又直面国际舆论斗争，敢于发声，正确发声，讲好中国故事，传播中国声音，宣介中国主张，彰显中国智慧，诠释中国方案，展示真实、立体、全面的中国。

其二，坚持为党和国家工作大局服务，这是作为党和人民耳目喉舌的责任担当。2021 年 11 月初，在庆祝新华社建社 90 周年表彰大会上，时任社长何平强调：“全社干部职工要继承和发扬先辈们的光荣传统，增强‘四个意识’、坚定‘四个自信’、做到‘两个维护’，忠诚使命、担当作为，立足岗位、拼搏奉献，做党的政策主张的传播者、时代风云的记录者、社会进步的推动者、公平正义的守望者，更好地履行党中央喉舌、耳目、智库的职责使命。”忠实履行职责，为党和国家工作大局服务，在现阶段就是要全面准确大力宣传报道党的二十大精神，宣传报道新时代新征程党的一系列路线、方针、政策，宣传报道“五位一体”整体布局和“四个全面”战略布局，宣传报道新时代百年大党建设的伟大工程，宣传各行各业干部职工在经济社会发展中的新创造、新探索、新经验，记录时代风云，推动社会进步。

其三，坚持以最广大人民群众的根本福祉为出发点和落脚点，这是新闻报道是否不忘初心、情系人民的试金石。新华社老社长穆青当年流着眼泪采写《县委书记的榜样焦裕禄》，因为他和焦裕禄一样，心里装着老百姓；他的“勿忘人民”题词成为新华社后来人的座右铭。江苏省泗洪县上塘镇垫湖村，于 2008 年建起一座名为“春到上塘”的纪念馆，这个馆名取自 1981 年《人民日报》上刊登的一篇名为《春到上塘》的长篇通讯。1978 年党的十一届三中全会以后，“赤贫思变”的垫湖人历经万难率先开展“大包干”，但一些人视他们的“大包干”为洪水猛兽，媒体上质疑声频频。1981 年 2 月，新华社记者王孔诚和周昭先来到上塘镇进行为期十多天的蹲点采访，并于当年 3 月 4 日在《人民日报》发表了《春到上塘》的长篇通讯。通讯报道了垫湖村及上塘人民“敢为天下先”的改革精神，旗帜鲜明地对上塘“大包干”鼓与呼，在全国产生巨大影响，上塘改革经验遂传遍全国，上塘镇垫湖村成为“江苏农村改革第一村”。时隔28年，垫湖人民为了纪念前辈们当年的大胆改革创举并表达对两位记者的感激之情，建起了《春到上塘》纪念馆，还特地创作了一组王、周二人现场采访的主题群雕，再现了当时两位记者和百姓交谈时的场景。实践证明，记者懂人民甘苦、为人民撑腰，作品就穿越时空，人民就不忘记者。

移动互联网时代，碎片化、快餐化、娱乐化的新闻信息产品充斥网络和“两微一端”，但新华社依然大力倡导深入实际、深入基层，把笔和镜头对准人民群众，深刻感知和倾力反映人民群众最关心、最直接、最现实的急难愁盼问题，牢固树立“以人民为中心”的价值取向和工作导向，充分彰显共产党红色媒体的人民性本色。

其四，坚持以马克思主义新闻观为指导，这是新华人90年坚定不移的新闻理念遵循。无论是国内报道还是国际报道，无论是动态事件报道还是深度调研报道，都必须始终坚持新闻报道真实、准确、全面、客观、“有立场”。“新华社要成为世界性通讯社，新华社的新闻就必须是客观的、真实的、公正的、全面的，同时必须是有立场的……只有这样，新华社的新闻报道才能使人相信，才能树立威信，新华社才能成为权威的世界性通讯社。”刘少奇同志1956年对新华社工作的指示精神至今没有过时。以马克思主义新闻观为指导，就必须坚持新闻的党性原则，坚持正确的舆论导向，始终把政治方向摆在第一位，把所有报道建立在调查研究基础之上。

其五，坚持以工匠精神书写无愧时代、无愧人民的精品佳作、经典之作、传世之作，这是新华社全体采编人员的专业追求。进入新时代，迈上新征程，肩负新使命，新华社进一步强化国家通讯社职能，构建国际一流新型全媒体机构，以政治强、作风硬、业务精的卓越新闻工作队伍为保障，不断锤炼脚力、眼力、脑力、笔力，策划、采写、制作“有思想、有温度、有品质”的新闻精品，最大限度地满足用户和受众需求，更好地发挥党的新闻舆论工作主力军、主渠道、主阵地作用，为实现中华民族伟大复兴的中国梦和推动构建人类命运共同体贡献智慧和力量。

移动互联网时代，信息化社会，媒体的开放如同政府的政务公开成为必然。作为国务院直属事业单位的新华社，也逐渐掀开神秘面纱，在为用户和受众提供高品质新闻信息服务的同时，更加注重自身的媒体形象和产品品牌，与社会各界的交流往来、横向合作不断拓展，唯其如此，才能与时俱进、永葆青春活力。

（本文系为兰州大学新闻与传播学院学生新闻实务系列讲座提纲之一，修订完稿于 2022 年 12 月）

何为镇版报道？记者的采写气质应当如何养成？

冯 诚

何为“镇版报道”？

简言之，就是媒体和采编人员精心谋划、重点经营、稿件分量重、刊登于版面重要位置的报道。对于传统的报刊纸媒来说，头版头条包括其他版面头条就是最有分量的镇版报道，代表着当期的报道重点和写作水平。

对于记者来说，争取上头条、特别是头版头条（包括新媒体版面头条）也是在所不辞的专业追求。而在镇版报道中，通讯报道显得尤为珍贵。因为新闻通讯的策划采写考验的是记者的综合业务素质，历来被看作检验新闻工作者采写能力的试金石。

自媒体时代，主流媒体还需要“镇版报道”吗？

当今移动互联网时代，媒体生态和传媒格局震荡裂变重新洗牌，全媒体业态快速成型，融合报道成为时尚，自媒体疯狂生长，传统媒体纷纷转型。信息传播碎片化、新闻产品快餐化、媒体呈现和用户体验方式多元化，传媒新概念、新名词、新形式层出不穷，喧嚣声声。新媒体信奉的是技术为先、渠道为重、包装为要、融合为尊，谁在无人机拍摄、机器人写稿、大数据整合、微平台推送方面先人一步谁就想执牛耳。

传统媒体“生存还是死亡，这是一个问题”。

但是，当技术创新和平台渠道的动能有效释放时，人们最终发现，无论终端呈现方式如何千变万化五花八门，都离不开具有深邃思想的文字表达和文本原创这个“基石”，独家原创的文本精品和“镇版力作”始终是不可或缺的“定海神针”。

新华社从来没有放松过对记者文本写作的严格要求。恰恰相反，时至今日，它遍布国内外所有分支机构的一线记者仍然把深入基层调查研究、采访写作“有思想、有温度、有品质”的精品力作当作至尊追求，从而为海内外千千万万受众和五光十色的媒体终端提供着丰富多彩的原创精品。

与以往不同的是，基于全媒体报道新模式，新华社记者的文本写作也在颠覆固有概念，其采访、写作已经与编辑、制作、分发融为一体，与音频、视频、网络、客户端等多向适配顺畅交互，它要求记者从采集源到传播端全流程谋划，使文本稿件能够一源多端，实现传播效应最大化。

主流担当，这是记者的天职

新华社历来要求记者要有全国意识全球眼光，站位要高，视野要宽，格局要大。“笔下有财产万千，笔下有毁誉忠奸，笔下有是非曲直，笔下有人命关天。”（新华社前社长郭超人语）

报道内蒙古呼格吉勒图案的新华社记者汤计，在呼格案洗冤后，被请到新华社大礼堂为同事们做报告。他讲道，多年间，他冒着人身危险，一而再，再而三，连续 9 次为一个普通生命蒙受的冤屈采写内参等各类稿件。每一篇稿件送到总社，从值班编辑、签发人，到部主任、社领导，每一个人都为之“开绿灯”，没有一个人设置过一点点障碍，这正是他坚持到底的勇气和力量源泉。讲到这里时，台上台下一片哽咽。这就是主流担当的品格和境界。

后来，我请汤计到江苏分社与采编人员分享交流报道体会时，他讲到一件事：有一次，新华社内蒙古分社社长应邀与某市一位领导见面交流，两人叙谈甚欢，尔后在送分社社长回单位路上，这位市领导突然说：“社长，你让汤计再不要给我们找麻烦了，要不然我就把他抓起来。”社长一听，不由分说，让司机立即停车，并警告这位市领导：“你抓汤计之日就是你的末日！”说完扬长而去。这就是新华人面对是非曲直、毁誉忠奸时的选择。

有为民情怀，才能接地气、感动人

邹韬奋先生20世纪30年代办《生活》周刊时，倡导以普通人为服务对象，“简直随他们的歌泣为歌泣，随他们的喜怒为喜怒，恍若与无数至诚的挚友握手言欢，或共诉衷曲似的”。新华社老社长穆青20世纪90年代初就告诫新华社记者“勿忘人民”。为民情怀应该是一个好记者的职业初心，有了为民情怀，议题设置、报道立足点就接地气、有温度了。

2011年年初，我从湖北调江苏工作后，连续几个月跑遍全省的市、县、乡、村，用一个新闻人的眼光审视着这个沿海发达省份的与众不同。半年下来，有三件事触动了我：第一，6月中旬，省委省政府主要领导下农村蹲点搞调研，一连几天吃住在农家。省领导带了头，市县各级领导干部都纷纷进村入户察民情、解农愁。农村经济已经很发达的省份，粮食产量当时居全国第三位，还有如此深的“三农”情结，殊为不易。第二，在苏北宿迁市调研时，市领导不是先向我们介绍城区的楼房马路、园区项目，而是把西城区绿色开发、生态建设郑重介绍，这在湖北一些地市很少见。第三，到淮安调研时，宣传部门一定要我们看看他们的漕运博物馆，在扬州调研期间，宣传部同志说，他们一个市已建和在建的文博场馆很快就达到一百个了，这也是中西部许多地市无法企及的，因为一要有情怀，二要有实力。

这三个事例，在江苏既有“点”的典型性，又具有“面”的普遍性，它反映的是江苏在经济社会发展到较高水平后的一种理念升华和现实成效。在当下，一个进入后工业化时代的经济大省，如此重视“三农”、重视生态、重视文化，这样的发展理念，无疑是有前瞻性的；再者，这种发展理念，说到底，是要看淡速度攀比、政绩崇拜，注重打基础、管长远，立足于民本情怀、可持续发展。于是，我带领两名年轻记者采写出新闻通讯《江苏新时尚：亲农、尚绿、炫文化》，稿件被评为当年报道江苏一等奖。后来很多人从不同侧面分析这篇报道的成功之处，但我认为最重要的是：以普通老百姓的眼光和情怀，审视和提炼发生在江苏大地上的新亮点，从而使“新时尚”具有了前瞻性和时代意义。

“四力锤炼”，需练就过人功夫

“四力”即脚力、眼力、脑力、笔力，它包含深入实际，深入群众调查研究的高度自觉和持久定力，包含独到的媒体眼光和敏锐的新闻发现力，包含对社会万象的深刻思考和对事实真相的辨别能力，包含对稿件写作的成熟素养和对各种文体的驾驭能力。

“脚力”是新闻报道的基础，就是强调行走到新闻事件一线和现场去。“文生于情，情生于身之所历”，坐机关、编材料，不愿走下去、蹲下来吃苦受累，深入调研采访，如何写出“沾泥土”“带露珠”的好新闻？历史上，著名记者范长江的新闻名篇《中国的西北角》和《塞上行》就是他在极其艰苦的采访条件下，行走大半个中国写出来的。

“眼力”就是发现力，就是要善于观察、善于判断、善于辨别，以唯物辩证法为“显微镜”“广角镜”“望远镜”，炼就一双能“见人之所未见”的慧眼。

2016年8月，江苏省委宣传部门组织中央驻苏和省内主要媒体到工业大市无锡采访经济转型发展，我带着分社两位记者一同前往。我们发现，无锡这个百年工商业名城和苏南乡镇企业的发祥地，因为资源环境问题的窘迫和低端产能的制约，被迫先人一步，转方式调结构，进行供给侧结构性改革，推动“三去一降一补”，抢抓“一带一路”倡议机遇，实现动能转换，全市经济在连续七八年下滑后企稳向好。深入采访实地考察后，我们得出判断：无锡经济的拐点已经出现，当初发稿时，无锡当地并无“无锡拐点”之说，因为经济止跌向好的势头毕竟刚刚出现。但后来的发展走势证明，我们的判断完全正确，迄今为止已两年8个季度良性稳步增长。这篇稿件也荣获无锡对外报道特等奖。

“脑力”是决定新闻作品水平高下的关键。思想是新闻的灵魂，新闻作品的影响力取决于报道思想的穿透力。只有永不停歇的“脑力”锤炼，才能采写出具有深刻思想内涵和卓越气质品格的新闻作品。“让人惊不如让人喜，让人喜不如让人思。”置身自媒体时代，困扰于“标题党”的泛滥和“抢眼球”新闻的满天飞，人们最需要的还是有责任、有担当的媒体打造出更多引领舆论、成风化人的精品力作。

“笔力”，也就是对新闻事实的呈现能力。在文本写作中，文字表达要做到准确、鲜明、生动，要学会运用各种新闻文体，熟练掌握消息、通讯、特写、评论、调查报告、记者来信、采访手记等写作规律。

需要指出的是，在今天，笔力，已不仅仅是传统意义上的文字写作能力。它既包括文字内容的写作能力，同时包含着媒体和记者将全媒体、数据化思维贯注于策划、采集、加工、分发、反馈全过程的综合素质和能力。

诗意表达，记者新闻写作的境界追求

“有思想、有温度、有品质”的“三有”新闻精品标准中，其温度和品质在很大程度上体现为作者诗意表达的能力。标题的制作、导语的打磨、结构的设置、细节的描写，遣词造句，取舍剪裁，山重而水复，处处有诗意。比如，悼念伟人邓小平的新闻经典《在大海中永生》中，多处采用排比、反复、回环的修辞手法，饱含深情地把伟人非凡的一生和卓越的贡献像影视镜头一样拉近到读者眼前，把现场的沉痛氛围和哀悼情绪不断推向高潮。文字写作的完美卓越成就了内容的不朽，许多人把它当作优美抒情的散文诗来诵读。

新闻作品绝不是一般的应用文写作，新闻作品在广义上也是文学作品。新闻作品的气质和品格既包含内容的传播价值也包含写作的文采素养，要在长期的采写实践中渐修提升。

（此文为拙著《镇版报道的气质养成》自序，见刊于2018年6月14日《传媒茶话会》公众号、《新闻战线》2019年第18期）

战役性报道如何出新出彩

冯　诚

战役性报道，是媒体人根据报道特点使用的一个概念，一般是指在一定时期内对已知条件下的重大事件或重大社会问题所进行的集中、持续的报道。其特点是发稿周期长、规模大、各种发稿形式并用。党和政府的中心工作、重大决策的付诸实施、重大工程项目的完成、重大节庆、展会、赛事等，都被纳入战役性报道范畴。全国“两会”、奥运会、广交会、上海进博会等报道都是典型的战役性报道。

战役性报道是围绕报道对象展开的媒体行动，它要求在一个阶段或一个方面形成强大的舆论声势，发挥舆论引导的规模效应和社会影响。除了突发事件外，战役性报道多是有备而战、按程序进行，但它同样是对媒体综合实力的检验。

对记者来说，参加战役性报道，无疑是对个人综合素质的训练。战役性报道中，要求记者新闻嗅觉敏锐，稿件出手快，现场应变能力强，而且具有采、编、制、发多方面的技能。

战役性报道从内容方面来说，形形色色，多种多样。

2004 年以来，我在湖北、江苏工作期间，曾参与组织指挥过三峡大坝建成及围堰爆破、第六届全国城市运动会、第八届中国艺术节、南京亚洲青年运动会、第二届世界青年奥林匹克运动会等重大战役性报道，以及许多突发事件的战役性报道，对如何做好战役性报道积累了一定的现场操作经验。下面我结合自己的实践，就如何在节庆、展会、工程建设、体育赛事等常见的战役性报道中出新出彩，与大家分享一些感悟。

一、要准确预判战役性报道的定位、意义，明确指导思想、报道宗旨、预期目标。

要从整体上准确研判报道对象，定位要准、站位要高、视野要宽。新华社要求重大战役报道始终要有政治意识、受众意识、精品意识、媒体服务意识；每一次报道都必须起到龙头压阵的作用。

比如，2018 年上海进博会报道，首先要充分认识它的举办意义：进博会是迄今为止，世界上第一个以“进口”为主题的国家级展会，是世界贸易发展史上的创举，习近平主席亲自倡导，172 个国家、地区和国际组织参会，3600 多家企业参展，6 天时间内超过 40 万名国内外采购商到会洽谈采购，这种影响力，在世界展会上前所未有。同时它又是在美国对中国无端发起史无前例的贸易战的背景下举行的，因此，举世关注，意义重大，吸引了全球 630 家境内外媒体的 4100 多名注册记者参会报道。做好进博会报道，通过进博会讲好中国故事，关乎国家形象、国家利益，必须十分重视。这样的战役性报道，必然是媒体的竞技场，必须竭力为之才能实现预期目标。明确了这样的定位、意义，媒体就有了发力的动力、方向和目标。

再比如，2014 年 8 月 16—28 日在南京举办的第二届世界青年奥林匹克运动会，有来自世界 204 个国家和地区的 3700 多名青少年运动员在这里尽情“挥洒青春活力，展现体育技能，畅谈未来梦想”。

青奥会是国际体育界的盛事，也是全球青少年的盛会。在南京举办的第二届青奥会举世瞩目，被称为青奥会化茧成蝶的“成人礼”，也是国人向世界彰显青春梦、中国梦的巨大舞台。如果事先对其举办意义不够清楚，媒体怎么可能在举办过程中有一系列精彩报道的呈现？

二、战役性报道要提早谋划，做好报道方案，届时按计划、按流程运行，一些重点经营的稿件要按日历发稿。

报道方案包括以下几个方面：

一是指导思想、总体任务目标，基本要求。

二是在对报道对象准确预判的基础上，对各业务兵种、各类报道手段统一规划部署，下达报道指令。战役性报道是综合性、多兵种、大规模作战，需要各业务兵种统一步调，配合作战，整体联动。以新华社为例，重大战役性报道，都必须在总编室统一安排部署下，国内报道、对外报道、内部调研报道、摄影、音视频、融媒体、传统的报刊等一齐上，各条发稿线路同步启动。

三是提前预制各业务门类的主打稿件，制定发稿日历。

四是把握好三个重点阶段，即预热升温阶段、过程深化阶段、圆满收官阶段，不能前热后冷、虎头蛇尾；要对报道战役中的重点、节点、难点早有预设和安排，每一个点都要有多个细化分解计划。

五是报道方案要对团队组建和技术后勤保障一并提出要求。

六是报道方案一般要有充分的提前量。

三、优选精兵强将组建前方报道团队，建立灵活高效指挥运行系统。

战役性报道对记者综合素质要求比较高，至少要有五个方面的能力优势：文字表达或音视频拍摄制作能力、语言交流能力、现场单体突破能力、新技术新应用操作能力、连续作战能力。同时多数骨干人员要有大型报道活动的经验。一个记者如果没有经历过大型报道的那种艰难煎熬、极限压力、惊心动魄考验，简直就谈不上成熟老练。

重大战役性报道政治性强，责任重大，一般都要建立高层次的组织指挥系统，由主要领导亲自挂帅、业务领导前方坐镇指挥，现场分层级管理调度。重要环节，领导要靠前指挥、亲自领衔采访、破解攻关难题。

重大战役性报道，情况复杂变数多、发稿量大，一般都要在前方建立发稿中心，并保证在活动开始前二至三天进场。前方发稿中心既是一个报道组织指挥机构又是一个稿件签发平台，相当于一个小型总编室。各发稿线路、条口的负责人都要到场执守。发稿中心搭建，涉及位置、场地、人员工作空间，以及技术装备配置陈设、网络线路等，都要提前通畅到位。

前方发稿中心建立后，要迅速做好几件事：

一是进行现场培训。培训内容包括熟悉现场、任务分解、一线分组、发稿流程、技术支持、记者编辑对接等；文字、国内、对外、摄影、摄像、网络、客户端、短视频、微博微信公众号，一一安排到位。

二是打通中心运行的各个软环节。包括畅通各条发稿线路；每天召开业务例会，及时调度人力、物力资源，安排紧急报道任务；通过开办报道简报、建立微群等方式加强沟通协调。

三是发扬团队精神。战役性报道是特定时空条件下的“现场直播报道”，一次成型，不可重来。因此必须有强烈的团队意识和协作精神，统一调度，分工协作，避免打乱仗、逞个人英雄。

四、建立强大的技术支撑和后勤保障系统，特别要搭建好技术平台。

一般情况下，大型节会活动都会为媒体提供新闻服务。2018 年上海进口博览会为中外媒体搭建了技术功能最为先进、服务保障高效有序的新闻中心，中心于11月3日对中外记者开放，11月4日正式运营。据媒体报道，新闻中心设置咨询服务区、公共工作区、专用工作区、广播电视新媒体机房区、新闻发布厅、餐饮休闲服务区等多个功能区域，全面覆盖免费无线网络，志愿者人数超过300人。咨询服务台提供中英文信息咨询服务，公共服务区提供邮政、电信、火车、航空票务等配套服务，而媒体公共工作区则设置了近500个记者工作位，每个工作位均配数字音频接口、网络接口和电源接口，内设大屏、媒体岛，实时播放公共信号画面，提供进口博览会相关信息。同时，本届进口博览会还提供网上新闻中心服务，实时发布进口博览会的官方信息及采访通知等服务信息，并提供文字、图片资料搜索下载和采访预约等服务。

新华社现在有了无人机拍摄、媒体大脑大数据快速生成新闻系统、超强的短视频制作功能，“现场云”等客户端平台，第五届世界互联网大会上还推出了全球首款人工智能的合成新闻主播——AI合成主播，这些对技术系统的要求更加严格，不能有丝毫差错；发稿的网络、线路、渠道、终端、用户、反馈系统都必须闭环运行，反应灵敏。

五、突出重点，抓住特点，挖掘看点，让报道出新出彩，即从程式化的报道中作出有特点、有深度的系列精品稿件。

第一，突出重点，就是要打好第一枪，抓住第一节点如开幕式、领导人讲话、重要活动等，都是报道重头戏，必须拿满分。重大节会，最重要的就是开始当天的报道，要形成报道的高潮。还有头一天的报道、第二天的报道，这两天要有足够的稿量、足够的分量。

越是重大报道，新华社的任务越重，责任越大。因为新华社承担着向海内外播发通稿的任务。别人可以只考虑有限的版面、时段、平台，或者自己的网络、客户端、公众号，新华社则要顾及更大范围、所有数万家媒体用户和广大受众的各种需求。而在同一现场，还要与到场的各类媒体激烈角逐。所谓忠实履行职责，其实就是必须完胜，没有退路。

以三峡大坝建成报道为例，对李永安总经理的专访、头天晚间发出的《三峡大坝建成不举行盛大庆典》、建成当天发出的《三峡大坝建成庆祝仪式只有 8 分钟》等，都是通过独特视角、独家稿件甩开对手。

再如 2007 年 11 月 5—20 日在湖北武汉举行的第八届中国艺术节的报道，作为东道主，湖北分社在此次报道中承担了一线采访报道的主要任务。分社通过调研了解，多次与总社沟通，提前一月提交报道方案，并经编辑部修改完善，会议开幕前敲定。其中仅对文字报道通稿线路就安排开设“八艺节报道”“八艺节·特稿”专栏，每天播发有关八艺节的重要消息和深度报道，适时播发评论文章；社会文化专线开设八艺节报道系列专栏，包括“八艺节·记者手记”“八艺节·动态”“八艺节·名人访谈”“八艺节·新华调查”“八艺节·文化视点”“八艺节·评论”“八艺节·花絮”等。对外、摄影、音视频、新华网也都确定了专门的报道方案。由于准备扎实充分，开幕式结束才几分钟，新华社的快讯、消息、花絮、侧记、评论等稿件就相继播发；前后 20 天之内每天都有一篇重点栏目稿件，媒体用户左右逢源。7 篇特稿、6 篇评论，节会中现场策划的博物馆开放深度稿件和一批人物访谈，以及图片音视频等各种形式的报道异彩纷呈。事后总社总编室总结认为，“本次八艺节报道是 20 年来历届中国艺术节最出彩的一次报道”，给予通报表彰。

第二，报道过程中，要善于捕捉热点，随时进行专题策划、“热策划”，设置有温度随机性的议题，深化报道、吸引受众、占据舆论引导制高点。八艺节期间，湖北省博物馆宣布免费开放，一时间博物馆前等待免费参观的队伍排出几百米长龙，日接待能力仅 5000 人的博物馆不得不接待上万人。报道组敏锐地抓住了这个典型的文化现象，及时策划组织，由我带领记者采写了“新华视点”稿件《挡不住的热情，掩不了的尴尬——湖北省博物馆免费之后》，在充分肯定公共文化资源免费开放的积极意义的同时，探讨了我国公共文化管理和服务等方面的深层次问题，仅播发后两日统计，采用就达40余家。围绕这一事件，分社还配发了评论《博物馆免费，观众不能“免礼”》《博物馆免费爆棚凸显公共文化服务匮乏》等。

第三，战役性报道是境内外媒体的竞技场，许多现场报道都以技术装备和技术支撑能力见高下。因此，各大媒体都注重形式创新与技术引领。仅以技术引领为例，“97香港回归”时，除了赴港报道记者外，后方的新华社各国内分社摄影记者还没用上数码相机，之后短短几年，到“八艺节”，北京奥运会，南京青奥会，再到上海进博会，技术更新换代日新月异，步伐越来越快。上海进博会时，新华社已拥有了全球领先的媒体大脑、智能生产线，其报道形式的创新不言而喻。2017年12月26日在成都发布的“媒体大脑”，是中国第一个媒体人工智能平台，它把大数据和人工智能技术用于服务海内外媒体，覆盖报道线索、策划、采访、生产、分发、反馈、版权监测、人脸核查、用户画像、智能会话、语音合成等全新闻链路，国内各媒体机构均可在认证后使用其各项功能和产品。

第四，战役性报道还要特别注意做到精彩“收官”，切不可虎头蛇尾。这里，我以2010年夏季湖北长达一月之久的抗洪报道为例，顺便谈谈战役性报道收官之战的重要性和客观效果。

2010年六七月，伴着梅雨季节的到来，长江中下游地区雨情连连，流域范围极端灾害性天气事件频发，降雨多、水情猛、灾情重。特别是进入7月，长江接连形成两次特大洪峰，如7月20日，长江上游形成流量达每秒7万立方米的特大洪峰，这是三峡水库建库以来的最大一次洪峰，也是1981年以来通过宜昌的最大洪峰，峰值流量超过了1931年、1954年和1998年；27日长江上游形成又一轮特大洪峰，与此同时汉江出现历史上罕见的洪峰，江城武汉 20 年来首次遭遇长江、汉江“两江”夹击，防汛抗洪压力巨大。据湖北省民政厅统计，此次全省范围长时间高强度的暴雨洪涝灾害，共造成 991 万人受灾，因灾死亡 74 人，失踪 7 人，紧急转移群众 35 万人，农作物受灾 142 万公顷，倒塌房屋 7 万多间，损坏房屋 11 万间。灾情就是命令。在长达一个月的时间里，湖北分社全方位启动最高级别应急报道响应，在总社总编室及各编辑部指挥下，紧紧围绕防汛抗洪工作大局，展开了多媒体、立体化、全景式的报道，一批内部决策稿件及时反映了汛情灾情，以及各级党委政府周密部署科学调度、干部群众众志成城奋起抗灾自救的成功壮举；一批长篇通讯、现场新闻、热点报道受到海内外媒体广泛采用和受众好评，关键时刻发挥了“正确引导国内舆论，积极影响国际舆论”的作用，多次受到总社表扬，水利部、湖北省委省政府、长江三峡工程开发集团公司等以多种形式对分社报道表达感谢。

据统计，在 7 月 1 日至 8 月 1 日一个月时间内，湖北分社被总社采用播发的防汛抗洪对内对外文字稿 500 多条（不含网络稿件），图片图表 700 多张，新华社 CNC 电视台向海内外播发中文视频稿 119 条，英文视频稿 41 条，现场直播 6 场，整体报道迅速、准确、全面、深入，数量多、质量高、影响大。此次防汛抗洪报道还创下了分社报道数个新纪录：一是国内媒体采用率创新高，有 45 篇稿件被全国 50 家以上主要媒体采用，单篇文字稿最高采用达 285 家次，图片稿最高采用达 258 家次，《新华每日电讯》多次辟专版刊登湖北抗洪报道；二是欧美主流媒体采用量创新高，美联社、路透社、法新社、德新社、《华盛顿邮报》《纽约时报》《华尔街日报》等均采用了我社英文报道；三是多媒体报道量创新高，电视报道单月进行 6 场现场直播，其中 1 场为英语直播，中英文发稿 160 条，网络报道更是滚动发稿，形成舆论强势。

记者是新闻事件的呈现者，也是见证者。我们的记者亲眼目睹了这个夏天发生在荆楚大地上的一场场大雨、一次次洪峰最终化险为夷、平安过境的惊心动魄和决胜喜悦，并通过大量采访报道予以精彩呈现。在长时间持续深入的调研报道中，我们对湖北2010年战胜大汛大水的主要原因有了清晰的判断：前提是三峡大坝拦蓄能力强了，关键是科技水平提高了，而传承不变的“98抗洪精神”则是决战决胜的保证。在这些制胜因素中，科技水平的提高尤其值得重视。比如，目前长江水量预报精确度达到了几百立方米以内，水位预报达到厘米以内，135个水文站实现自动化报汛，从开始测流到数据传至国家防总，仅需30分钟，时间是过去的二十分之一，准确率却高达99%；还有长江洪水预报系统、定量降雨预报系统、远程异地会商系统，都是“98抗洪”时不可企及的。先进技术为科学调度奠定了基础。7月下旬两次大洪水，长江防总科学调度，三峡水库拦蓄洪水约90亿立方米，有效发挥削峰作用。在支流汉江，7月19日，丹江口水库削减洪峰93%，避免长江和汉江洪水“两江夹击”；安康水库削峰拦洪使洪峰推迟5小时，为3万名群众安全转移赢得宝贵时间。总之，科技防汛精细入微，把握了长江的每一次脉动，沿江干部群众面对洪水更加从容自信，长江治水防灾能力显著提高。

为此，在7月下旬战胜第二次大洪水之际，我和前方记者杨希伟、沈翀决定以《长江防线上的“科学决战”》为题，作一篇全景式稿件，全方位展示近两个月来湖北防汛抗洪的做法和经验，对“98”之后最大的防汛抗洪事件留下历史性的记录。稿件重点则突出强调湖北人民在科学发展观指导下，运用现代化的新技术、新工程、新理念，按科学规律防汛抗洪的做法，这是当年抗洪的最大特点，也是时代的进步。在稿件写作中，我们则立足于记者的思考、记者的见解，写出湖北防汛抗洪的壮阔气势，力求让一场旷日持久的防汛抗洪报道虎头豹尾，精彩收官。

8 月 1 日，新华社就播出了我们的稿件，随即很快上网见报，《新华每日电讯》报头版头条采用。巧的是，两天以后，天气放晴，艳阳高照，当年南方降雨季悄然远去，我们的稿件真的成了分社整个防汛抗洪报道的收官之笔。几天之后，我们收到了总社总编室转来的水利部给新华社的感谢信，其中点名表扬了两篇新华社报道全国防汛抗洪的稿件，一篇是总社记者报道其他地方防汛抗洪的稿件，另一篇就是我们的《长江防线上的“科学决战”》。时任湖北省委书记罗清泉在头版头条刊登这篇报道的《新华每日电讯》报上作出批示，高度评价分社的报道，感谢记者的辛勤努力。省委常委、宣传部部长李春明批示：新华社湖北分社“在湖北防汛抗洪的关键时刻，发挥了关键性的作用，成绩卓著，劳苦功高，衷心感谢分社领导和同志们！”显然，在前期跟进报道平稳出彩的基础上，收官之笔达到了高潮。

六、 培养人才队伍，做好媒体服务。

新华社在每次重大战役性报道中，都注重以老带新，培养年轻采编人员；在一些大型国际体育赛事中还承担着许多媒体服务功能，包括国内各类媒体和境外媒体，特别是对境外媒体的服务，这是新华社一大优势和特色。

从我几十年的工作经历看，在战役性报道中，体育赛事的报道最具挑战性，它时效强，变数大，未知多，社会关注度高，同时关系国家政府形象和文化交流，丝毫不可懈怠。下面以我所全程参与并担任前方报道组主要负责人的第六届城市运动会（武汉）和第二届青奥会（南京）为例做一些案例分析。

第六届全国城市运动会于 2007 年 10 月 25 日至 11 月 3 日在湖北武汉举行。对于这次报道，新华社特别重视，因为有一个大的背景，就是要为第二年即2008年的北京奥运会积累报道经验、训练人才队伍。因此，既要充分报道好本次大赛，又要按奥运会的水准进行全媒体全程化演练，发现和解决潜在问题。新华社这次为城运会报道组织了150人左右的队伍。按照总社领导和总编室的部署，总社、分社，各业务部门共同组成了150人的前方报道团，在赛前和赛后均安排了扎实的培训，在实际报道中对三种报道模式（文字、摄影、音视频）进行了演练，并在赛后分析案例、进行讲解，提高记者对奥运会报道模式的理解和适应，还重点演练了将用于奥运会报道的三级指挥架构和图文互动。

由于从上到下十分重视，报道团指导思想明确，赛前策划周密充分，组织指挥得当，报道取得了前所未有的好成绩，据统计，在11天的报道中，由湖北分社、体育部、摄影部、对外部、新华网、技术局和29个国内分社组成的报道团共播发中文稿1254条、英文998条。图片中文稿4154条、图片英文稿2607条。音频稿48条，约80分钟；视频稿16条，约25分钟。湖北频道受新华网总网的委托，开设了城运会专题，共发中、英文文字、图片等稿件9000条。

报道在海内外引起很大反响，尤其是举办城市武汉，当地的报纸每天都大量刊登新华社文字和图片稿。时任武汉市委书记苗圩称赞新华社稿件报道非常精彩，并接受了新华网的专访。武汉市委宣传部、体育局、城运会组委会领导在各种场合多次谈到“新华社记者的敬业态度和专业水准”“给我们留下了深刻印象”。武汉市市长办公会议还赞扬新华社重点稿件“概括了武汉正在努力做的但还没有提炼出来的内容”。当地《长江商报》负责人说，这次城运会出彩的报道几乎都来自新华社，为此该报作出一个不寻常的举动：放弃最后三天的报道安排，让报纸记者跟着新华社记者学习怎么采访，并在报道团最后一天的培训中安排该报记者旁听了讲座。

这次报道有以下特点：

一是将城运会作为即将举行的奥运会报道的“测试赛”，强化培训效果。

报道团将拟参加北京奥运会报道人员的培训工作作为重点来抓。在赛前，报道团对报道提出了明确要求，就是文字、图片报道的时效、规模、数量、质量等都要按照奥运会的标准进行，使之成为新华社北京奥运会报道的“测试赛”。

为了使绝大多数没有奥运会报道经验的记者先有一个理性印象，报道团在赛前安排了三天的业务培训，对奥运会报道基本概况和基本要求、报道理念、写作和拍摄手法、大型赛事分级指挥架构、图文互动、文字和图片报道中常见问题等做了专题讲座。

在赛事报道期间，报道领导小组注重抓实战培训，重点抓北京奥运会期间计划要实行但现在还需要改进和完善的图文互动和三级指挥架构。在图文互动方面，指定了专职编辑协调文字、图片同步策划发稿事宜，领导小组成员每天监督图文互动发稿情况，并时常要求项目负责人敦促记者加强图文互动意识，每发一篇文字稿、图片稿都要想想能否配图或配文，多做图文互动。

二是中文报道思路清晰，主题突出，用一条主线贯穿整个报道：贯彻刚刚闭幕的十七大精神，通过城运会看科学发展观和亲民体育、和谐体育的实践，将城运会的举办和城市文化建设、经济发展有机结合起来。

开幕前，报道团及时播发了《武汉：以人为本办城运》的稿件，赛中继续跟进报道，发出了《六城会折射办会新理念》的稿件。报道团没有将眼光停留在当下，而是通过历史的分析，来折射中国经济的发展和城市的进步。在闭幕当天，报道团播发了《从大运会到城运会——一个城市的 15 年记忆》稿件，该稿件次日被当地所有媒体在重点版面全文刊用。当地媒体在接受调查时说，尽管比赛在当地举行，但新华社的报道有不可替代之处，他们仍然要仰仗新华社的稿子，许多稿件在挖掘城运会亮点上独树一帜，令人爱不释手。

城运会是中国城市青少年的一次大团聚，在报道中，报道团注意统筹兼顾，播发了香港、澳门等地运动员在城运会享受快乐之旅的稿件，同时针对中国东西部体育发展的不均衡，播发了《中国西部体育发展调查系列稿》。

三是英文报道按照奥运会报道和对外报道的要求，抓住海外受众关注的新闻点进行报道，期间有关加强兴奋剂管理和教育的英文报道被世界反兴奋剂机构 WADA 看到后，WADA 官员向国家体育总局官员表示对中国加强反兴奋剂工作的肯定和赞赏。体育总局也对新华社英文报道的影响力予以高度评价。

此外，图片报道、音视频报道、网络报道等各种形式的报道齐头并进，全面出彩。

2014 年 8 月 16—28 日，第二届夏季青年奥林匹克运动会在古城南京隆重举行。来自世界 204 个国家和地区的 3700 多名青少年运动员在这里尽情“挥洒青春活力，展现体育技能，畅谈未来梦想”。

青奥会是国际体育界的盛事，也是全球青少年的盛会。在南京举办的第二届青奥会举世瞩目，被称为青奥会化茧成蝶的“成人礼”，也是国人向世界彰显青春梦、中国梦的巨大舞台。

在新华总社总编室的直接指挥和体育部、摄影部等相关部门及兄弟分社的支持配合下，江苏分社全面组织策划，以融合发展理念统领青奥会报道，实现全媒体、立体化、多环节、全景式展示，在引导社会舆论、应对突发状况、扩大海外传播以及服务中央决策等方面，充分履行官方通讯社和东道主通讯社的职能，发挥主流媒体的龙头压阵作用，扩大了青奥会的全球影响力。相关报道工作受到领导机关、相关部门、青奥组委及社会各界的广泛好评。据统计，仅青奥举办期间的 10 多天时间，江苏分社共播发中、英文文字稿件 1200 余篇、图片 4000 张以上。其中，登上《新华每日电讯》等重点报刊头版头条及版面头条文字稿近 20 篇次，参考报道 22 篇，部分稿件受到中央领导批示。配合完成总书记、总理出席开、闭幕式的报道任务。“我在现场”青奥新媒体报道总浏览量达 1000 多万人次。同时，高质量完成青奥会官方通讯社、官方摄影队等赛会媒体服务工作。

事非经过不知难。南京举办青奥会，除了大型赛事通常面临的场馆建设、安保任务、交通食宿接待安排、赛事服务外，还有三大特殊挑战：其一，参赛运动员全部是 15—18 岁的青少年，自理经验不足，而且青奥会淡化比赛名次，鼓励各国运动员之间的文化交流互动，运动员均须参加体育竞赛和文化教育计划规定的活动，赛会期间不能提前离开，这就增加了主办方管理服务的难度；其二，随着智能手机和移动互联网的普及，对境外运动员和媒体记者不开放推特、脸谱等境外社交网站是不可能的了，这就增加了对境内外舆情的把控难度；其三，“节俭办青奥”是国际奥委会一条铁规，过去许多用钱就能筹办好的事，现在严格限制经费预算，有时甚至十分苛刻，这从另一方面增加了举办方的筹办难度。除此之外，一段时间，境外舆论唱衰江苏的杂音比较多，包括南京在内的政府债务问题也被拿来说事肆意夸大。这无疑增加了办会方的隐形压力。但南京、江苏义无反顾，迎难而上，最终圆满兑现了对国际奥委会的承诺：精彩、圆满、节俭！为世界青年朋友搭建起了一个体育竞赛和文化教育交流的舞台，把第二届青奥会真正办成了“活力青奥、人文青奥、绿色青奥”。国际奥委会主席巴赫在开幕当天面对媒体关于对筹办青奥有何意见的提问时说，他已到达南京考察了解 3 天，“对南京想不到更好的改进意见”；运动员和来宾普遍称赞南京青奥“无可挑剔”，“非常精彩”。最让人想不到的是，整个赛会过程，媒体好评如潮，没有发现什么负面舆论，包括境外社交网站和各类媒体。正是基于这样的背景，在赛会即将结束时，我们策划推出了《古城南京，尽享青奥红利》，既报道青奥带给南京的利好，也作为筹办和举办过程的见证者、参与者，表达我们对南京这座城市和800万市民“人人都是东道主”的崇高敬意。稿件特别选择从“有付出就有回报”的角度，呈现东道主的激情参与、文化传承、包容开放、丰厚获得，换个角度诠释他们的付出、担当和情怀，力求使稿件更平实、更客观、更有感染力。这篇稿件被各大网站竞相转发，《新华每日电讯》头版头条刊出，获得青奥组委会高度评价。

值得一提的是，回首南京青奥会的新闻报道历程，对于新华社江苏分社来说，和主办方一样，有太多的感慨和记忆。因为，从2010年2月南京申奥成功，4年多时间，一路走来，分社的全体采编人员及全体员工与申办城市南京一样勠力同心，承担起了国家通讯社向国内外权威发布青奥所有重大新闻的重任！包括一系列日常预热报道、重要筹办节点报道、重大推介项目报道、场馆等基础设施建设报道、安保等赛会保障服务报道、奥运精神的文化传承报道、难点热点问题反映及海内外舆情研判报道，等等。江苏分社始终不缺位、不失语，忠实履行职责，正确引导舆论。特别是在赛会开幕前后的20多个日日夜夜，一场没有硝烟的新闻战打响，海内外数千名记者同台竞技！新华社组成的60多人的采编团队（江苏分社20多名记者全部参加）进驻最早，撤离最晚，始终是24小时全天候。青奥会大大小小每一个项目，我们都要第一时间发出原创中英文文字稿和图片稿、视频稿，供海内外媒体采用，不能有丝毫差错；事实精准无误，时效先声夺人，导向于我有利！在青奥组委的新闻中心，新华社工作人员每天晚上都忙到深夜，最后离开，总是被场馆值班人员

“劝返”。在新华社团队中，分社采编人员则是“东道主”，责无旁贷，必须有更多的付出与担当。除参与大量程序性报道外，20余篇内部参考稿件、赛事活动中的重头文字稿件全部由分社记者完成。

在新闻报道之外，鲜为人知的一大任务是媒体服务工作，这项工作基本全部是分社承担和组织完成。2012年7月29日，国际奥委会在伦敦签约授权新华通讯社为南京青奥会东道主通讯社即官方通讯社，并负责组建国家奥林匹克摄影服务队。这样，分社在前方不仅要做好新闻报道，向海内外已有媒体、非媒体用户提供报道服务，还必须统筹负责、圆满完成国际奥委会在赛事期间要求的400篇英文稿、600篇中文稿的原创供稿发稿任务，提供开、闭幕以及所有比赛项目的摄影图片，做好境外到会媒体的相关传播服务工作。为此，分社还精心编辑出版发行了10万册《第二届夏季青年奥林匹克运动会南京2014传播手册》，被誉为运动员、媒体记者和所有来宾观赛、出行、旅居的行动指南，深受各界欢迎。毫无疑问，青奥会是对江苏分社业务能力、团队精神的一次全面检验。如同主办城市一样，同样为青奥会交出了一份合格答卷，也无愧于国家通讯社、东道主通讯社的光荣使命。赛会后南京奥组委和江苏省、南京市分别致函感谢新华社、感谢江苏分社，总社相关编辑部均对分社给予表扬。

（本文系为江苏、甘肃等地部分新闻从业者及兰州大学新闻与传播学院部分专业硕士研究生新闻传播实务讲座提纲之一，修订完稿于2018年12月）

组合式报道与融媒体呈现

冯　诚

新闻报道形式对于有效传播新闻事实、讲好新闻故事有着重要作用。组合式报道就是长期以来新闻媒体普遍采用的一种特殊而实用的报道形式。进入移动互联网时代，组合式报道在新媒体平台和各类终端亦不鲜见。重大新闻事件、重要报道主题、区域经济文化发展等，都可以通过组合式报道来充分呈现。而与以往大为不同的是，以文字、图片为主的平面媒体组合报道，如今在移动互联网及智能手机上，呈融合化、立体式、多维度地展示，使新闻报道的传播力、感染力、影响力、竞争力显著增强。

深化报道主题的有效形式

对于组合式报道的概念，专家学者以往多有讨论。

从概念的阈定来说，我把它看作深度报道的一种：它是通过内容的丰富性、形式的多样性、图文或音视频的规模性来报道新闻事件的一种方式。其特点是最大化利用新闻素材、延展报道内容、深化报道主题。

从新闻报道策划采写实践的角度看，可以从两个层面来认识：一个是编辑部门组织版面、栏目、时段时根据主题需要，对稿件资源进行有效配置后的一种呈现方式。因此，有学者把组合报道定义为：“围绕同一主题（或事件）将不同地点、单位和不同内容的新闻编排组合在一起，形成传播上的一种强势，使读者从若干新闻事实的联系中加深对事物的认识，从而起到引导舆论的目的。” 比如，最近两年脱贫攻坚全面实现小康的报道、乡村振兴报道、生态文明报道等，各级各类媒体都各展其能，其中许多就是采用了组合式报道的方式，报纸专版、网络专题、客户端文、图、短视频组合报道等，形式多样，内容丰富，传播效果好。特别是智能手机的全功能呈现更是十年前不可想象的。

另一个层面是，一线记者采写稿件、呈现新闻事实、表达主题思想时随机采用组合报道方式力求达到更好传播效果。两者同样体现着媒体采、编者的主观意图和经验。比如，记者在采访调研中发现某方面问题或新闻现象有较高的传播价值，单篇稿件受篇幅所限不足以表达丰富的内容，便通过组合形式采写出多篇稿件，形成传播上的集束效应，从而达到履职尽责的目的。

组合报道在稿件体裁上灵活多样，可以同时有新闻背景、消息、通讯、述评、访谈等多种形式，也可以统一为通讯、特写、见闻等同一类体裁。其稿件之间的关系是并列的、相关的、互补的。从选题方面来看，没有什么禁区，可以是动态事件，也可以是非事件性新闻故事，政府供给侧结构性改革、一站式服务、信息公开都是好题材；从媒体平台来看，报刊的专题报道、专栏报道、电视专题、网络专题、融媒体专题都可以纳入组合式报道范畴。

组合式报道“3.0 版”

关于组合报道，新华社还曾一度设立过《新华组稿》报道专栏，颇受媒体欢迎。我个人也曾策划组织并领衔采写过一些组合式报道，内容有经济类、文化类、生态类、生活服务类等，拙著《闻道初新》（本人作品集）就收录有这类报道10组之多。其中有几组是我当年和年轻同事、现任新华社甘肃分社副社长、高级记者谭飞一起合作采写的。回顾这些报道时，我们共同认为以前所说的组合报道，是以相关文字报道内容为纽带、以图文组合为主，形式比较单一，可以叫作组合报道的1.0版；后来进入互联网时代，除了平面媒体外，通过网络PC端等方式，大大丰富了组合式报道的内容和呈现手段，这个时候的组合式报道特别是一些网络专题类报道，可以说是将组合报道提升到了2.0版，是更高层面上的资源整合。比如从2001年起，甘肃分社就对每年一届的兰州投资贸易洽谈会进行网络图文直播，采取的办法是在会前推出背景性组合式的预热专题，会中同步滚动播出动态新闻和一系列展会活动，会后将兰洽会所有报道整合为专题网页长期在线，传播效果前所未有，深受展会方和社会各界欢迎。这种组合充分利用了网络空间海量用稿、无限储存的优势，大专题中有小专题，小专题中分多主题。丰富多彩的组合形式促使编采人员的组稿理念发生了根本变化。

在讨论这个话题时，谭飞认为，随着移动互联网技术的高度发达和新媒体技术的赋能，如今策划组织组合报道时，已经与以往所有组合报道有了很大区别，可以说早已进入组合报道的3.0版了，即从单纯组合升级到了多端融合，全面融媒体化了。传统媒体的版面式栏目式组合报道与融媒体报道互补兼容，相得益彰。比如，新华社近期推出的新华全媒头条《乌蒙潮涌——国家反贫困试验区毕节的十年蝶变》（2022年9月16日），就是文字报道+视频+图片，主题重大，内容丰富，篇幅规模甚大，公众号、客户端一键抵达。这种升级版，其优势在于，从大众传播时代的单向传播，转向了更多地考虑新技术赋能，注重短视频以及融媒体方式，考虑用户阅读兴趣和参与代入。比如，打开手机客户端，读者可以边阅读边点赞打赏、留言互动，还可以有对以往报道的搜索了解，阅读体验发生了巨大变化。可以说，如今这样的新媒体产品，已成为各级各类媒体的家常便饭。

尽管如此，却不能认为以文字报道为基础的组合式报道已经过时。相反，采编人员在进行深度调研和议题设置时，总是要让资源整合的想象空间最大化，以文本为主的组合式取向一般不可能被五花八门的新媒体形式所迷惑，二者是互补兼容而非取而代之，只是在文本制作时要注意兼顾多端适配。

组合式报道的策划采写

高质量的组合式报道，还是以新闻价值和思想品质取胜，因此，策划采写组合式报道，必须十分重视报道文本、主题思想，把握好三个关键环节：

第一，锚定好选题。

组合式报道绝不是长篇通讯不同部分的拆解，其最显著的特点是在同一语境下诸多不同类型新闻事实支撑一个较为宏大的主题叙事，每篇稿件都必须避免主体内容和单篇稿件主题的雷同。因此，策划采写组合式报道，一定要把握好新闻事件纵深性或议题设置的宽口径开放性，同时要注重内容的独家原创。我在新华社新疆分社工作期间，分社几位年轻记者单车探险采访罗布泊，拍了很多独家照片，采写出一组多篇可读性很强的罗布泊见闻，新华社通稿播发后很多报纸专版或辟专栏采用。当时条件所限，没有拍摄视频，要是现在，生动有趣的独家见闻辅以融合式呈现，无疑会引发刷屏之效。再如我和甘肃分社记者2002年秋季采写的《大地湾奇迹》《走近居延海》等报道，也是典型的图文组合式报道案例。以文物考古报道《大地湾奇迹》为例，一组8篇稿件题目分别是：《新闻背景：大地湾遗址》《大地湾考古刷新六项“中国之最”》《神奇的“原始人大会堂”》《郎树德与“F901”》

《盘古开天第一画》《大地湾彩陶："中国制造"的证据》《大地湾遗址：从乡村向城镇演进的最早见证》《华夏文明史到底几千年》。这组报道是在考古发掘二十多年后的大地湾考古发掘报告即将公布之际，我们采访调研的独家报道成果。由于大地湾遗址本身年代久远、规模大、发掘时间跨度长、成果丰富，非单体稿件所能涵盖，于是我们决定以组合式报道方式集束呈现，从不同侧面反映大地湾考古的一系列新发现。因为有一篇新闻背景的交代，其他 7 篇便独立成篇，篇篇有干货，考古价值、新闻价值都很高，许多报刊专版或专栏刊用，当时我们看到的采用媒体就有 40 多家。这种组合报道，比起拉开日期时序、一篇接一篇的连续报道更有规模效应、整体效果，也便于各类不同媒体"为我所用"。

第二，善于讲故事。组合式报道是多篇稿件的组合，其中不管哪一篇稿件，一旦离开故事的生动性，报道品质就大打折扣。比如，我在新疆分社工作时策划采写的《边城乌鲁木齐走笔》组稿，这组稿件完全是深入乌市街头巷尾，力图从普通老百姓的日常生活和身边平常事中发现边城的发展变化，反映边城民族团结和社会稳定的大好局面。《乌鲁木齐变桥城》《下岗灯盏亮边城》《5 元小炒有商机》《皮鞋美容成风景》《宵夜文化姓文明》，5 篇稿件都是即时随机、耳闻目睹的生动故事，似乎互不相干，却形散神聚，蕴含深意。有报纸在整版刊用时所加栏目大标题是：乌鲁木齐好地方哟！

有的组合报道是以多种报道体裁组合而成，其中有消息、有通讯、有特写以及述评等，此类报道一般都有主打消息或新闻背景稿，但其他各篇稿件同样强调故事性和代入感。比如，《走近居延海》这组报道，它反映的是我国第一个跨流域调水的重大生态工程——从甘肃张掖向位于内蒙古额济纳旗的居延海调水的显著成效，稿件包括一篇《新闻背景：拯救居延海》，4 篇现场见闻：《千里走居延，沙海见奇观》《奇特的沙漠自流井》《敖包的守望》《乌力吉的“梦”圆了》，一篇新闻述评《居延海的呼唤》，整组稿件有新闻背景交代、有作者对工程建设重要性的述评，主要以四段现场见闻故事为支撑，全面反映了国家黑河调水工程对于拯救居延海干涸湖泊、恢复额济纳旗绿洲的现实作用和深远意义。

第三，追求热效应，就是要注重时效性和针对性。2003年“非典”期间，有感于民众公共卫生意识普遍淡漠问题，我和同事策划采写了《铲除餐桌污染》组稿，由于聚焦的是国人聚餐方面的不良习惯问题，加之采访深入细致，揭示的问题切中要害，发稿及时，当时媒体采用和社会反响都很不错。近几年随着新冠肺炎疫情的蔓延，进一步引发了人们对餐饮方面公共卫生问题的高度重视。回过头来再看这组稿件，其中许多内容和观点不仅不过时，而且还有很强的现实针对性。这组稿件共分6个单篇，其中第一篇开门见山写的是《六大餐桌陋习亟待革除》，六大餐桌陋习分别为：共食饭菜，不用公筷；划拳喝酒，高声喧哗；过分热情，夹菜让菜；以稀为贵，滥食野味；铺张浪费，食无定量；饭前不洗手，饭后乱剔牙。稿件呼吁这些不良习惯是传染性疾病防治的大敌，必须引起全社会的普遍重视。怎样加强防治，培育良好的饮食习惯？组稿从《警惕吃出流行病》《“中餐西吃法”在甘肃诞生》《专家指出，中国分餐历史远比合餐长》《餐饮新风，公职人员应当“领头羊”》《健康餐饮指南》5个方面对症下药，辨证“施治”，成风化人。时过将近20年，近两年，有的读者和熟识的朋友从我的新闻作品集子中读到这组稿件时称赞说，稿件对一些不良饮食习惯的批评入木三分，就像刚刚从我们身边采写发表的一样。

（本文完稿于2022年10月）

附原文阅读链接二维码：

《大地湾遗址》系列报道：

《新闻背景：大地湾遗址》

《大地湾考古刷新六项“中国之最”》

《神奇的“原始人大会堂”》

《盘古开天第一画》

《大地湾彩陶：“中国制造”的证据》

《华夏文明史到底几千年》

突发事件报道与热点舆情引导

冯　诚

什么是突发事件和热点舆情?

2007 年 11 月 1 日颁布施行的《中华人民共和国突发事件应对法》，把突发事件定义为“突然发生，造成或可能造成严重社会危害，需要采取应急处置措施予以应对的自然灾害、事故灾害、公共卫生事件和社会安全事件”。

至于热点舆情，许多是由现实突发事件或偶发事件等中介性事件引发并迅速形成舆论关注热点的公共舆论，是社会民众对相关事件或社会问题认知态度和情绪的表达，它同样涉及政治、经济、文化、军事、外交以及社会生活的方方面面，并具有发酵快、传播广、非理性等特点，必须及时应对和引导。

突发事件报道和热点舆情引导是现代社会治理体系的重要组成部分。移动互联网时代，现实社会和网络空间突发事件不断、热点舆情频发，一波未平，一波又起，其事件处置和舆情平息过程及效果关乎媒体责任、政府形象以及社会各方对事件的认知和思考。可以说，每一次重大事件的处置都是一次实战演练。对新闻媒体、地方政府都是巨大的挑战和考验，稍有闪失，后果严重，媒体和政府的公信力都会受到难以弥补的损失。

对于新闻媒体来说，突发事件就是命令，是最敏感、最刻不容缓的报道任务，须臾不可耽误。在重大突发事件和热点舆情面前，社会责任、职业操守、受众意识如何体现？这是媒体人的必答题。真正负责任的媒体，首先想到的是公众知情权：必须迅速及时对事件真相予以报道，回答公众的欲知和应知，忠实记录历史；其次，必须恪守正确引导舆论的职业准则：以有利于妥善处置事件、不引发负面舆情、不给事件处置制造障碍为履职尽责的出发点和落脚点；第三，深入挖掘事件真相，梳理总结经验教训，为决策机关建言献策。

对于政府机关和事件相关方来说，在突发事件和热点舆情面前，必须以广大人民群众的生命财产和根本利益为考量，积极主动通过媒体向社会公开事件发生发展的来龙去脉、处置进程，回应社会关切，消解民众的疑虑担忧，并对人为原因导致的事件严肃追责，吸取教训。

在三十多年的新闻生涯中，我直接参与报道或组织指挥了数十次重大突发事件和热点舆情的报道，如飞机失事、暴力恐怖、地震雪灾、群体上访、商户罢市、工厂爆炸等都经历过，所有的实战报道和处置都是按照新华社特有的报道范式操作，不允许有任何失职渎职或差错。

以我在江苏分社担任社长期间经历的重大突发事件和舆情事件为例，就有 2011 年丰县“12・12”校车侧翻事件、2012 年“7・28”启东群体上访事件、2014 年“8・2”昆山工厂爆炸事件、2016 年“4・22”靖江化工园区爆炸事件、扬州“火箭升迁”、阜宁红会“逼捐”舆论风波等。这些事件发生后，我都在分社坐镇指挥，签发稿件。最终，对这些事件的报道普遍做到了及时、客观、准确、全面，正确引导了舆论，出色履行了职责，在当时都得到总社和江苏方面的充分肯定，也经受住了历史的检验。

下面结合我在新华社的实践，从三个方面谈谈这个话题：

一、充分运用权威媒体平台资源，牢牢掌控舆论引导主动权。

随着移动互联网的普及和各类新媒体业态的不断涌现以及自媒体迅速发育，舆论生态的复杂性前所未有，官方舆论场和民间舆论场同频共振的难度越来越大，正向引导的任务愈加艰巨。在这种情况下，一遇突发事件和热点舆情，政府部门信息发布和舆论引导的任务必然要重点依靠主流权威媒体来完成。这是我们党管媒体的制度属性所决定的，也是在长期实践中形成的一条行之有效的经验。

在我整理修改这篇文章之际（2022 年三四月间），发生了东方航空公司“3·21”飞机失事突发事件，期间各大媒体都做了及时跟进报道，特别是新华社、《人民日报》、央视等中央主流媒体都围绕着事故救援和事件调查展开全面、客观、准确的报道，及时回应了社会关切。但同以往许多重大突发事件一样，事件甫一发生，各类不实信息甚至谣言就开始满天飞了。有一个统计数字，说事故发生一周内，国家网信部门指导网站平台共计清理违法违规信息 27.9 万余条，其中谣言类信息 16.7 万余条，处置账号 2713 个，解散话题 1295 个。看看，这是一个多么可怕的数字！这其中不乏道听途说、造谣生事、干扰事故善后处理者。最为遗憾的是，在事故搜救期间，中国民航本系统的媒体中国民航报微信公众号 3 月 25 日 10 时 15 分发出一条中国民航报 7 位记者联名发自现场的消息：《东航坠机第二个黑匣子已找到》，消息说：“第二个黑匣子已找到，真的！”后面郑重署上了 7 名记者 3 名编、校、审的名字。

那几天，世人目光多聚于此，消息一出，自然使得许多媒体纷纷引用。几分钟后，《中国民航报》删除此消息，随后新华社发布报道称，“记者从国家应急指挥部了解到，目前暂未找到第二个黑匣子”，并特别说明“救援现场正在抓紧搜寻，有关消息要以指挥部新闻发布会消息为准”。接下来当然是《中国民航报》的郑重致歉。可以断定，作为官方正统的行业媒体，民航报不是有意造谣，但因抢风头心切，如此重大、举世关注的事件，连起码的核准信息环节都忘了，连消息来源都省了，就凭自己记者的现场判断自主发稿了！一条重大新闻的瞬间反转，让网友大跌眼镜，纷纷指责抖机灵：7名记者3名编、校、审发出的“真的”二字竟然是假的！还有，在为期10天的搜救结束后不久，网上又出现了“东航失事原因锁定副驾驶”“黑匣子数据已经出来”“民航局安全办下发紧急通知，要求对执飞航班飞行人员进行航医心理健康监测”等传言，为此，4月11日中国民航局又举行新闻发布会，民航局航空安全办公室副主任吴世杰在会上表示，这些传言借政府部门、公安机关之名发布虚假信息，严重误导社会公众认知，干扰事故调查工作，已涉嫌违法，有关部门正配合公安机关开展调查，将依法追究造谣者法律责任。会议强调，“3·21”东航MU5735航空器飞行事故目前还在调查中，还不能给事故原因和性质下结论。

以上所有这些，都告诉人们一个道理，越是在重大事件报道中，越要依靠权威主流媒体准确发声，以最大限度地避免道听途说、以讹传讹，引发负面影响。

为什么要强调依靠权威主流媒体？主要原因有三：一是训练有素的职业化采编队伍及其丰富的报道经验；二是经过长期考验、值得完全信赖的媒体公信力；三是一切报道的出发点和落脚点都围绕有利于事件处置展开，绝不允许为吸睛、趋利抢风头。

在这方面，新华社具有代表性。

作为国家通讯社的新华社，承担着一项重要职能，就是根据党和政府授权，统一发布党和国家的重要文件、公告、法律法规和重大新闻。就重大新闻的发布而言，新中国成立之初，中央就明确规定：“凡须经过中央人民政府委员会、政务院、人民革命军事委员会、最高人民法院和最高人民检察署通过或同意的一切公告（如文告、法律、法令、决议、命令、训令、通令、计划、方针、外交条约、外交文书、判决、起诉书等），以及须经上述机构负责首长同意后发布的一切公告性新闻（如关于政府会议、政府重要措施、政令解释、工作总结、外交事件、重要案件等的新闻），均由国家通讯社即新华通讯社统一发布。”中央还规定：“中央人民政府所属各院、委、部、会、署、行首长，均应负责以有关新闻稿件供给新华通讯社，或将应发布之新闻材料通知新华通讯社。”

1982 年和 1987 年，中央又先后重申：“新华社作为党和国家发布新闻的机关，它的一个重要职能就是负责准确地、及时地统一发布党和政府的重大政策、决定、重要文件、重要会议新闻、重要领导人的重要活动和同外宾会见、会谈时发表的涉及国内国际重大问题的谈话、重要人事任免、领导人去世等新闻。” 此外，在国务院批准国家地震局关于发布地震预报的规定中指出：“有关地震预报的新闻及其他与地震预报有关的抗震、防震措施的宣传报道，均由新华通讯社统一供稿，其他任何部门和单位不得擅自报道。”中宣部还规定，关于地震、气象、洪水等可能造成重大影响的预报或预测，需要报道时，由新华社统一发布。国务院办公厅、中央宣传部在《关于改进突发性事件报道工作的通知》中强调指出：“为避免多头发稿引起的口径不一，必要时，一些重大新闻应由国家新闻发布机构——新华社统一发布。”

上述各项规定，至今都在严格执行。

以上要说明的是，新华社承担着独家发布党和政府重要政令、各类重大事件消息的重要职能，这种特殊的职能赋权又使新华社具有无可替代的平台优势和渠道资源。据相关资料，截止到 2021 年 11 月新华社建社 90 周年时，新华社在全球已有 200 多个分支机构，其中在 142 个国家和地区设有 181 个驻外分社，形成了遍布世界的新闻信息采集传播网络，以 15 个语种向全球约 8000 家新闻机构用户提供文字、图片、音视频、新媒体等新闻产品，日均发稿 8000 余条，并与美联、路透、法新等世界各大通讯社以及诸多权威媒体建立有稿件互换关系；在国内，新华社向所有地市以上媒体机构提供稿件。与此同时，新华社 20 多种自办报刊形成的报刊集群发行量超过600万份；中国新华新闻电视网（CNC）、新华网、新华社客户端“一台一网一端”等传播终端，在海外社交媒体上总粉丝量超过 2.2 亿；各类新媒体终端账号覆盖十多亿受众。更为重要的是，在长期的新闻实践中，新华社培养和造就了一代代政治强、业务精、作风好、党和人民信赖的采编队伍。

这也是各类媒体为什么都要采用新华社重要新闻、社会各界历来都看重新华社消息的道理。

正是特殊的职能和使命，使新华社十分重视各类突发事件报道的专业水准和社会效果，并制定了一系列突发事件报道守则，既讲时效又必须确保准确无误、导向正确，有利于事件解决或平息。

有一个不为普通受众所熟悉的情况，就是每次重大事件发生后，能到场采访或有条件采访的媒体非常有限。有的天灾人祸事件发生后，仅仅因为客观自然条件限制这一条，就不可能保证所有媒体记者都能到达现场，这时候只能保证少数权威媒体记者了。所以无论什么情况下，都要确保新华社进入现场采访，据实向海内外公开报道（同时也向所有媒体用户供稿），并向领导机关提供内部决策参考。当然，稿件向各类机构媒体发出的同时，其各类自有渠道和终端就迅速按照自己的业态特点，一源多端向外分发，形成规模化的传播矩阵，其影响力、公信力不言而喻。正因为其特殊的机构职能和长期形成的媒体公信力禀赋，全国不少省、市、区明文要求各级各单位要确保新华社记者的所有正常采访特别是对重大事件的采访报道不受干扰。

人所共知，大众传媒时代，信息传播渠道有限，不容易形成非媒体舆论场对事件处置同步干预的局面。而移动互联网时代，自媒体以一种同步在场的形式，构成一个漫无边际的网上（掌上）舆论场域，一方面张扬公平正义、弘扬真善美，对一些社会不良现象爆料抨击，表达民意社情，发挥正向积极作用；另一方面也存在一些不良自媒体为了吸睛、圈粉、打赏，习惯于借一些突发事件或热点舆情浑水摸鱼，火上浇油，看热闹不怕事大，很容易造成负面舆情汹涌，并且发酵快、烈度强、杀伤力大。在这种情况下，必须依靠权威主流媒体担当作为，及时发声，以正视听。

二、坚持真实、准确、客观、公正、“有立场”的新闻传播规律，区别突发事件和热点舆情的性质、类别、后果、影响，准确把握舆论引导的时、度、效。

对于突发事件和热点舆情的报道，关键在于真实、准确、客观、公正、有立场地报道事实真相，正确引导舆论。

坚持真实、准确、客观、公正，是新闻工作的第一准则，是体现在所有新闻报道中的最本质的职业精神，更是突发事件报道和热点舆情引导的唯一遵循。马克思把真实列为新闻工作的基本原则，恩格斯认为“媒体必须刊载真正的新闻、真实的报道”。我党的几代领导人也都要求新闻媒体“讲真话、报实情，实事求是地反映情况”；报道中不仅要具体事实准确无误，还要做到总体真实，也就是揭示事实发生发展的原因和本质，把握大局，抓住主流，要坚持客观公正的理性精神。新闻报道如何做到客观、公正？马克思提出要“根据事实来描写事实”，恩格斯进一步指出，要“完全立足于事实，只引用事实和直接以事实为根据的判断”。1956 年刘少奇同新华社领导同志的谈话中，要求新闻工作者学习运用客观报道的手法来报道新闻，他指出，新闻报道仅仅做到客观还是不够的，正确的做法应当是把“客观”与“真实”“公正”“全面”“有立场”结合起来。在突发事件和热点舆情引导中，必须坚持马克思主义新闻观，把新闻的真实性原则置于一切报道的基础之上；与此同时，要立足于以有利于妥善处置事件、不引发负面舆情、不给事件处置制造障碍为履职尽责的出发点和落脚点。这正是权威主流媒体与一些不负责任的自媒体在“报道”与“爆料”、“引导”与“炒作”、“帮忙”与“添乱”上的原则分野。

时、度、效是检验新闻舆论工作的标尺，不管是主题宣传、典型宣传、成就宣传，还是突发事件报道、热点引导、舆论监督，都要从时、度、效着力，体现时、度、效要求。习近平总书记在全国宣传思想工作会议上讲话时强调：“做好舆论引导，一定要把握好时、度、效。”他说，“我们的报刊、电台、电视台、网站等影响很大，一个事情一经报道，就可能放大几十倍、几百倍，带来意想不到的结果。什么问题在全国报道，什么问题在地方报道，什么问题就报道一下，什么问题跟踪报道，什么问题淡化报道，什么问题强化报道？什么问题第一时间报道，什么问题看看后续发展再报道，都要有个分寸。”这段讲话对我们在现阶段有效提高舆论引导能力和引导艺术，具有很强的针对性和指导性。特别是在突发事件和热点舆情面前，新闻报道的时、度、效就显得尤为重要。

把握好时、度、效，关键要把握好三个着力点：

一是不失时机，以我为主，抢先发声，权威定调。就是准确把握新闻报道的最佳时机，有效回应公众关切，实现最佳报道效应。突发事件常有各种谣言和负面舆论伴随而来，误导蛊惑受众，因此，抢先发声即是正确引导舆论的不二法则。新闻媒体要在真实准确的前提下，第一时间介入并发布权威信息，特别是在新媒体海量传播的条件下，失去时效就会陷入被动。在这方面，各类媒体都有自己的操作规程。比如，新华社就要求所有重大突发事件或舆情事件都要第一时间发声，不允许迟报、漏报、瞒报。事件发生在省会城市的要求记者半小时内到达现场，省会以外的必须在半小时内起程赶往现场，以确保报道时效。因为其用户分布于海内外，即使在大众传媒时代，新华社也是24小时不间断发稿，而到了移动互联网时代，国际国内舆论场同步震荡复杂多变，若遇重大突发事件，新华社更是争分夺秒拼抢时效争首发，快讯、简讯、详讯，消息、通讯、特稿、深度报道，文字、摄影、音视频、网络、微博、微信、客户端等，全方位、立体化，以海量信息持续滚动发稿，最大限度挤压谣言和负面舆论的空间。因为作为国家通讯社，除了国内媒体用户外，它还要为海外用户完成供给侧供稿承诺，并与世界各大通讯社争时效争第一落点，争夺先入为主的话语权。

二是把握好力度和分寸。中宣部编写的《新时代宣传思想工作》一书在阐释新闻报道时、度、效问题时特别指出：新闻报道该突出的要突出，该有力度的要有力度，但不能为取悦受众而“失向”、因盲目介入而“失准”、为吸引眼球而“失真”、因过分渲染而“失范”、为刻意迎合而“失态”。要因事制宜、因时制宜，精准研判、精准发力，恰如其分掌握舆论引导的密度和尺度（学习出版社《新时代宣传思想工作》第54—55页）。这应该成为媒体记者报道突发事件的基本守则。

三是注重社会效果。突发事件的报道，既要实事求是客观报道事实，又要有清醒的大局意识，要有建设性思维，要以有利于事件的有效解决和社会稳定为出发点和落脚点；既要积极回应社会关切，又要发挥媒体优势，解疑释惑，正确引导舆论，最大限度地规避舆情带来的次生灾害。正如习近平总书记告诫我们的，“比如，有的问题本来是个别的偶发事件，但你来个长时间、高密度报道，就可能让人家产生错觉；有的问题需要及时引导，你来个拖拖拉拉的报道，就可能引发议论：似乎要遮着盖着什么似的；有的问题刚刚发生，后续发展有待观察，你来个抢先报道，就可能反而造成被动；有的问题党和政府本来就是坚决反对的，你来个闪烁其词的报道，也可能让人家产生误解，好像在包庇这些事和人似的。把握好时、度、效，不是简单的事情，需要相当的思想素质、大局意识、判断能力、业务水平。这些要在实践中不断提高”。这应该是我们做好重大突发事件新闻报道的理念遵循和路径选择。

要掌握好时、度、效，还要对突发事件属性、类别、规模、后果、影响，有一个较为准确的判断。在这方面，新华社在长期的报道实践中积累了不少成功的经验，对各类不同性质的突发事件在报道上也区别对待。比如，对地震、暴雨台风、雷电冰雹、洪涝灾害、干旱高温、低温冷冻、大风大雾、沙尘雪灾、森林草原火灾、山体滑坡、泥石流等自然灾害类突发公共事件，就要根据各级气象、国土资源等行政主管部门的预报、警报、通报或新闻发布会口径进行报道。灾害造成的人员伤亡、经济损失等重要数据要严格向有关主管部门核实。地震、疫情等敏感性灾情绝不可自作主张发稿；对飞机坠毁事件，铁路、公路、水上交通事故，建筑物坍塌事件，矿难、火灾、爆炸及其他重特大安全生产事故等这类突发事件，在确保事实准确的基础上，一般都要及时抢发对外、网络和内部决策参考报道。事故造成的人员伤亡、经济损失等重要数据，要向有关主管部门核实，涉及事故的原因和责任问题的深入报道，要听取有关部门的意见；再比如，重大疫情、重大环境污染和生态破坏事件、食品安全事件等，此类事件发生后，一定要向有关部门核实准确后及时报道。对类似“非典”、禽流感、新冠疫情等突发公共卫生事件，要根据中央有关部署，分阶段策划报道，对其中的重要事件或事态，如重大授权发布新闻、疫情通报、记者招待会等，可实施滚动发稿。此外，对涉及社会政治稳定方面的重大政治性、群体性事件，以及危害国家安全、损害我国国际形象的突发公共事件的对内和对外公开报道必须慎重把握。报道涉及事件规模、性质等内容，一定要向有关主管部门核实。

总之，对于自然灾害、安全事故等事件，要及时披露，抢先发声；对于敏感性、群体性的事件，慎重把握，先内后外，适时适度，防止引发炒作热点。

此外，对源于网络、“两微一端”等传播手段的突发热点舆情事件，包括官员作风、社会问题，也要及时核实，主动应对，发挥主流媒体“一锤定音”的作用。

对于当下热点传播现象和舆情势态，著名新闻传播学者、暨南大学党委书记林如鹏教授今年 7 月在第二届全国新闻学院院长培训班上作了很精辟的分析。他说，观察近来的热点传播，现象级事件多发易发，新议题、新转向让人应接不暇。几乎每一起大流量事件，都能刷新我们关于真相呈现与话语竞争的新认知。

林如鹏先生通过对上半年徐州丰县“铁链女”事件、俄乌战争、上海疫情三个国内外现象级热点事件引发的网络极化表达与舆论撕裂问题分析指出，“撕裂的舆论不利于共识建立”“失灵的传播反作用于政策实施”“重建信任要找到源头活水”。他因此提出在舆论传播及其治理上，未来要着力关切聚焦两个深层次命题：

首先，警惕“被算计的舆论”。舆论事件的生成因素已大为改变，特别是“事实”的建构力量更加多元。

主流媒体及官方的事实呈现，声量往往不如个人及自媒体借助情绪驱动、抛出怀疑煽动的“新事实”效应。各种力量抢滩登陆舆论场，瞄准“设定的目标”，通过制造大落差的信息鸿沟，调动负面因素及极化偏见的汇聚以达到预期。这种“被算计的舆论”危害很大，要高度防范警惕并建立系统性的应对体系。在国际斗争中，一个主权国家的话语权建构更是刻不容缓。

其次，优化“被计算的传播”。当前所有的传播都在算法机制下运行，但算法不会自动向“正”。在算法语境下，信息流向是个人需求主导，传统的舆论引导与传播议程设置近乎失效。算法天然具有的“大流量”逻辑，如何转化为壮大主流话语的正能量机制，是摆在眼前的重大现实命题。而基于数据思维的精准传播，一直以来官方机构并无禀赋，特别是在基于新媒体语言及社群化场景的传播语境下，需要从机制上对接治理之道的转换。基于算法的话语竞争，是新一轮传播改革的主线。未来，传播与国家治理如何形成协同效能的机制与力量布局，在理论与实践上应该可以开辟非常大的空间。

三、扭住“培育信源、突破现场、跟踪过程、设置议题”四大环节，发挥权威主流媒体在应急处突和正确引导舆论中的领头羊作用。

突发事件和热点舆情的报道和引导，对于权威主流媒体来说，其实是一种战时性、常态化的履职状态，未雨绸缪有备无患，平战结合常做功课，需要时就可以随时启动应急预案，而不至于临渴掘井、贻误战机。

其一，主动培育信息源，是媒体和记者为保证及时报道突发事件而必须要做的基础性功课，它关乎报道的时效性和权威性，在事件未发和初发阶段显得尤为重要。

主流媒体及其记者如何培育信源从而做到耳聪目明？其着力点主要在5个方面：

1. 依靠媒体长期建立的公信力，使社会大众愿意主动报料；

2. 建立可靠的实体性信源渠道，诸如宣传、公安、消防、媒体同行，都是重要的信息来源；

3. 跑口记者要培育自己的“眼线”；

4. 对网络、“两微”、客户端等新媒体建立信息监控“雷达网”；

5. 依靠大数据、媒体大脑、算法新闻等技术手段对有效信源随时分析研判。

我在江苏分社工作期间组织报道的几次突发事件，包括几起热点舆情事件，都是因及时获取信源而赢得报道先机的。比如，7·28 启东群体事件、昆山爆炸事件等。

其二，现场突破能力，是对媒体和记者履职能力的考验。重大突发事件发生后，为防止不明真相以讹传讹而造成负面炒作，当事方和地方政府一般都会封锁或控制现场，媒体采访报道必然受到限制。这就使得现场采访难度加大，不易掌握事件全局和重点。在这种情况下，主流媒体记者一般都要通过新闻宣传管理机关做好疏通工作，竭力突破两个现场：一个是事发核心现场、一个是组织指挥现场（权威媒体记者常常能走进指挥机关，第一时间获取全局情况并分析研判现场状态）。

其三，在深入现场采访的基础上，实现过程跟进和报道深化的目标：

1. 敏锐把控事件整体进展、转段过程、次生灾情、社会舆情并及时应对；

2. 在权威发布动态信息的同时，主动设置议题，及时反映事件处置的措施和进展，贴近民情释疑解惑，不断把报道引向深入。媒体记者不能只当新闻发布会的传声筒，要打开报道视角，深入现场的方方面面，把目光和镜头聚焦受众情绪、百姓呼声、事件受害者。一些灾难性事件一定要采访到当事人、亲属或其他相关者，要反映事件处置中的困难和问题。不宜公开报道的通过内部渠道，为决策者提供有价值的参考；

3. 做好全过程观照：开始阶段抢时效的碎片化报道、过程中的综合梳理、收尾时刻的全景式剧透，主流媒体带给受众的是第一手的事实真相，是对事件整体全面的观察思考、深度解读，唯其如此，才能正确有效引导舆论。

其四，在重大突发事件报道和热点舆情引导过程中，主流媒体必须充分发挥舆论监督职能。许多重大天灾人祸事件包括突发舆情事件，背后常常有复杂的隐忧；地震、洪水、疫情等灾害事件发生后，应急处置是否及时到位，矿难、交通事故背后有哪些管理漏洞或者人为原因，一些引发舆论关注的司法冤假错案的祸根何在，等等，主流媒体唯其揭示真相才能赢得受众，而不能装聋作哑，更不能护短“洗地”，这也是媒体底线！

其五，坚持建设性新闻理念，为党委政府排忧解难。一方面，媒体要履行社会责任，发挥舆论监督作用；另一方面，党的主流媒体自然要为党和政府排忧解难，所有报道的立足点和出发点、落脚点都是建设性的，都是有利于人民群众根本利益、有利于党和政府处置事件以及形象修复的。我所亲历过的一系列突发天灾人祸事件及热点舆情事件，所有报道都遵循着这一原则。以扬州“火箭升迁”为例：

2013年5月中旬，微博爆料江苏扬州市委政法委书记女儿袁某“火箭升迁”，质疑其“毕业三年升副处”的“破格”提拔是否公平合规。微博爆出：“袁某，1983年10月出生，2009年8月参加工作，2012年11月升副处，其父为扬州市委常委，曾任宣传部部长，现为政法委书记。”该消息经媒体报道后引发公众热议。扬州市有关部门采用技术手段进行删帖等处理，一度有所控制。5月18—19日是周末，相关工作人员不上班，而在此期间网络上持续发帖和转评，将这一事件推向高潮。更多人将这一事件与此前爆出的湖南等地“火箭”提拔相提并论，认为都是“官二代”的违规升迁，网上吐槽不断，事件影响进一步升级。

为何旨在让选人用人在阳光下进行的公开选拔，结果仍会招来质疑？到底是“破格”还是“出格”？相关回避制度怎样执行才能将公平落到实处？这些问题公众期待答案，新华社有责任作出全面客观的调查。

了解到这一信息后，新华社江苏分社于5月21日派出一名副总编带领文字、电视记者赶到扬州进行调查。期间，记者多方采访当事人情况和公选提拔过程，掌握了大量第一手材料。为了保证采访报道真实权威、客观公正，应记者再三要求，当晚 12 时左右，市委组织部部长与记者见面，详细介绍了当事人公选提拔过程及市委的用人导向，并于次日（22 日）上午提供了袁某简历及其他材料。

在此基础上，22 日中午，记者采写的新华视点《“破格”还是“出格”？——扬州团市委副书记“火箭”升迁追问》、中国网事锐话题《不能因爹是干部就剥夺其资格》等稿件发往总社，经总社签发后，迅速被数百家媒体采用，舆论热度很快降温。几日后，扬州市委主要负责人还专门向分社领导发短信表示感谢，认为是分社客观公正的报道和引导帮助他们平息了一场舆情事件，也维护了党委政府的形象。很显然，在这次舆情事件报道中，记者没有人云亦云、跟风炒作，为博取眼球而任性发声，而是深入采访，用事实说话，所发稿件全面平衡，对平息舆情起到了一锤定音的作用，客观上也是对公正选拔优秀青年干部的鼓励支持。

2013 年 5 月 16 日，有网友爆料称，江苏盐城市阜宁县下发特急通知，要求财政供养人员为当地红十字会捐款，并按级别明确了捐款数额。部分都市媒体对此进行炒作。5 月 18 日，知名网友周筱赟在微博上爆出盐城市号召给红会捐款的文件称：“盐城市各级政府连续 9 年发文为红会逼捐！盐都区、响水县、建湖县、射阳县、阜宁县政府 2004 年至今一直下文明码标价为红会‘逼捐’，如今年阜宁县规定处级 200、科级 150，其他 100，多捐不限，盐都区政府干脆下文规定直接从工资代扣。”网友将新闻标签化为“逼捐”“强捐”，更有甚者将此举称为“政令勒索”，大量网络转发导致舆论一边倒地批评政府。省红十字会某负责人在接受采访时表示：“这一部分的人群收入是相对稳定的，对他提出这样的要求，我觉得一点不过分。”此言更是引发舆论哗然，一时间“理所当然地进行政令勒索”成为一顶“帽子”让盐城陷入负面舆论形象。

新华社记者于5月21日与盐城市和阜宁县宣传部取得联系，了解到当地确有下发相关文件推广红十字会的“博爱万人捐”活动。22日早上记者赶到阜宁县采访县红会负责人，进展并不顺利，阜宁县有关方面认为阜宁是“躺着中枪”，未及时组织相关部门接受采访，直到下午五点在盐城市的指令下才推出一名县红会的副会长介绍情况，一再强调的核心信息是阜宁尚未开始执行该文件，尽全力撇清责任，殊不知文件下发之后政令索捐已经既成事实，再说没有执行无法令人信服。

记者采访阜宁县的同时，盐城市委宣传部、盐城市红十字会等部门的有关领导已经赶到分社说明情况。分社建议盐城市发布消息承认下文索捐的错误，并真诚欢迎社会监督。结合记者在前方采访到的内容，和盐城市的最终处理结果，新华社通过对新媒体影响力最大的新媒体专线发出通稿——《盐城红会回应“强捐”质疑：今后不再规定捐款数额》，稿件批评了下文捐款的错误做法，说明政府已决定予以纠正，以后不再规定捐款数额。稿件发出后被近百家网络和传统媒体转载采用，对外澄清了盐城红会强行索捐的质疑，此后网络舆论逐渐平息，有关都市媒体的炒作也降了温。

四、创新执政理念，坚持“三要三忌”，构建应急处突“政媒共同体”。

在信息公开、媒体开放的今天，面对此起彼伏、形形色色的各类突发事件和热点舆情，各级政府及相关涉事单位一定要学会理性而艺术地与媒体打交道：要有朴素的受众意识，要有尊重受众知情权的现代理念，要有信任媒体的真诚态度；同时切忌“无可奉告”，放弃话语权；切忌刻意封锁，把媒体推向对立面；切忌被动应付，把舆论引导排除在事件处置之外。

社交媒体时代，应急处突、信息公开、新闻发布会制度等方面的能力和水平，已成为检验各级政府提升社会治理能力的重要标志。但具体到每一次重大事件，事发地方当事单位往往是首次经历，缺乏经验，对媒体的介入总是存有戒备心态，反过来对信息公开和事件处置造成被动，这种情况在今天依然没有显著改善。我认为，在这方面，各级各有关部门要在以下四个方面提高认识转变观念：

1. 要站在国际国内舆论斗争的高度，掌握舆论引导的主动权，严防敌对势力和别有用心者的煽动炒作。

突发事件、热点舆情发生后，别有用心的人唯恐天下不乱，总要借题发挥兴风作浪；事件受害者、不明真相者、有怨气的弱势群体易被蒙蔽利用；社会价值多元，意识形态领域情况复杂，使得网上负面信息无限放大，正面信息多遭质疑；国内外敌对势力总是幸灾乐祸借机炒作，使得网上任何舆论事件都可能演化为政治事件。因此，遇重大事件热点舆情，各级党委政府要站在国际国内舆论斗争的高度，掌握舆论引导的主动权，严防敌对势力和别有用心者的煽动炒作。

2. 要把媒体新闻报道的“时、度、效”理念同样变为党委政府处置突发事件和热点舆情的行为自觉。突发事件和热点舆情处置，直接关系社会稳定、关系政府形象、关系执政之基。仅在新媒体领域，政府现在面对的是超过10亿的网民、10亿以上的手机用户、10亿以上的机构和个人“两微”用户，各类短视频用户也超过了9亿。信息公开、媒体开放已不再是讨论的话题，关键看你如何把握好时、度、效，提升事件处置及社会治理的能力。国务院办公厅印发的《〈关于全面推进政务公开工作的意见〉实施细则》明确规定，对涉及特别重大、重大突发事件的政务舆情，要快速反应，最迟在5小时内发布权威信息，在24小时内举行新闻发布会。通过提供新闻稿、召开新闻发布会或吹风会、组织现场采访活动、接受媒体采访、组织专家解读、用好官方各类信息平台等多种方式，及时充分发布相关信息。

“公布事实即引导，辨明是非即引导，讲清大局即引导，善于沟通即引导，揭示趋势即引导。”新华社原总编辑南振中对媒体引导舆论的经验之谈，对于各级党委政府处置突发事件、平息热点舆情同样有重要的借鉴意义。

3. 善待善用媒体资源，构建应急处突“政媒共同体”。

积极有效与媒体沟通，善待善用媒体资源，已不是对媒体的态度问题，而是事关政府执政方式、事件处置方法、舆情引导流程问题。要克服不愿、不善、不敢与媒体打交道的问题，做媒体的贴心人。突发舆情事件发生后，政府常常处于舆论的弱势地位，这时候，以往惯用的办法是赶快搞定媒体，“求情”“灭火”，模糊真相，淡化问题性质，希望媒体不要采访报道，不要“火上浇油”，不要“干扰”事件的处置；或者被动应付，把媒体排除在事件处置之外；更有甚者，封锁消息，“无可奉告”，自动放弃话语权，把媒体推向对立面。

一个最新的负面案例是，东航“3·21”飞机失事事件的首场新闻发布会上，东航云南分公司负责人的离谱表现惊呆了广大网友，引发网上群嘲。

本来，路透社记者在现场提问的都是人们关注的普通问题，比如，“这架波音737—800飞机的维修记录是怎样的，近期维修方面有发现任何问题吗？”“飞行员的飞行小时记录是怎么样的？”“事故发生的时候，天气是怎么样的？”“另外想问一下，就是空难发生前，机组有无和空管联系，有联系的话，都说了什么？”“在飞机坠落之前，飞机（是）否基本完整？”“最后就是这个USNTSB那个调查者有被提名，想问下中方会不会邀请他到中国来帮忙做这个调查？”网友认为，记者提问很闭环，也是很好回答的，这种信息其实也是没有什么敏感的。

但这位负责人答非所问、自说自话，驴唇不对马嘴。特别是照着念事先准备好的稿子，根本不关心现场的问题，也看不出一点真诚态度。一位新闻传播学界的学者在微信朋友圈评论说：事先安排好的新闻发布会，知道要接受记者“现场”提问，就要对所有可能的问题做预设和准备；碰到“难题”，发言人无法都给出答案，也要学会应变、尝试去回答——基本做法是，哪些我知道就先回答，哪些“还在了解情况”，哪些“我还不清楚”逐一说明，有所应变靠能力，真诚回应是底线。

新闻发布会“制度”建立大约20年了，交通安全等部门管理者应有经常性的媒体素养训练。当年，甬温线高铁颠覆事件，铁道部新闻发言人的一句“至于你们信不信，反正我信”成为充满讽刺意味的网络流行语；时至今日，民航系统负责人面对媒体和举世瞩目的事件新闻发布会，竟交出如此尴尬的答卷，真匪夷所思。

重大公共事件新闻发布会，贵在坦诚、公开、透明。越是遮遮掩掩越是事与愿违。真正有效的办法就是高度重视媒体诉求，把媒体压力变成媒体资源，维护媒体的传播权，尊重公民知情权，用好手中的发布权，与媒体一道共克舆情难题。

习近平总书记告诫我们：现在各类媒体高度发达，影响广泛，对经济社会发展的重大政策和重大问题，如果引导不及时、不到位，让负面舆论起来了，正面舆论就会被负面舆论绑架，形成一边倒的舆论后，再要扭转就难了。

媒体和党政部门只有认真按照习近平总书记讲话精神，认真做好突发事件报道和热点舆情引导，才能有效服务于新时代新阶段社会稳定和经济发展大局。

（本文是为一些地方新闻宣传干部及媒体从业人员培训班举行专题讲座的提纲，修订完稿于2022年8月）

智库型调研报道与媒体资政赋能

——以新华社参考报道为例

冯　诚

所谓智库型调研报道，就是权威主流媒体以国家经济社会改革发展大局中一系列重大问题、难点问题或成功经验、路径探索为调研对象，为领导层决策提供智库类咨询服务的调查研究。这是中央级权威主流媒体特别是新华社记者一项重要职能：或发现问题，揭示真相，引起领导层关注；或研究问题，提出对策，供决策者参考；或总结创新经验，以期推广指导工作。媒体智库型调研报道，多是以内部渠道呈报决策部门或相关领导参阅，因此被称作内参报道。改革开放以来，不少中央级、省市级主流媒体都依托采编资源开启内参报道业务，受到决策层的重视。随着党和政府治国理政能力的不断提升和决策信息的透明公开，媒体内参调研报道逐渐掀开神秘面纱，进入学界研究视野。

前不久，郑州大学在全国新闻传播学界首次举办了以内参为主题的“中国特色的内参传播”学术工作坊，专家们围绕内参渠道的历史起源、制度创设、社会演进、政治功能、时代挑战，特别是其所反映的中国特色的信息沟通、政治传播、国家治理能力等相关话题展开热烈的讨论，并引发学界业界的广泛关注。

权威主流媒体内参调研报道的特色与优势

媒体内参调研报道，从广义上来说，也属于社会智库的一种类型。

改革开放以来，我国智库建设得到长足发展。据相关资料，目前，中国智库名录收录有千余家智库名单，有人统计全国各类智库按窄口径也不下 3000 家。其建设主体有社会事业单位，有媒体机构，有科研单位、高等院校等。而各级党委政府设立的研究中心及社会企业、民间智库都是重要的智库力量。

众所周知，中央、省市级党委政府一般都设有研究中心或研究室，有的直接命名为政策研究室（中心），其重要职能就是发挥智库作用，为各项工作决策和出台各项政策规定做实时性前瞻性研究论证，并承担着写作班子的职能。其优势一是熟悉决策层的工作思路；二是所有职能部门的工作信息、数据、动态情况都能随时获取，工作中的成败得失都会随时掌握；三是能够站在决策者的位置研究和思考问题。相比之下，高校的智库机构一般侧重于基础性理论性研究及社会服务，社科院等体制内社会科研机构侧重于重大项目重大课题的长周期对策性研究，民间智库则侧重于某方面专业性或行业性很强的发展研究。与其他各类智库相比，媒体智库的特点是信息灵，触角广，时效快、问题性突出，针对性强。

在全国各类智库中，新华社智库型内参调研报道具有悠久的历史、雄厚的实力和持久的品牌影响力。

据新华社有关资料记载，早在新中国成立前的 1948 年 6 月 5 日，党中央就发出了《中共中央关于新华社应供给各种资料的指示》，明确规定“为了帮助中央了解各地情况，各新华总分社和分社除了供给各种准备发表的新闻稿以外，并需担负供给各种参考资料的任务”。1949 年 9 月，新华社就创办了内部参考刊物，其职能在很大程度上发挥着“思想库”的作用。1953 年党中央又发出了《关于新华社记者采写内部参考资料的规定》，明确指出：新华社作为国家通讯社和消息总汇，“由于新华社的记者分布较广，还可以并且应当利用他们的便利条件，反映工作中存在的一些问题、缺点和群众的思想情况，供给中央负责同志参考”。在中央讨论这一文件时，毛主席明确表示：“中央给记者的任务就是要如实反映情况，记者反映情况就是履行自己的职责，不论是省市委喜欢的不喜欢的，他都要反映。中央怎样判断，这是中央的事。”1973 年 11 月，毛主席再次强调，“新华社的内参不要光报忧不报喜，也不要光报喜不报忧，要全面反映情况”。1995 年 1 月 12 日，中共中央政治局常委会在听取新华社党组工作汇报时强调指出：有些反面的材料，包括实际工作中的缺点，适宜于公开报道的就公开报道，不宜于公开报道的，为了让领导同志全面了解情况、看出动向，可以在内部刊物上刊登。中央领导同志还指出：在内部刊物上多反映一些困难和问题，对领导干部来说是非常重要的。这些稿件可以使领导干部更好地了解全面情况，头脑也会更清醒一些。如果对困难和问题反映得太少，从报纸上看不到，从内部刊物上也看不到，搞得不好，很容易使人陶醉于已经取得的成绩，没有什么好处。1999 年，中共中央办公厅转发了《关于加强和改进新华社内参工作的意见》。几十年来，党中央和中央办公厅发出不少关于内参报道工作的指示、规定和通知等正式文件，对搞好内参报道的意义、方针、原则、范围和新华社记者的职责等都做出了明确规定。

在共和国发展的各个历史阶段，新华社始终坚持公开报道与内参报道并重的方针，充分发挥“喉舌”“耳目”作用，“有喜报喜、有忧报忧”，在中央媒体中承担起了独树一帜的“内部通道”和智库服务功能，其内参报道被视为国家通讯社的“金字招牌”，历届中央领导和各省、市、自治区主要负责人都对新华社内参做过大量批示。

据新华社新闻通稿，2016年2月19日，习近平总书记视察新华社时，在听取内参工作基本情况介绍后对新华社编辑记者说，“内参工作非常重要，做好内参工作要客观真实，要有高度责任心、使命感。我在地方工作时就比较重视内参工作，到中央工作后尤其重视，希望大家再接再厉”。

当代新闻界泰斗、新华社老社长穆青十分重视内参调研报道，他曾在《新闻记者和调查研究》一文中讲到，“新闻工作者可以说是调查研究的专业人员，调查研究是我们的职责，是我们工作中的根本要求”，他要求新华社记者要关心群众的生活和实际状况，关心党的方针政策贯彻执行情况，使我们的报道“起到推动实际工作的作用。”（《新闻散论》穆青著，第125—137页）

记得我初到新华社甘肃分社做记者时，老记者们就谆谆告诫：新华社记者如果成天跑部门、编材料，而不扎扎实实深入基层调查研究、写些有分量的内参调研稿件，那就是选错人了。此后几十年的记者生涯让我了解到，从总社总编室、各业务部门到各个分社，所有每周一次业务例会的研究重点都是重大调研选题，各部门各分社都有阶段性调研计划，都有自己抓在手上的调研题目，都有系统的激励奖惩机制。为了深入研究经济社会发展中一些全局性战略性典型性的重大问题，总社常常组织一些熟悉中央大政方针以及部委工作情况的总社业务部门编辑记者和深耕基层一线的属地记者，组成联合调研团队进行专题性调研；还经常组织不同地区、不同发展水平的地方分社之间就某方面问题开展跨省区调研，破解一些共性问题。

近些年来，新技术新媒体对传统媒体业务冲击不小，媒体转型步伐加快，但新华社始终牢牢抓住调查研究这个牛鼻子不松手，每年都要组织多次重大主题调研策划会，确定的重要题目都要如期完成。此类调研取得的成果，大多都是先通过内参渠道提供决策层参考，然后适合公开发表的再公开报道。这就是为什么每到一些重大历史节点、重要的历史时期，新华社都不乏影响重大决策、推动历史进步的扛鼎之作。

智库型内参调研报道的选题把握

全媒体时代，作为智库型内参调研报道，有了更多的用武之地。面对日益纷繁复杂的世情国情社情，面对经济社会发展的难点热点焦点问题，作为国家通讯社记者，需要以高度的政治自觉抵近事实真相，揭示新闻事件本质；需要坚持问题导向，发现和透视经济社会发展中的种种难点堵点问题，参与社会治理，做社会进步的推动者；需要铁肩道义，惩恶扬善：新时代仍然需要有良知的新闻从业者揭露社会丑恶现象，为普通百姓鼓与呼。

新华社智库型内参调研报道，从大的方面来看，可分为以下四类：

一是“问题性”调研报道。

这里所说的“问题性”，指的是对影响经济社会发展的种种不良现象或工作中的严重负面问题进行的批评性调研报道。比如新华社记者对呼格吉勒图案、餐桌浪费、西湖风景区建会所、江苏骆马湖非法采砂、祁连山生态破坏、秦岭自然保护区乱建别墅等问题的内参调研报道，这些报道都得到高层领导的高度重视并推动了问题的解决。2004 年，我从甘肃分社调到湖北分社工作不久，时任长江航运公安局局长王茹军来分社造访。叙谈期间，他告诉我，长江航运公安局现在有 2000 多名民警，正厅级单位，隶属交通部和公安部双重管理，辖七省二市长江江域，经费全部由财政部纳入预算，水上执法，不收一分钱。而这种情况在四五年前是不可想象的。王茹军介绍，当时他们是企业内保性质的保安人员，经费、装备无从谈起，水上执法名不正言不顺，岸上没有落脚之地。

2000年初，王茹军从黑龙江公安机关调到长江航运公安局主持工作。当时，长江三峡一带水上航运安全管理混乱，隐患极大，客户、船主怨声载道。那时候，公路车匪路霸问题逐步得到整治，但长江水面的安全秩序却久病不治。而另一方面，日益繁盛的沿江经济和3838公里的江上航运需要一个统一的长江航运安全保障机构。新华社湖北分社记者江时强做了大量广泛深入调研后，在总社编辑任卫东同志策划推动下，通过内参渠道报道了这一问题，并根据专家学者和社会各界的意见，提出了从根本上解决问题的建议。这一组内参报道得到多位中央领导批示后，不仅推动长江水上交通运输秩序的全面彻底整治，而且将此前属于企业保安性质的长江航运公安机关完全纳入“吃皇粮”的公安编制，由公安部和交通部双重管理，从此，长航公安具有了执法权，真正担负起了为经济社会发展保驾护航的使命，长江黄金水道航运秩序彻底步入正轨。

发现问题、反映问题，提出对策建议，新华社记者以其独特的调研方式助推许多现实问题的解决。

二是工作研究型调研报道。

包括成功经验、探索创新、走势分析。现代社会，智库服务功能倍受重视；改革开放以来的各个历史阶段，新华社内参调研报道都发挥着重要的决策参考作用。内政外交、治国理政、民生福祉、经济发展、民主法治、教育卫生、科技文化、城市建设、“三农”问题、生态环境、区域经济、体制机制改革创新等，关乎国计民生的各项中心工作，都有许多新情况、新现象、新探索、新经验。一方面，决策机关和顶层设计者需要及时了解掌握大量来自基层一线的实况实情，以期让决策更加科学有据，更加符合实际；另一方面，也为新华社记者的调研报道打开了广阔的天地，培植了丰沃的土壤。

1978年，在党的十一届三中全会召开前夕，新华社甘肃分社记者周德广和孟宪俊深入到甘肃的河西走廊采访。当他们到民乐县采访时，县委副书记苑福谈到了一个很重要的观点：建议今后不要再搞“一刀切”的政治运动了。苑福说，要具体问题具体分析，具体解决，请求中央今后在全国范围内不要再搞什么大的政治运动，尤其不能再搞那种“一刀切”的政治运动。苑福说，由于过去一些运动搞了“一刀切”和“层层揪”，结果每次运动都整了一大批干部，也造成了许多假案、错案、冤案。新中国成立以来，民乐县有 80% 以上的干部在不同的运动中挨过整。就拿 1959 年的“反右倾”来说，上面出了问题，下面还不知道咋回事，就一下子搞了下来，甚至反到了生产队，使许多基层干部成了右倾分子。苑福的谈话振聋发聩，提出了一个极其重大而又敏感的问题。在进一步深入采访后，两位记者很快写出了一篇民乐县委副书记苑福建议今后不要再搞“一刀切”的政治运动的内参稿，中央领导看到后特别重视，将其作为党的十一届三中全会的参阅文件，印发给到会的每一位代表。出席会议的时任甘肃省委书记宋平（后来曾任中央政治局常委）回到兰州传达十一届三中全会精神时讲，这篇稿件对党中央作出今后全国不再搞政治运动、要以经济建设为中心的决议起到了重要参考作用，并对苑福和采写稿件的记者给予表扬。

这篇报道可以算作典型的“文章合为时而著”，它既充分反映了基层干部不乏实践真知，也体现出记者的政治敏锐。如果没有拨乱反正、没有对十年浩劫的彻底否定，苑福就不敢对记者讲那样的观点，记者也没有胆量写那样的内参报道；但如果不是记者采访发稿不失时机，或许高层决策又是另外一种情形。类似这样来自基层调研而又事关国家政治经济、改革发展大局的建言献策内参报道，在新华社数不胜数。

2011 年初，我到江苏分社工作不久，就前往被称为“天下第一村”的江苏华西村采访，到访第二天上午就聆听了老书记吴仁宝的专题讲座。

那天，听课的有安徽一些地市前来学习培训的乡村干部以及外地游客将近两百人。老书记从华西村当年建村时的贫穷落后讲到改革开放后发展村办企业、集体经济，从解决温饱讲到共同富裕，以他的亲身经历诠释共产党领导和社会主义制度富华西的生动实践。虽然吴仁宝因年事已高不再担任村支书好几年了，但他几乎每天一次“社会主义富华西”的讲座已坚持三十多年，成为华西村村史、党史学习教育和全国各地乡村干部前来学习培训时的品牌课。

“不怕公有和私有，就怕公私都没有”“有福民先享，有难官先当”“什么是社会主义？人民幸福就是社会主义”“华西村坚持共同富裕，没有暴发户，没有贫困户，只有家家户户富”……

老书记的话睿智风趣，朴素深刻，句句耐人寻味，引发听众强烈共鸣。离开华西村不久，我就安排随行记者对老书记多年坚持宣讲“社会主义富华西”做专题报道。很快，他们采写的内参得到时任总书记胡锦涛和多位中央领导批示，中宣部安排各大媒体集中宣传，其公开报道《吴仁宝“社会主义富华西”深受听众欢迎》经通稿播发后各类媒体广泛转载。2013年，吴仁宝老书记去世，其后几年，人们对华西村能不能持续健康发展不无担忧，境外媒体也多有质疑，国内媒体对华西村的采访报道很少见到。为此，2016年初，我带两名年轻记者再赴华西村采访。此时，中国经济早已进入新常态，吴仁宝老书记也已离世3年了，华西村的经济发展情况到底如何？曾经红红火火的村办企业在“去降补”的大势下如何作为？特别是全国各地农村从20世纪80年代初全面包干到户了，而华西村却始终“我行我素”不搞分田单干，数十年坚持走集体经济道路不动摇！老书记去世后华西集体经济大旗到底能扛多久？作为长期践行“社会主义富华西”理念和道路的天下第一村，在全国基层党建“两学一做”活动中有什么创新？带着一系列问号，我们来到了华西村。

连续几天时间的深入调研采访，我们罗列在采访本上的问号一个个被打开。于是，我们先后发出两篇内参调研稿，一篇报道华西村探索出的“信仰为根，制度为本，监督为盾”为核心的党建之路，成为华西经济社会和谐稳定、健康发展的坚强保障；另一篇则报道了华西村正踩着国家经济转型升级的步点，迎来了村庄产业多元化、国际化转型跨越发展“新一波”。两篇报道分别得到时任国务院总理李克强、中央政治局常委刘云山等中央领导以及时任江苏省委书记李强的批示肯定，中宣部两次要求中央各大媒体跟进报道。

我所亲历的华西村两次内参调研报道说明，对华西村这样的老典型，中央领导和社会各界都非常关注，研究总结其持续健康发展的成功经验和探索，关心支持这样的老典型，是高层领导和基层干部群众的共识。对事关经济社会发展的重大问题不失时机调研报道，反映真实情况，为领导层提供有价值的决策参考，无疑是权威主流媒体对智库服务的最好诠释。

至于中央一系列重大决策部署在基层的贯彻落实情况、当前中心工作中遇到的难点热点问题，新华社记者更是要责无旁贷地去深入调研、建言献策。

三是重大天灾人祸等突发事件调研报道。

如地震、洪涝灾害、车船事故、重大刑事案件、重大疫情、群体事件、暴力恐怖事件等，这类重大突发事件，危害性大，影响面广，事关人民群众的生命财产安全和社会稳定，决策层急需通过记者视角了解一线情况和事实真相，便于及时、科学处置。新华社本就承担着独家发布党和政府重要政令以及各类重大事件消息的职能，此类事件发生后，新华社记者都是确保第一时间抵达现场，通过耳闻目睹和深入采访研判反映现场情况、事件发生发展原因及处置进程和结果，尽最大可能全面客观地向决策机关反映情况。在这方面，新华社比其他智库更有平台、现场、时效优势。比如非典疫情、新冠疫情发生后，新华社都是第一时间通过内参调研及时反映动态情况，并不断跟踪，提出对策建议。

四是重要社情民意、网络舆情等的调研报道。

比如，国家一些关乎国计民生的政策出台以后，基层落实过程中遇到哪些问题？有哪些改进建议？再比如某些重要网络舆情事件真相如何、根源何在？一些网络舆情表达了怎样的社情民意或社会问题？这些问题，作为党和人民耳目喉舌的权威主流媒体都应该及时进行智库型内参调研报道。

一度各地公款大吃大喝、铺张浪费现象触目惊心，网民诟病不断。2013 年元月，新华社通过内参渠道报送了记者采写的《网民呼吁遏制餐饮环节"舌尖上的浪费"》的舆情稿件，习近平总书记阅后作出重要批示："从文章反映的情况看，餐饮环节上的浪费现象触目惊心。广大干部群众对餐饮浪费等各种浪费行为特别是公款浪费行为反映强烈。联想到我国还有一亿多农村扶贫对象、几千万城市低保人口以及其他为数众多的困难群众，各种浪费现象的严重存在令人十分痛心。浪费之风务必狠刹！要加大宣传引导力度，大力弘扬中华民族勤俭节约的优秀传统，大力宣传节约光荣、浪费可耻的思想观念，努力使厉行节约、反对浪费在全社会蔚然成风。各级党政军机关、事业单位，各人民团体、国有企业，各级领导干部，都要率先垂范，严格执行公务接待制度，严格落实各项节约措施，坚决杜绝公款浪费现象。要采取针对性、操作性、指导性强的举措，加强监督检查，鼓励节约，整治浪费。"（习近平：《厉行勤俭节约，反对铺张浪费》，《十八大以来重要文献选编》上，中央文献出版社 2014 年第 119 页）这一重要批示，迅速推动了全党上下狠杀公款吃喝之风，大力倡导"厉行勤俭节约、反对铺张浪费"，"舌尖上的浪费"

得到有效遏制，“光盘行动”成为社会美德。

智库型内参调研报道的出发点和落脚点是忠实履行主流媒体职责，服务全党全国工作大局，为党和政府工作建言献策、为人民群众排忧解难。因此调研选题的策划实施要着重把握好以下四点：

1. 突出问题性：坚持问题导向、及时发现问题；反映的问题突出、紧迫、严重，研究的问题重大、典型、影响全局；党和政府明令禁止、人民群众深恶痛绝的问题是首选。

2. 注重对策性：深刻解剖问题、着眼解决问题；总结的经验做法有推广价值、指导意义，提出的对策建议可操作能实施；在充分占有和分析一手材料基础上，提出解决问题的思路办法，在深入研究、理性分析、准确把握基础上，提出对策建议。

3. 追求精准性：揭示真相，追求准确，有喜报喜，有忧报忧，反映的情况或问题必须“真实、准确、客观、全面”。

4. 体现动态性：保持新闻调研报道的特性，注重当下、即时、动态；与公开报道一样，要重视“时度效”。

智库型内参调研报道的采访写作

从采访调研的方法路径来说，智库型内参调研报道比较注重以下五个方面的训练提升。

一要做足功课，有备而去，尽可能做好预调研。对于所要调研研究的相关问题，要积累必要的素材，补充相关理论知识；有的调研题目需长期跟踪观察。

二要见人见事见物，最大限度接近信息源：通过座谈、走访、暗访、现场实地考察等各种方式，尽可能多地接触采访对象。

三要及时调校采访思路：获取情况和分析研究同步进行，不断调整完善采访思路，尽快弄清问题发生发展的背景、原因、现状、本质、影响、结果；如实向上反映，并提出建设性意见。

四要在采访过程中及时形成成稿主题、思路、框架，定向搜集典型素材，尽可能使采访不走回头路。

五要注意跟踪反馈报道效果，对于一些特殊事件和问题需要后续跟进、连续报道。比如内蒙古呼格吉勒图案，新华社记者锲而不舍、十余年间先后为这一冤案的平反昭雪发出过7篇内参报道，有力推动了案件平反。

从写作和文风的角度来说，要始终把握住智库型内参调研的服务对象是高层领导，是决策者，因此，稿件写作上要注意文风朴实、言简意赅、重点突出、直奔主题；切忌长篇大论、空话套话，渲染夸张。但同样讲究写作技巧，注意文笔生动、可读性强；同样注重可见可感的现场元素。

智库调研报道在体裁上，有快讯、简讯、动态消息、调查报告、纪实、专访、现场目击等；在篇幅形式上有单篇、上下篇、系列篇等，根据内容容量而定；在载体上有文字、图片、音视频等。在报送方式上有文本专呈、专供、刊物订阅等，形式多样。

采写智库调研稿件，最能考验记者的“四力”功夫，这要求记者站位要高、格局要大、视野要宽。换句话说，就是报道要有大局意识和独特的视角，选题、写作都要高人一等，反映问题要切中要害。

（原载《青年记者》2023年6月上，总第751期）

能否更“有温度”一些？

——以马克思主义新闻观视角

冯　诚

习近平总书记2016年2月19日在党的新闻舆论工作座谈会上要求，要“努力推出有思想、有温度、有品质”的新闻作品，这是新时代党中央对新闻舆论工作提出的要求，也是对马克思主义新闻观的丰富和发展。这些年来，我们的新闻媒体躬身践行这一工作方针，努力采写“三有”新闻精品，收到很好的社会效果。学界也有许多深入研究成果。我认为“三有”要求中“有温度”三个字内涵丰富，意义深远，需要媒体人和学界持续不断、更大力度地学习、研究、思考。记者是历史风云的记录者，但这种记录不是纯自然主义的照搬，而是有立场、有情感、有倾向的。我理解，“有温度”，除了包含媒体要坚持党性原则、坚持政治家办报，为党和政府工作大局服务外，在当下，还要特别强调新闻工作者和新闻媒体要义无反顾地扛起铁肩道义、惩恶扬善、守望公平正义的大旗；要始终坚持人民至上，勇于反映人民的呼声，表达人民的关切；要有锐度有锋芒有斗争精神。这也是新闻媒体作为党和人民耳目喉舌的题中应有之意，也是马克思主义新闻观理论内核和创新实践的重要组成部分。

之所以提出这个话题，重点是想说，用“有温度”考量今天主流媒体特别是各级党媒践行马新观的表现，还有很大的发挥空间。特别是在以斗争精神发挥舆论监督作用、勇为人民鼓与呼方面，还不尽如人意。这个问题，既是媒体的新闻实践问题，也是一个值得学界研究的理论问题。

那么，新时代新征程，如何坚持马克思主义新闻观，做到更“有温度”地记录历史？我从进一步加强舆论监督、坚持人民至上、发扬斗争精神三个方面谈一点认识。

一、新时代新征程，新闻媒体坚持马新观、更“有温度”地记录历史，就必须不忘本来，面向未来，进一步强化舆论监督报道。

舆论监督是媒体的本质属性之一，也是马克思主义新闻观的基本内核。

马克思、恩格斯一直主张报刊要坚守舆论监督和社会批判职能，认为舆论监督是报刊的使命。列宁主张报刊“应当揭露每个劳动公社经济生活中的缺点，无情地抨击这些缺点，公开揭露我国经济生活中的一切弊病”，进而呼吁劳动者通过舆论根治这些弊病。我们党的几代领导人都十分重视媒体的舆论监督作用，毛泽东主席就特别强调记者要“有喜报喜有忧报忧”，充分肯定有的报纸“尖锐、泼辣、鲜明”的优点。党的十八大报告把舆论监督作为人民群众参政议政的重要途径，反映了党对舆论监督认识的不断深化。众所周知，在大多数情况下，人民群众行使舆论监督权是由新闻媒体代行的，特别是主流媒体。这就要求我们的媒体要勇于通过舆论监督报道参与社会治理，揭露社会丑恶现象，守望公平正义，推动社会发展进步。

近些年来，特别是党的十八大以来，中央地方各级各类新闻媒体认真贯彻习近平新闻舆论思想，在做好党的耳目喉舌、传播党的政策主张、服务党和国家工作大局、做好重大主题、重大事件报道方面可圈可点，佳作不少。但另一方面，舆论监督报道的影响、效果不够明显，受众、特别是网民觉得还不够劲，许多情况下主流媒体特别是各级党媒缺位、失声、不作为的现象是存在的。

现在大量的舆论监督不是官方媒体报道而是自媒体爆料。近几年，中国新闻奖评选中，中国记协明文鼓励和要求多推荐舆论监督类、批评性报道参评，但大量来稿中，批评性稿件少之又少，有分量的批评性稿件更是凤毛麟角。据我所知，中央主流媒体其实经常鼓励驻地记者多写批评性监督性稿件，但很多情况下稿子不容易上来。

本以为，移动互联网时代，信息化社会，社会更加开放包容，社会治理能力不断提升，媒体监督更加顺畅给力，媒体敢于批评、各级政府决策者能听得进不同意见，知错纠错成为执政为民的高度自觉。但在一些地方一些部门，情况却恰恰相反，对舆论监督报道的神经更加脆弱。

记者不愿写批评稿，权威主流媒体上很少批评报道，这可不是一个好现象。

2021 年，经济参考报记者王文志、李金红对甘肃阳关林场毁林问题的报道，“剧情”一度出现反转，作者公开据理对质，若不是中央三部门联合调查，报道就有可能“被失实”，好在三部门的调查认为阳关林场在西南片区存在防护林减少、葡萄园增加、毁林开垦、防护林质量下降等问题，证实了记者的报道。报道最终于 2022 年获得第三十二届中国新闻奖舆论监督二等奖。当然，不是每个记者都这样幸运。这让人想起《瞭望》周刊 1991 年关于江泽民总书记“悟见小和尚”的报道，因为在和总书记交谈中，小和尚说自己是对当地一些社会现象看不惯而从贵阳来到洛阳白马寺出家，记者报道中如实引用了这一段对话。报道出来后有人跑到《瞭望》杂志社“讨说法”，说全国那么多地方有社会问题，为什么偏偏要写贵阳？这两件事前后相差 30 年，但有的地方政府对待媒体的负面报道还是不能做到有则改之，无则加勉，举一反三，改进工作。

2020 年 4 月，河南原阳一工地自卸车违规倾倒土方造成 4 名儿童死亡事件，本是一起严重的责任事故，但由于有关部门阻挠记者报道，居然引发了几波有烈度的舆情热点，接连登上媒体头条和热搜榜，被评价为“昏招迭出，花样作死”的低级操作。比如阻挠记者采访、打记者、主流媒体介入“洗地”，直至县委宣传部火速出台“新闻媒体采访接待管理办法”，推出诸多应对媒体的“妙招”，详细规定了记者采访接待的流程，甚至于将“记者已经到达采访现场”称为“异常状态”，并且“建议记者接待至少两人，便于紧急情况下能够抽身向领导报告”等等。显然这一切很冲击媒体记者和受众的接受底线。突发事件发生后，及时披露事件真相，回应受众关切的重要信息，有效平稳处置事件，做好各项善后工作，正确引导和平息舆论，宣传部门和媒体本是一条战线，双方立足点和出发点不应该有原则性冲突。本来是比较单纯的企业责任事故，政府部门应该公开信息，追究责任，但他们对媒体报道此事件强烈不满，认为损害了县里的形象，以至于宣传部发文，出台控制盯梢记者报道的办法措施，形成了严重的负面舆情。在地方保护和护短方面，看不到当权者的智慧和气度。

现在许多地方官员忘记了批评和自我批评是共产党人一大优良传统，极端政绩观作祟，过度爱惜羽毛，讳疾忌医，听不得半点批评意见，把正常的舆论监督、批评报道看作添乱，中央媒体批评地方的问题，当地媒体大多是一律屏蔽，护短水平达到了极致。这些地方都有一个通病，出了问题不是从工作找差距，而是认为媒体记者和他们过不去。

站在向第二个百年迈进的新起点上，肩负着“为实现中华民族伟大复兴的中国梦、推动构建人类命运共同体作出新的更大的贡献”崇高使命，新闻媒体必须拿起舆论监督的锐利武器，揭露和批评党和政府明令禁止、人民群众深恶痛绝的各种不良现象。

二、新时代新征程，新闻媒体坚持马新观、更“有温度”地记录历史，就必须理直气壮地反映弱势群体的急难愁盼，为普通老百姓的福祉鼓与呼。

有温度地记录历史，强调的是为民情怀。为民情怀，这是新闻记者的作品“有温度、接地气、感动人”的重要保证。

马克思指出，“报刊应当生活在人民当中，它真诚地和人民共患难、齐爱憎”。

我国近代新闻出版事业的伟大先驱、卓越的新闻记者邹韬奋先生20世纪30年代主编《生活》周刊、创办《大众生活》时，就力主要永远立于大众的立场，以普通人为服务对象，“简直随他们的歌泣为歌泣，随他们的喜怒为喜怒，恍若与无数至诚的挚友握手言欢，或共诉衷曲似的”。这种与人民大众同喜乐、共忧患、诉衷曲的民本情怀，在今天仍应是每一个新闻人的职业底色。新华社老社长穆青20世纪90年代初就告诫新华社记者“勿忘人民”，他的话已成为新华社记者的座右铭。

“不论遇到什么困难，我们都要坚持以人民为中心的发展思想”，“人民对美好生活的向往，就是我们的奋斗目标。”这是习近平总书记在十八届中共中央政治局常委同中外记者见面时作出的庄严宣示。他明确提出“要始终把满足人民对美好生活的新期待作为发展的出发点和落脚点”。2021年11月6日，新华社建社90周年之际，习近平总书记致信热烈祝贺，贺信中有一句话就是“坚守人民情怀”。2022年12月6日，习近平总书记在江泽民同志追悼大会上的悼词中说，“必须不断实现好、维护好、发展好最广大人民的根本利益。”

可以说，人民情怀本身就是我们党的新闻媒体的红色基因和优良传统。

但现实情况是，在一些地方，“坚守人民情怀”“人民至上”并没有完全落实到行动中，而新闻媒体也显得疲软乏力。徐州“铁链女事件”不是权威主流媒体先行报道的，唐山打人的黑社会势力如此猖獗，媒体毫无察觉；损害人民利益、漠视人民疾苦的现象，欺压弱势群体的事件各地都不鲜见，自媒体爆料不少，但主流媒体的网、端、屏上几乎看不到。过去一些党报还设“群众来信”、记者来信专栏，现在也是很少见到了。

在新时代新征程，新闻媒体在坚持党性原则和履行耳目喉舌职能的前提下，应该把注意力和着力点放在维护党和人民利益的大局上来，对损害党和人民利益的现象作坚决斗争。有温度地记录历史，就要坚持人民至上、人民利益至上，坚持以广大人民群众的福祉和美好向往至上，将自己的立场、情感、爱憎贯注于新闻报道的方方面面。

三、新时代新征程，新闻媒体坚持马新观、更“有温度”地记录历史，就必须发扬斗争精神，彰显媒体应有的锋芒和锐气。

习近平总书记在江泽民同志追悼大会上的悼词中说：“敢于斗争、敢于胜利是中国共产党和中国人民不可战胜的强大精神力量。”新闻媒体作为党的事业的一部分，要发挥好舆论监督作用，维护最广大人民群众的利益，就必须发扬斗争精神。

主流媒体特别是党媒，必须充分发挥平台、资源、渠道、终端、网络、人才、公信力优势，惩恶扬善，激浊扬清，守望公平正义。现在媒体较为缺乏的就是斗争精神。中央媒体、省市媒体，都应认真思考这一问题。对于党中央明令禁止、人民群众深恶痛绝的不良现象、严重问题能不能发现，反映的是记者的专业水平、业务能力、深入程度，而发现问题后敢不敢揭露批评，反映的是记者有没有斗争精神，有没有社会责任，有没有惩恶扬善的胆识勇气。在迈向中国式现代化的新征程上，新闻媒体特别是中央主流媒体要保持尖锐、犀利的斗争锋芒，不仅要通过新闻报道与社会不良现象作斗争，与公权力的任性作斗争，与损害人民利益、欺压弱势群体的恶行作斗争，还要和一些地方保护主义的护短惯性作斗争，要和个别职能监管部门对本来善意正常的批评性稿件删帖、封堵作斗争，不断营造良好的舆论监督氛围，维护最广大人民群众的根本利益。

党的十八大以来，习近平总书记关于治国理政一系列论述中，有几个特别入耳入脑的词，对新闻媒体来说至为重要："问题导向""人民至上""斗争精神"。这12个字，字字都点到媒体的命脉上。如今，随着新技术加持，媒体的技术手段、传播方式越来越先进，但是，主流媒体的公信力、影响力、战斗力是不是真的同步提高了呢？问题导向本来是一把很好的钥匙，可惜我们的许多媒体还理解不深；人民至上，似乎还远没有破题；斗争精神更是普遍缺乏。

毫无疑问，做"有温度"的记者，采写"有温度"的稿件，"有温度"地记录历史，新闻媒体和记者一定要以马克思主义新闻观和习近平关于新闻舆论的重要论述为指导，眼中有问题导向，心里有人民至上，身上有斗争精神，惟其如此，才能产生更多更好无愧于这个伟大时代的精品佳作、传世之作。

（本文修订完稿于2022年12月）

第二辑

平台引领篇

立体化采集　全媒体融合　矩阵式呈现

——以融合理念统领青奥会报道的实践与思考

冯　诚　王骏勇

海内外普遍关注的南京青奥会已成功落下帷幕，这是继北京奥运会后我国成功举办的又一次国际奥林匹克赛事，实现圆满精彩。在总社总编室的直接指挥和体育部、摄影部、参编部、新媒体中心、技术局等相关部门及兄弟分社的支持配合下，江苏分社全员参战，全力以赴，以融合发展理念统领青奥会报道与服务，实现全媒体、立体化、多环节、全景式展示，发挥了主流媒体的龙头压阵作用，为新华社履行好东道主通讯社及官方通讯社的职能砥砺担当。相关报道与服务工作受到领导机关、相关部门、青奥组委及社会各界的广泛好评。

自青奥申办成功尤其是开幕以来，江苏分社共播发文、图、视频等各类稿件7000余篇（张、分钟），其中，《新华每日电讯》等重点报刊头版头条及版面头条采用稿近20篇次，内参20余篇，部分稿件受到中央领导批示。配合完成总书记、总理出席开、闭幕式的报道任务。新媒体报道总浏览量达1000多万人次。报送涉及青奥的智库报告以及各类舆情信息30多期50多万字，编发短、彩信等500多条。同时，高质量完成青奥会官方通讯社、官方摄影队等赛会媒体服务工作。有效引导了主流舆论，扩大了青奥会的全球影响力，江苏省委书记罗志军、省长李学勇对分社报道总结作出批示，省、市政府及相关部门发来感谢信，对分社的青奥报道与服务工作给予充分肯定和热情赞誉。

打好全媒融合理念下的一场新闻硬仗

南京青奥会是我国在开放条件下，以崭新姿态举办的一次全球性盛会。对沿海经济大省江苏，对魅力古城南京，以及对正处于融合发展进程中的新华社江苏分社来说，都是难得的历史机遇。世界青年的盛会，青春活力的基因，文化交流的元素，全球开放的背景，各大媒体的竞争，都注定南京青奥会必然成为一个全媒体融合报道的新闻战场。

青奥会吸引了全球200多个国家和地区的3700多名运动员前来参加，奥委会官员、志愿者等注册人员近9万，运动员年龄在14—18周岁，志愿者大多也是年轻人；除了赛事，还有4800多场文化教育交流活动，南京百余所青奥示范学校和世界各地学校结成“同心结”学校，通过视频连线介绍南京、青奥和中国的历史文化；共有全球600多家媒体单位的3000多名记者参与报道，同台竞技。

因此，自2010年青奥会申办成功以来，江苏分社就将报道、服务好青奥会确定为近年来分社的一项中心工作，尤其是今年以来，分社在落实社党组战略转型部署时，结合江苏实际、分社实际，积极探索适合自己的媒体融合发展方式，统筹传统媒体的“全面”“深刻”与新兴媒体的“快捷”“新颖”，发挥新型主流媒体的龙头作用，将青奥会当作全媒融合的一场大仗硬仗来打，努力实现“深度融合”。

分社党组高度重视，多次召开会议进行专题部署，在与青奥组委签订战略合作协议后，更是全员发动、全体参与、全面融合。一方面，及时向总社总编室汇报青奥会有关情况，争取支持，并积极与体育部、摄影部、参编部、对外部、新媒体中心等相关业务部门沟通协调，反复磋商，制订青奥宣传报道及服务方案；另一方面，在分社成立相应的领导小组及具体的项目组，克服人手紧、任务重的困难，围绕青奥重要时间节点进行组织策划、统筹报道与赛事服务工作。分社社长冯诚亲力亲为，不仅全程指挥总体工作，而且多次领衔采写重点报道；副社长华卫列积极协调，周密安排官方通讯社及官方摄影队等媒体服务工作；副社长李灿靠前指挥，坐镇前方报道组，统筹青奥会筹办举办期间的相关报道工作。分社总编室、营销平台、保障平台按照分工统筹协作，全体采编、营销、保障人员，以旺盛的斗志、饱满的状态、担当的精神，积极参与各项报道及服务工作当中，为青奥精彩圆满贡献力量。

全媒体“矩阵化”呈现　传播力“乘数效应”凸显

青奥会既是世界青年体育、文化的展示舞台，也是我国家形象、“中国梦”的阐释平台，更是媒体融合发展体系、能力现代化的检阅擂台。在总社领导以及总编室的关心支持及相关部门、兄弟分社的大力配合下，江苏分社全员发动，统筹做好“六个融合”，确保全媒业态矩阵化呈现，实现传播力影响力的“乘数效应”，为青奥精彩圆满加油助力。

一是统筹赛前、赛中、赛后报道，实现“过程融合”。自青奥会申办成功至闭幕，分社一直强调过程化参与，要求报道贯穿整个“青奥周期”全过程。赛前，分社围绕申办成功、青奥筹备工作等播发消息、通讯；赛中，围绕赛事、文化交流，完成大量常规报道；赛后，又及时总结青奥圆满成功的经验与启示，通过报道留下“青奥遗产”。

二是统筹会内与会外、体育赛事与文化交流报道，实现“内容融合”。从竞技角度看，青奥会赛事不是十分有吸引力，加上会外安排了大量文化教育交流活动，分社就统筹力量，在保障赛事报道有序基础上，着力发现会外精彩。冯诚同志领衔采写的重点稿《聚焦前沿　专注服务　倾力升级——江苏经济强势“续航”探秘》及《古城南京，尽享青奥红利》，就分别从经济、文化的角度，展示了江苏成功举办青奥的坚实经济基础以及为百姓带来文化红利的历史担当，均被《新华每日电讯》头版头条刊用。

三是统筹重要节点、一般时点报道，实现“节点融合”。分社注重分清主次，把握节奏，处理好重要时间节点及一般时点报道的关系，在日常报道有条不紊的同时，重点报道亮点纷呈。青奥申办成功，分社迅速发出通讯《南京申办青奥记：九万里风鹏正举》，及时传递喜讯；奥运圣火采集，分社派出摄影记者全程跟拍；倒计时100天等，发出《青奥，南京准备好了》等通稿，同时李灿同志领衔采写了《江苏省长向七大媒体联盟宣讲“青奥理念”》，系统阐释了青奥会的理念。

四是统筹传统媒体与新媒体，实现“端源融合”。除了通稿、报刊等传统报道形式外，分社十分注重利用网络、手机报、客户端等新兴媒体，通过“新华社发布”及“我在现场”等客户端、微博微信平台，全力推进开闭幕式及赛会报道集成和融合呈现。仅“我在现场”便开设“青奥开幕式”“巴赫在南京”“输赢都是萌萌哒”等专栏，发稿1000多条次，总浏览量超过1000万人次。分社还通过新华手机报、政务通、党政客户端等产品，发稿500多条次，将青奥信息推送至一亿多掌媒用户。

五是统筹媒体、受众，实现报道的“互动融合”。新媒体时代，需要读者、受众的积极参与互动。分社联合新媒体中心等相关部门发起的“青奥随手拍”活动，发稿650多条，吸引大量青年志愿者、普通市民参加并下载客户端，记录青奥精彩瞬间，为扩大我社新媒体影响力发挥了积极作用。此外，国际奥委会主席巴赫、姚明等知名人士与记者自拍并提供新媒体上传照片，引起网民关注。

六是统筹报道、服务、保障工作，实现跨平台“资源融合”。以体育部、摄影部、江苏分社为主体的前方报道组，整合人力资源，设立专门的公共微信群，交流报道思想，沟通信息；摄影部抽调组成的官方摄影队，既做赛事服务，又是摄影记者；分社内部，参会记者全员参与“我在现场”新媒体报道，尤其是开闭幕式，摄影记者对现场实现多点位、全景式报道，丰富了新媒体报道内容，文字记者客串电视出镜记者；赛会期间，分社采编、营销、保障三个平台深度融合，共同为总社、兄弟分社参会人员做好服务，有效实现了资源融合。

运用融合思维打开重大赛会报道“新天窗”

全方位参与青奥会的宣传报道与服务，为江苏分社在统筹融合报道方面积累了一定的经验，同时也对新媒体条件下做好重大赛会报道，带来了几点启示与思考。

一是选取“锐角度”，在“软赛会”上写出“硬稿子”。从赛事的影响角度讲，青奥会无疑是“偏软”的，如何在常规赛况报道之外写出影响力、穿透力强的“硬稿子”，需要跳出赛事本身，精心选取软角度、软内容。开幕后，分社常务副总编郭奔胜领衔采写的重点稿《南京青奥点亮未来》，以轻松的笔法展示了青奥会的青春活力，被《瞭望》封面文章大幅刊用。闭幕前，分社发出《古城南京，尽享青奥文化红利》一稿，充分挖掘南京文化建设的风貌，展示为百姓带来的文化红利，反响热烈。还有，总编室编委孙彬采写的《青奥，你把青春还给了我》，对外记者刘巍巍采写的《有一种经历叫成长》，年轻记者王珏玢采写的《青春盛会　文化旋风》等一批有影响的非赛事精彩文章，广受好评。

二是发挥新媒体优势，统筹“快”“广”“深”的关系。在微信、客户端盛行的新媒体条件下，如何统筹重大赛事报道的时效和深度，对我们是一大挑战。尤其是关注度极高的开闭幕式，以往我们播发通稿即可，现在不够了，各家媒体直接客户端发稿，时效极快。分社在此次青奥会开闭幕式中，通过分散在多个点位的文字、摄影、电视记者，抢发“我在现场”，第一时间传播现场盛况，大量的文配图，直观展示了全景，仅开幕式新媒体报道总浏览量便超700万人次，与后续的详讯、特写、侧记等，实现了“快”“广”“深”的融合。

三是统筹内外，充分发掘体育参考报道的空间。一般认为，体育报道与参考报道交集不大，然而，重大赛会受到领导关注，因而也有广阔的参考报道空间。一些不适合公开报道的又是领导十分关心的，就是参考报道的选题。分社把青奥会作为参考报道的主战场和富矿来对待，周密策划了青奥筹备、安保形势、食品安全等常规参考报道，又通过剖析青奥特点、采访权威人士，采写了埃博拉病毒防控、网络安全应对以及防范涉敏感国家事件、武术入奥等稿件，共计20余篇，既有严峻形势，又有应对措施，还有对策建议，尤其是闭幕当天，冯诚同志领衔采写的一组两篇关于青奥取得成功的调查与启示稿件，为领导机关提供了重要参考，受到江苏省委主要领导的好评。

四是发挥新型主流媒体功能，传递正能量，消除“负效应”。在日趋开放复杂的背景下，如何正确引导社会舆论，消除“负效应”，是新型主流媒体的重要职责。青奥会是青年人的盛会，分社报道围绕“分享青春，共筑未来”的主题，播发了大量正能量的稿件，为青奥营造良好的舆论环境。同时，针对网络上关于埃博拉病毒等负面舆情，及时采访国际奥委会官员，播发对外通稿，有效消除了“负效应”，为青奥会顺利举行发挥了不可替代的作用。

（原载《新闻业务》2014年第37期）

融合采集　多元适配

——江苏分社探索融合报道对策分析

冯　诚　郭奔胜

今年以来，江苏分社认真领会总社党组关于传统媒体和新媒体融合发展的系列部署，尤其是认真贯彻落实总社半年工作座谈会精神，注重从业务思想解放、重大项目带动、体系能力建设等方面努力探索分社层面融合报道的路径方法，取得了一定成效。上半年，在集成融合思想的带动下，分社按时序较好完成总社下达的考核任务，其中对内对外文字、摄影采用总家次均超额 60% 以上，重点调研超 120% 以上，集成服务专线供稿超 210% 完成全年任务，国家公祭日参考报道推动重大决策，获得非固定加分奖励，图片版新华视点完成 7 组 39 张、取得重大突破，新媒体报道和传统报道各获得一条次社级好稿，分社形成集策划、执行、传播为一体的全媒体融合报道良好业务氛围。

拧开融合报道思想解放“水龙头”

新闻业务思想创新突破直接决定着融合报道实践的成效。江苏分社注重从采编全员、全流程、全媒体业务等方面牢牢抓住业务思想的解放和创新，把聚焦融合报道作为业务思想建设的优先事项。

全员强化融合报道认识。继去年全体采编人员参加总社的集成报道培训后，今年以来江苏分社全力引导全体采编人员深化对集成报道的业务思想认识，从采编工作要点到具体新闻实践都注重全媒体融合报道思想的树立和强化，多次组织采编业务人员交流研讨，从思想上深刻领会总社业务转型要求，寻找差距，打破束缚，积极主动从业务思想上释放融合报道的活力。

营造融合报道“比学赶超”业务氛围。分社从经济、政治、文化、新媒体等各个报道领域鼓励融合报道创新，利用周一业务例会、业务专题会议等平台，对融合报道的具体事例进行比晒、点评，进行多种报道形式融合交互式借鉴。如“走进 K722 次春运列车”报道，探索一次多媒体采集、适配多个传播端的融合报道模式，“走进留守村南宋村”报道，探索多次全媒体采集、N 次适配融合报道模式等，通过反复分析融合报道案例，使全体采编人员做到内化于心，外化于行。

密切关注并借鉴融合报道的他山之石。分社不定期对新闻界跨媒体、跨领域的媒介融合报道案例进行学习。如对“面向未来的赶考”“时代的召唤”“新丝绸之路”等总社大型融合报道进行跟踪研究，深入探究融合报道的规律性、操作性、对策性，并把这些认识应用到融合报道的具体实践中去。由于思想认识、思想发动在先，分社在组织报道时，既有全媒体融合报道策划，又有三种报道形式“换位接力”。如在图片报道中，分社强调用文字思维加图片表达形式进行大胆尝试，甚至摄影记者构图、文字记者打磨图片专题说明，进行交互合作。由于改变了部门分割、单打独斗的采编习惯，分社上半年图片版新华视点取得了重大突破，总社共播发了分社记者拍摄的 7 组 39 张图片稿。如在昆山“8·2”特大伤亡事故报道中，分社充分运用融合报道思想，形成清晰的融合报道运行轨迹——分社获知新闻线索，在立即整理快讯发往“新华社发布”

的同时，马上报告了总社值班社领导和总编室领导，启动了“超级编辑台”的“轮轴”。顷刻之间，总编室和总社各编辑部门、专线纷纷致电分社，“中央厨房”带动“轮辐”高速转动起来，本次报道不仅实现了首发，还形成了丰富的融合报道成果。

“四管齐下”构建融合报道路径

分社层面的报道业务属于上接天线、下接地气的实践活动，在总社统一指挥下，分社业务实践的探索空间是巨大的。江苏分社从四个层面探索构建业务融合报道路径。

在日常报道中探索融合新路。江苏分社今年以来进行了系列“走进”新闻采访行动，把集成融合报道理念嵌入到“走转改”活动中，取得了较好成效。其中“走进 K722 春运列车”“走进留守村南宋村”等报道最为典型。今年春运前夕，分社以“走进列车”为抓手，进行全媒体融合报道策划，分社全媒体报道团队一行 8 人，历时近 60 个小时，往返跟踪报道了南京至成都东的K722春运列车，探索传统媒体与新媒体深度结合、总社业务部门与分社密切配合、网上与网下及时互动、各种报道要素融合汇聚的“走进”报道模式。这次报道除播发系列传统线路稿件外，还播发“我在现场”图片数百张，网民跟踪点击达 1554 万人次。这个报道得到了从军社长的充分肯定，他在值班简报上作出批示：“江苏分社把集成服务拓展到日常报道的做法很好！”

南宋村报道本来是一个常规的“走基层”报道，但分社总编室在得到报道线索后，敏锐地结合国家推进新型城镇化建设这一时代背景，进行了全媒体融合报道策划，并组织记者历时半年、先后 5 次走进留守村南宋村，在《半月谈》上进行了 4 次专题报道。以“我的城、我的乡”为主题，“中国网事 · 我在现场”、图片版新华视点、通稿等传播端播发了系列新锐灵动的报道，在网络上引起热议。报道行动还引起了当地有关部门的重视，启动了对留守村的帮扶活动。

在重大主题报道中运用融合理念。江苏分社在影响国家决策的重大报道中，注重从采集源到传播端的多次交互，打通一源多端，实现传播效应的最大化。今年初，分社记者采写的《专家建议将南京大屠杀遇难同胞纪念日定为国家公祭日》参考稿件刊发后，引起中央领导高度重视，国家有关部门密集到南京大屠杀遇难同胞纪念馆进行调研，毫无疑问，分社的报道对国家公祭日的设立产生了重要推动作用。在常规思维下，这样的报道就到此为止了，但主动引入融合报道理念后，分社源源不断地在传统线路、网络端、客户端等进行多次融合报道，产生裂变效应，由此还催生了国家公祭网和国家公祭客户端等两个传播端。国家公祭网自 7 月初上线以来，网民参与留言超过 160 万人次。本次融合报道取得了重大反响，南京大屠杀遇难同胞纪念馆特向总社和分社发来感谢信，社领导也给予充分肯定。江苏省省委书记罗志军作出批示，感谢分社作出的重要贡献，该报道还被评为上半年非固定奖励事项，予以加分表扬。

以新媒体报道为抓手深化融合报道。江苏分社的新媒体报道一直走在前列，“中国网事·我在现场”、新媒体感动人物报道等形成业务特色。分社特别注重从新媒体报道出发，推动新媒体和传统媒体的融合。在南京青奥会圣火火种采集报道中，分社组织记者通过微信、“我在现场”客户端等，进行前后方多点联动式报道，在牢牢抓住圣火采集这个新闻源的同时，对南京市民的反应、青奥会志愿者的行动、街头巷尾的氛围等进行采访报道。在报道上实现了前后方时空接龙，把几分钟的火种采集活动，拓展成了跨境、跨媒体形态的全时空、规模化报道。此外，分社还策划了“走进采茶现场”的报道，通过走近采茶女、茶叶合作社、茶叶制作车间、商场里的茶叶专柜，捕捉多元信息，用“我在现场”客户端、图片专题、文字深度报道等形式全面展现了“八项规定”下茶叶市场的新变化，报道产生了热烈反响。江苏分社还与江苏省文明办共建“逢善必扬”客户端，旨在积聚“善源”，弘扬善行，努力运用客户端这一新型传播载体主导主流舆论场，目前这个客户端下载用户已超过两万人，通过不断完善，将形成具有较强影响力的“源端”融合报道的新平台。

以微评为抓手推动“轮辐式”融合报道。当前，观点新闻竞争十分激烈，江苏分社认真贯彻总社评论工作会议精神，充分认识评论报道在融合报道中的作用。在日常报道中，尤其是在新媒体报道中，分社形成评论优先的融合报道思路——先微评，随即开展时评、锐话题、调查等深度报道，主动构建由浅入深、从客户端到传统线路、由一点到多点的新闻采集传播链条。分社通过组织采编人员多写微评，逐步提升融合报道的快速反应能力。

以体系和能力建设牵引融合报道深化

分社层面采编工作面临着人手紧、任务重、竞争压力大的局面，如何在时不我待的融合报道中取得主动，体系和能力建设至关重要。江苏分社围绕融合报道进行内涵式体系与能力建设，对深化报道起到了牵引作用。

完善采编报道的组织策划和执行体系。江苏分社在总编室成立融合报道中心，由分管新媒体报道的一位副总编辑兼任主任，负责融合报道的策划、实施，以及对接总社的相关融合报道业务，并组建全媒体融合报道记者队伍。分社把每周传统业务例会改成“多媒体例会”，不定期进行全媒体融合报道成果展示，开展互评，分析得失。在此基础上策划每周报道选题，合理配置三种报道形式人力，从源头上统筹选题、人力和播出端口，形成从策划、采集到传播的全流程融合互动和从采集源到传播端的多向交融，由此带动了分社业务策划水平和执行能力的提高。

提升采编人员单体融合报道能力。针对分社记者队伍偏年轻，急需复合型人才的现状，除了在分社内部进行多岗位复合培养外，还输送多名记者到总社进行“一人多部门循环式”业务锻炼，使得年轻记者既掌握传统报道的能力，又迅速成长为新媒体报道能手。分社既注重不同年龄层次记者融合报道能力的提升，更注重年轻记者在重大主题报道中发挥骨干作用，既提高记者的“线上”能力，也培养记者的“线下”功夫，努力打造一支能采集、善融合、会创新的复合型记者队伍。分社还设立了融合报道先锋岗，研究培养路径，从报道思想、动手能力、作品呈现等方面指导其成长。

加强规律性研究、提高融合报道发现力。江苏分社高度重视自有新媒体平台以及网站、手机报、微信、客户端等交互传播的作用，同时更注重融入总社的各种报道终端。分社加强对融合报道的规律性研究，提出“以重大突发事件、重大舆论监督、重大主题报道为先导对信息源获取、选题策划执行、报道指挥体系等进行流程再造”，分社党组和主要负责人投入大量精力，卓有成效地推动新华社党政企客户端在江苏落地。冯诚同志还领衔采写了《政务客户端来袭，谁将主导4G舆论场？》的新媒体稿件，引起热烈反响。分社通过一系列融合报道实践，不断深化对“从采集源到客户端”的认识，不断完善“从轮轴到轮辐”的体系建设，不断提升融合报道的创新能力。

（原载《新闻业务》2014年第36期）

媒体行动以及在国家应急体系中的作为和地位

——从"5·12"大地震报道谈起

冯　诚　唐卫彬　张先国

"5·12"大地震吹响了媒体抗震救灾报道的"集结号"。在这次报道中，新闻媒体坚持正确的舆论导向，以"时效、海量、开放、人文"的突出特色，最大限度地遵循了新闻规律，有效地彰显了新闻的本质，展示了媒体从业人员的英雄本色、职业精神和专业素养，谱写了新闻传播史上浓墨重彩、全新突破的篇章。赢得海内外广泛赞誉的媒体行动，产生了最佳的传播效果，并有效地提升国家形象，使国际社会看到了一个更加开放、透明、以人为本的中国政府。

实践证明，新闻媒体凭借其巨大的传播和宣传力量，强大的组织和动员力量，可以通过信息发布、社会动员和舆论监督等职能的发挥，对国家的应急管理产生重要的推动作用。目前，与信息社会大众传播的需求和国家应急决策的要求相比，新闻媒体在国家应急体系中的地位尚未得到足够的确认，作用尚未得到最有效的发挥。新闻媒体理应成为国家应急体系的重要组成部分。特别是如何充分利用权威主流媒体的主渠道地位和"领头羊"优势，有效掌握舆论事件和危机攻关的主动权，更应成为各级党委、政府应急处置的应有之义和重要课题。

抗震救灾中的媒体行动最大限度地遵循了新闻规律，有效地彰显了新闻的本质

本次抗震救灾报道，以其突出的、鲜明的特点，使以下“关键词”成为抹不去的记忆：

1. 时效——第一时间快速反应，最大限度地彰显了“时间就是生命”的新闻理念。

在对地震事件的报道上，各媒体都快速反应，力求抢占“第一落点”。14 时 45 分，新华社向全世界发出第一条英文快讯；两分钟后，新华社发出简明消息；15 时，央视口播新闻；15 时 04 分，中央人民广播电台也发出第一条快讯。

在现场新闻方面，中国媒体也表现出了极强的快速报道能力。震后不到半小时的 14 时 56 分，新华社就从成都发出第一张有关地震的照片；18 时 07 分，新华社又从都江堰发出受灾现场图片，比法新社、路透社等快 6 个小时。此后，新华社记者徐壮志随军队直升机于 14 日 12 时第一个进入汶川县城，发回大量报道。

2. 海量——以全天候、全覆盖、多角度、多媒体的报道，实现了报道时空和报道载体的突破，信息量创造历史纪录。

新华社兵分六路，派出一百多名记者，第一时间突进震中地区，在媒体中率先进入“孤岛”北川、汶川、绵竹、理县、茂县，第一时间向全国和全世界发出第一张图片、第一篇现场报道。共计播发中英文文字和图片稿件 3 万余条，内部报道等近千条。

央视一套与新闻频道首次打通，进行的联合连续直播创历史纪录，一百多个国家和地区的电视机构转播或使用其直播信号。《人民日报》开设特刊进行集中报道，中央电台在交通不畅的特殊环境中发挥独特作用，成为震区“永不消逝的电波”。

尤其引人关注的是新兴媒体的成熟。地震报道的极大困难，突显新兴媒体及时性、快速性、灵活性、丰富性的优势。新华网、人民网、中国抗震救灾网等均推出大型专题报道，图文并茂，信息海量，反应迅捷。有关人士认为，互联网在抗震救灾中发挥了重要作用，标志着网络正成为当今中国社会的主流媒体。此外，新兴的手机媒体联动5亿用户，也成为一支不可忽视的生力军。

3. 开放——滚动的人员伤亡数字，真实的震区灾情现场，“原生态”的展示，使信息的公开透明度空前。

信息带来信心，信息带来效率，信息帮助科学决策。一大批来自灾区一线的报道不仅牵动着全国人民的心，更有力地推动着高层的即时决策。而网友提供救援直升机的降落地点，成为受众通过媒体成功参与应急救援的一次有效互动，救灾物资的发放和校舍建筑质量等敏感话题，也不再层层设防，讳莫如深，而是以政府的坦言、媒体的公布，将过程和结果昭之于公众，晓之于天下。

4. 人文——彰显媒体的人本理念、人文情怀和人性光辉，成为贴近实际、贴近生活、贴近群众的一次最生动实践。

在抗震救灾报道中，媒体人不是“旁观者”，而是“记录者”，更是“参与者”。一篇篇稿件都是记者红肿着双眼、和着泪水写就，而一些被埋在废墟之下的人员正是被媒体人发现后才得以获救。

媒体从业人员的英雄本色、职业精神和专业素养，在此刻得到最大程度的展现。新华社社长李从军称赞记者在抗震救灾报道中“职业意识高于生存意识，职业本能大于生存本能”。一大批记者冒着生命危险奋战在第一线，他们辗转震区、来自现场的鲜活报道，成为人们每日对报纸、网络的牵挂，电视机前的等待。

5. 导向——媒体以正确有效的舆论引导，有效击破谣言，避免恐慌，召唤民众，凝聚人心，在抗震救灾中发挥重要作用。

在危难来临时刻，新华社、央视、中央电台等主流媒体打破常规，对党和国家领导同志的活动首次实行滚动报道。胡锦涛、温家宝等国家领导人亲赴灾区一线，组织指挥抗震救灾斗争，他们坚毅的眼神、果敢的言行、疲惫的身影、沙哑的嗓音、闪动的眼花，成为力量巨大的“强心剂”和“动力源”，极大地慰藉和鼓舞着全国人民特别是灾区群众。

在悲情笼罩时刻，媒体以高昂的基调、恢宏的诗篇，弘扬正气，鼓动士气。《万众一心，托起生命的希望》《惊天动地战汶川》《永远和人民在一起》等一批令人激奋、凝聚人心的“扛鼎之作”，将随同伟大的抗震救灾斗争一起载入中国新闻史册。

在人心慌乱时刻，传言四起，媒体以及时、充分的报道，围绕北京地震、灾区余震、空降救援等话题，澄清舆论，平抚民心。同时，《灾难中我们更加坚强》《宁愿相信72小时后的坚守》《阳光下每个生命都无比的珍贵》等一批评论文章，有力地引导着舆论，增强人们抗震救灾的信心。

媒体新闻功能的发挥，对国家的应急管理具有重要的推动作用

赢得海内外广泛赞誉的媒体行动，产生了最佳的传播效果并有效提升国家形象。中央领导同志和社会各界高度评价抗震救灾报道。刘云山同志在一次讲话中说：“这次抗震救灾是中华民族一场伟大的斗争，而我们的记者既是这场斗争的参与者，也是这场斗争的记录者；这次抗震救灾中涌现出了一大批可歌可泣的英雄人物，而我们的记者也是这样的英雄；这次抗震救灾展现了气壮山河的伟大民族精神，而我们的记者正是身体力行了这种精神。”

国际舆论也广泛好评，认为由此“看到了一个更加开放、透明、以人为本的中国政府”。《纽约时报》用“铺天盖地”形容新华社的报道，其评论称，中国国家通讯社新华社在其中英文网站上大量报道此次地震灾难，定期更新灾情报道，其中包括最新伤亡数字。BBC（英国广播公司）《四川大地震考验中国媒体》称：报道速度如此之快引起海外媒体注目。美国《华盛顿时报》报道称《中国迅速应对震灾赢得世界赞誉》，国际社会的赞誉主要源于中国此次对灾难的公开处理方式。国家媒体对地震进行 24 小时报道，全面展现了这场自然灾害的景象。美国《洛杉矶时报》5 月 14 日报道：地震发生后，中国政府的行动向人们展示出一个崭新的中国——一个现代、富有同情心、反应迅速和有能力的中国。

英国诺丁汉大学中国政策研究所研究室主任郑永年在新加坡《联合早报》撰文表示，中国媒体对汶川大地震及时、客观、开放、透明的报道，在第一时间传达了灾区的信息，不仅保持了社会安定，也大大增强了政府的公信力。他认为，同样重要的是，中国媒体这一次真正掌握了在世界公众面前的话语权，它不仅为中国政府和媒体赢得了国际信誉，也让一些有偏见的国外组织、媒体和政要改变了对中国的看法，使他们难以妖魔化中国。他表示，中国媒体在汶川大地震中的出色表现，是社会、媒体和政府三者之间良性互动的结果。

传播学鼻祖施拉姆曾经指出：对于公众危机，首先应该是信息公开。信息不透明、阻塞，将会引起公众的恐慌心理，甚至会引发盲动、骚乱、暴乱等社会负面行为。

当突发事件不断演进的时候，媒体在政府与公众之间扮演着无可替代的信息沟通者的角色。然而，我国新闻媒体在相当长的时间内，曾因一度片面强调新闻的社会导向作用和维护稳定作用，往往对突发事件采取不报道、待事件妥善解决后再报道、或者不实事求是报道等一些不负责的做法，一定程度地损害了公众对突发事件应该享有的知情权。

尽管近几年这种状况在一定程度上得到改变，但是其影响仍然没有彻底清除，它还或多或少影响和左右我们的新闻思维。在此次抗震救灾报道中，这一状况得到了根本性改变。

实践证明，新闻媒体凭借其巨大的传播和宣传力量，强大的组织和动员力量，可以通过三大职能：信息发布、社会动员和舆论监督，对国家的应急管理产生明显的推动作用：

1. 信息发布——公布事实真相，疏导恐慌情绪；

2. 社会动员——形成应急处置的力量支持体系；

3. 舆论监督——确保应急处置政策的执行到位。

2007 年 11 月 1 日正式颁布的《中华人民共和国突发事件应对法》，对应急管理工作作出了法律规范。2008 年 5 月 1 日，《中华人民共和国政府信息公开条例》正式施行，从制度上保证了政府及时有效地进行信息披露。“公开是原则，不公开是例外”成了新的信息发布准则。汶川大地震发生后不久，政府就通过政府网站、新华社、中央电视台等权威媒体立即对震中、震级作出了准确通报。

但是，由于体制机制的原因和惯性思维的影响，这一做法远未形成常态，信息的公开发布仍然任重道远。地震之后发生的多起突发事件，如山西溃坝事件、“三鹿”奶粉事件等，地方政府和企业瞒报乃至谎报的现象严重，新闻媒体获悉事件动态不易，追问事件真相更难，从而引发了民众的极大不满，损害了政府的权威性和公信力。

新闻媒体理应成为国家应急体系的重要组成部分

在社会转型的今天，由于改革已进入社会结构的全面分化时期，利益和权力将在不同的主体之间进行重新分配、转移，从而形成诸多不稳定因素，矛盾和冲突比过去明显增多。如何学会有效、及时、和平地处理突发性危机事件，已成为我们今后相当长时期内必须重视的重大问题。

加强应急管理工作和应急体系建设，既是深入贯彻落实科学发展观、构建和谐社会的必然要求，也是提高党的执政能力的必然要求，以及全面履行政府职能的必然要求。

面临这样的新形势和新要求，新闻媒体无疑要比过去担负更多的社会责任。美国“现代新闻之父”普利策说过：“如果一个国家是一条航行在大海上的船，新闻记者就是船头的守望者。他要在一望无际的海面上观察一切，审视海上的不测风云和浅滩暗礁，及时发出警告。”近几年来，我国应急工作思路日益明确，预案体系基本建立，管理体制初步形成，管理机制不断完善，保障能力得到增强，处理能力得到提升，社会参与程度明显提高，新闻媒体也必须在国家的应急体系中发挥出应有的作用。

但是，与信息社会大众传播的需求相比，与国家应急体系建设的要求相比，新闻媒体在国家应急体系中的地位与作用还不相称。

媒体应急地位和能力的缺失主要体现在：

1. 各级应急机构发布新闻的主动性不足。突发事件发生后，一些地方党委、政府不愿或不能主动发布，即使被迫发布，也常常是层层请示，统一口径，不仅延误时机，且以提供简短的新闻通稿了事，难以满足公众知情需求。此次在汶川地震灾区，各级指挥部对境外媒体是不开放的，对境内记者也有诸多限制，没有形成一套成熟的紧急状况下的新闻发布制度。

2. 新闻采访制度不够健全完善。在紧急状态下，记者采访常常靠的是关系，而不是制度，新闻的恶性竞争在所难免，客观上损害新闻界整体形象。由于缺乏稳定的新闻来源，各家媒体不断重复采访，造成被采访对象的疲于应付，甚至反感抵制。

3. 媒体从业人员的应急能力缺乏。如：快速反应的能力和舆论引导的能力还需要加强，必须在紧急情况下更加及时地获悉和发布消息，并推出更多振奋人心的大作品；要防止对原创新闻的过度追求，避免媒体从业人员大量涌入事件发生区，增加应急处置的负担；要增强媒体从业人员应急救援常识的培训，避免媒体从业人员因行为不当，给应急救援工作造成新的困难，比如在抗震救灾中，不能给刚从废墟中获救人员大量喂水，不能因自我防护能力有限，使记者成为救援对象，等等。

新闻报道本身就隐含着价值观与意识形态，记者选取第一个采访对象就意味着价值取向的表现。国家应急体系在完善“硬实力”建设的同时，应抓好新闻报道这个“软实力”的建设。

充分利用主渠道地位和媒体“领头羊”的优势，有效掌握舆论事件和危机攻关的主动权

重大事件的舆论引导关系社会稳定、人心安定，关系党和政府形象，关系事件处置的进程和效果。在第一时间利用新华社等权威媒体发布“有利于我”的信息，及时掌握舆论主动权，应该成为各级党委、政府处置突发事件的一个重要内容。

新华社是国家通讯社，是党和国家的耳目喉舌，是重要的舆论工具。新华社对突发公共事件的报道注意把握“流向、流量、流程”，及时主动、准确深刻，内外有别，正确引导舆论，注重社会效果，这和各级党委政府的要求是完全一致的。特别是在重大、敏感事件发生后，新华社还承担着影响国际舆论，代表国家与西方媒体开展舆论斗争的特殊使命。

目前，中央有关部门已发出通知，要求各地各部门在突发公共事件等重大情况发生时，确保新华社第一时间得到权威信息，这是加强重大新闻特别是突发事件新闻报道工作、增强主流媒体舆论引导能力的重要部署。我们应切实抓住这一有利时机，力争尽快将新华社正式纳入国家应急体系之中。

就国内分社而言，要使分社真正成为省市应急体系的重要组成部分，需要重点争取落实的有以下三点：

一是要将分社纳入省市应急处置的指挥体系，成为应急管理办公室的成员单位。突发事件发生后，省市党委、政府应急部门以及各地各部门应急机构能及时与分社沟通情况，并通知分社负责同志参加处置突发事件的相关会议，便于分社在第一时间掌握和发布来自高层的、准确权威的信息，并及时反映各级党委政府和部门采取的应急措施。

二是要建立日常信息通报制度。分社要争取开通省市党委、政府两办有关信息通报网络，使主要负责同志能够及时调阅《每日快报》《要情专报》《值班直报》《领导批示》等一类的重要信息，随时掌握重大动态。同时，分社也可将记者采访掌握的重要社会动向及时向省市党委、政府通报。

三是要为记者采访提供便利条件。社会关注的重大突发事件发生后，省市应急机构和公安、消防、交通、安监、卫生等相关重要部门，要能在第一时间接受新华社记者采访，及时发布权威信息。同时，要允许和保证新华社记者进入现场采访，并提供相关的便利条件。

但是，由于长期的思维定式和行政惯性的影响，要实现以上目标并非一日之功，我们必须通过耐心细致的沟通和宣传，帮助地方各级领导在应急处置中与时俱进，转变观念。一是坚持“三要三忌”，学会理性而艺术地与媒体打交道：要有平等朴素的受众意识，要有尊重受众知情权的现代理念，要有信任媒体的真诚态度；同时切忌“无可奉告”，放弃话语权；切忌刻意封锁，把媒体推向对立面；切忌被动应付，把舆论引导排除在事件处理之外。二是要站在国际国内舆论斗争的高度，掌握舆论引导的主动权，严防敌对势力和别有用心者的煽动炒作。三是舆论事件发生后，特别要注意保证新华社等主流媒体记者的采访，要向新华社记者通报实情，保证新华社“双通道”的畅通，这是中央的要求和规定，也是争取舆论主动权的必然要求。

总之，充分利用权威主流媒体的主渠道地位和“领头羊”优势，有效掌握舆论事件和危机攻关的主动权，理应成为各级党委、政府应急处置的应有之义和重要课题。只有将权威主流媒体纳入应急体系，依托权威主流媒体在第一时间向海内外发布信息，才能牢牢掌握话语权，才能真正提高应急处置能力。

（原载《新闻业务》2009 年第 1 期）

我们的位置在哪里

——从三峡报道看新华社的作为和地位

冯　诚　唐卫彬　江时强

在三峡大坝坝顶，新华社的旗帜迎风飘扬，新华网独家网络直播了最后一仓混凝土的浇筑场面；在偏岩子岛，新华社与东方卫视合作，与央视同台竞技，全程直播了围堰爆破的壮观景象；在三峡工程大酒店，工程一线建设者一次次前来协助我们对事实把关、制作滚动快讯；在工地设置的新华社前方发稿中心，中国三峡总公司总经理李永安热情评价新华社报道“四个之最”——稿量最大，反应最快，覆盖最广，影响最深。

2006年5月20日，举世瞩目的三峡大坝全线建成，6月6日，三峡三期上游围堰爆破拆除。两个具有里程碑意义的历史性事件，使三峡工地成了如火如荼的媒体“竞技场”。新华社以实实在在的战斗力和影响力，诠释了国家通讯社在重大事件报道中的作为和地位。

在最前沿，精心维护新华社的权威地位

距宜昌城36公里的三斗坪小镇，十多年来一直紧紧吸引着世界目光。每逢三峡工程建设的重大事件，境内外记者便蜂拥而至，燃起传媒大战

的硝烟。

三峡工程实施全封闭管理模式。有记者叹息这是“最难采访的工地”。工区面积之大，有 15.28 平方公里；业主级别之高，总经理为副部级；采访程序之繁，必须车证、记者证、采访证三证合一，还得有业主单位陪同；强势媒体之多，都想挤兑对方的生存空间，甚至想置对手于绝地。在大坝建成和围堰爆破的激烈新闻战中，近 500 名记者短兵相接，我们遭遇到了前所未有的阻力和压力。这尤其表现在两次电视直播的幕后较量上。

电视直播是央视的传统好戏，每逢重大历史事件，央视均以其生动、形象、直观、同步的优势，占尽了媒体风头。大坝建成和围堰爆破都是极有看点的事件，4 月初，分社到总社总编室汇报时，音像中心就计划与东方卫视合作，择机进行电视直播。

东方卫视的有关人员早早地来到宜昌，与三峡总公司新闻中心多次接触，结果无功而返，便转而请求新华社给予帮助协调。副总编辑吴锦才、音像中心何晓彤同志数次打电话，要求分社和支社出面协调。得知东方卫视要与新华社合作直播，三峡总公司新闻中心负责人明确表示，录播或发电视新闻可以，直播不行，并说这已经过公司总经理办公会讨论。在他们看来，新华社与地方卫视搞电视直播，名不正言不顺，此前闻所未闻。

时间一天天过去，已是 5 月 18 日，我们的直播工作一切准备就绪，不予直播的禁令却仍未突破。情急之下，江时强想到，灵活处理直播形式，也许可以突破禁区，他提出，以纯粹的新华社电视直播形式出现，由新华社记者出镜，东方卫视提供平台，直播画面及后方主持人均以新华社作为电视报道主体。方案报到三峡总公司决策层，终于获得通过。

20 日下午 1 时，新华社与东方卫视的电视直播顺利实施，新华社记者王璐出镜，持续 1 个小时的报道，与其他媒体断断续续的报道形成鲜明对比，受到媒体同行和受众的好评，新华社过关斩将初战胜出。

令我们没有想到的是，6 月 6 日围堰爆破电视直播权的争取过程会更加艰难。围堰爆破最好的报道点是爆破指挥部——距大坝上游迎水面 400 米的偏岩子。这是一个不足 700 平方米的小岛，由于场地狭小，加之考虑安全因素，三峡总公司规定只许央视一家电视直播，并且只分配给我们 5 个上岛名额，而央视则是 25 个名额。

事情太过蹊跷。原来，三峡总公司将现场交由爆破施工单位葛洲坝集团负责维护，车辆通行证、记者采访证均由其发放。江时强与葛洲坝集团三峡指挥长邢德勇、党委书记王亚明交涉两小时，“软硬兼施”，但是却被告知，上偏岩子进行电视直播“绝无可能”。

直到 6 月 4 日，协调尚无进展。当晚 6 时，冯诚同志抵达宜昌后，立即与总公司负责人会晤，讲明新华社作为国家通讯社进行重大工程电视直播的意义，提出绝不允许在三峡工程乃至任何重大报道过程中，一个新闻单位打压另一新闻单位的情况出现，否则要负政治责任。终于，三峡总公司同意了新华社的直播报道方案，上岛人员递增到 8 人。

5 日上午，新华社电视团队登上偏岩子进行直播前期准备，邢德勇见面后连说两遍：“你们搞赢了！”

两次电视直播，新华社均占据了现场最佳位置，充分展示了新华社的品牌形象和权威地位。东方卫视由单干到求合作，创下了双方合力拼抢新闻、争取电视受众的新模式，为此，事后专门发来感谢信。复旦大学一位教授评论认为：“直播为中国的国家通讯社开辟音像报道新途径做出了重要探索，在打破重大新闻事件电视直播的垄断方面具有里程碑意义。”

在最深处，全面展现新华人的优良作风

在报道中，我们的记者总是深入到第一现场，将触角伸展在最基层、最深处。三峡总公司新闻中心的同志们不止一次地感叹："新华社的队伍是一流的，新华社记者的作风是最过硬的。"

大坝最后一方混凝土的浇筑和围堰爆破技术性、专业性都很强，需要非常细致深入地了解，才能转化为通俗化的语言，生动、形象地介绍给受众。为了图表报道取得创新和突破，总社摄影部图表室主任熊德等和江时强一起，采访了三峡总公司各部门，足迹遍及各施工现场，提前制作了几十幅图表；分社摄影电视部主任杜华举多年在三峡工地蹲点，成为名副其实的"三峡通"，走到哪个施工单位都有好朋友；对外记者杨希伟长期将长江水利委员会作为调研基地，对相关情况如数家珍，信手拈来；电视记者王璐、余国庆、万后德扛着摄像机跑遍了三峡工地的各个角落，连续作战达一个多月；记者周梦榕钻进几十万字的资料堆，出色地完成《三峡工程与老百姓》等一批背景解读性稿件；两员"小将"魏梦佳、马梦莉从一个枯燥的行业会议上，硬是"淘"出了不少新闻；为了拍到精彩的浇筑画面，摄影记者郝同前不顾身材微胖，居然挤钻到狭窄仓位的最底部，满头满身都是水泥浆……

快讯滚动发稿是两次报道的"重头戏"，为了拼抢时效，按照总社要求必须提前拿出"预制件"。这意味着我们必须提前掌握整个施工的方案、过程，乃至每一个细节。在大坝建成报道中，记者刘诗平、张先国将最后一仓混凝土的浇筑者——青云公司的4位技术人员两次邀请到发稿中心，现场讲解介绍，把关修改稿件，并帮助起草快讯"预制件"，最终"滚"出的108条快讯准确无误。

在围堰爆破报道中，我们将记者分成快讯报道组、倒计时报道组、重点报道组、会议报道组、摄影电视报道组、网络报道组等，负责快讯

报道的张先国、皮曙初、黎昌政、田建军等记者提前进入状态，整天在负责围堰爆破的葛洲坝集团“软磨硬泡”，甚至自掏腰包请人吃饭，赢得了施工单位的理解和信赖。当现场施工方案尚处“绝密”阶段时，就有内部人士悄悄提供给了我们的记者。

富有人情味的驱鱼行动，是我们滚动报道的“首场大戏”，为了掌握驱鱼的详细过程，记者沈翀提前一天登上驱鱼船，跟踪采访了电杆拦鱼机给鱼发“警报”、利用回声探测仪两次对比确认、将 90% 以上的鱼儿驱赶出危险区等大量细节。

大量来自第一线的深入采访，使我们围堰爆破的 67 条“预制件”全部具体到了每一分、每一秒，确保了 6 日当天的快讯得以按照预制方案源源“滚”出，有序播发。

在最高端，着力造就国家通讯社的强势影响

长期以来，新华社对这一伟大工程给予了充分全面的宣传报道，为三峡工程的建设营造了良好的舆论氛围，三峡总公司的高层领导也与我们建立了良好的信任和互动的关系。

一些见功力的重点报道，将三峡总公司领导深深打动，他们从报道中感受到了新华社真正的实力、优势及作风。5 月 18 日下午，李永安总经理在接受冯诚同志专访时说，曾培炎副总理看到新华社关于“三峡机组自主创新”的一组参考报道后，当面对李总赞扬新华社写出了三峡经验；5 月 17 日，新华社播发关于潘家铮院士的专访《“三峡工程质量非常优良，安全能够保证”》一稿后，李鹏同志办公室当晚致电李永安，称赞写得好，影响很大。

按照南振中总编辑的要求，新华社以敏锐的新闻发现力，开掘三峡大坝建成简朴庆典的新闻价值，夏林、孙杰同志直接组织分社记者采写

的《三峡大坝建成时不举行盛大庆典》《三峡大坝建成庆祝仪式只有 8 分钟》和《新华快评：简朴见证辉煌》三篇报道，使三峡的简朴庆典一时成为媒体和受众的焦点，网上跟帖连连，好评如潮，树立了三峡建设者求真务实、艰苦奋斗的良好社会形象，三峡总公司领导多次表示感谢。

在两次战役性报道中，三峡总公司都给予新华社最高的礼遇。李永安总经理两次接受冯诚同志带领的文字、摄影、电视、网络等记者集团式专访，他在 18 日下午接受采访前说："今天下午我不安排别的事，你们愿意采访多久都行！"就在这次专访中，李总和记者一道，讨论梳理出了三峡工程建设管理的"四条经验"，并成为此后向媒体宣布的标准"口径"。19 日下午 5 时，开完媒体通气会的李总又专门来到新华社三峡工程新闻报道中心看望大家，给前方采编人员很大鼓舞。

良性互动建立起双方的高度互信，真诚相待深化了彼此的感情，这使新华社在此次报道中获益匪浅。除了公司负责人多次接受新华社专访外，每次重大新闻发生前一两天，总公司新闻中心都主动提供独家材料；李总在大坝建成头一天，专门委托新华社帮助商议讲话稿；6 月 4 日，李总接受中央二台《对话》专访的节目播出之前，他亲自打电话邀请唐卫彬同志观看；两次报道现场，李总见到我们的电视记者，就抛开其他媒体的"围攻"，径直走到我们的镜头前说"我要配合新华社的同志说两句"。

双方的合作进入更深的层面，在网络直播上实现了"双赢"。去年的三峡总公司媒体见面会和三峡截流纪念园开园，新华网湖北频道均进行了现场直播。新华网准确、迅捷、同步、海量、互动、多彩的报道形式，瞬时发送全球的影响力，每天两亿多人次的浏览量，给总公司领导留下了深刻印象。此次，总公司新闻中心主动提出与新华网联合直播，总公司提供资料，派专人负责协调现场，帮助落实发稿条件，同时在新华网和三峡总公司网站挂出。

在总社领导和总编室及各有关部门的重视和指导下，三峡大坝建成和三期围堰爆破报道获得成功，各类形式报道全面丰收。两次报道期间，共发文字、图片、图表稿件 1000 余篇，滚动播发三峡快讯 180 条，两次网上专题报道和全程网络直播同步运行，先后两个多小时的电视直播开创了我社电视报道的新纪录，赢得了用户的赞誉和社会的好评……通过此次报道，我们深深地感到，有作为就会有地位，通过出色的作为赢得强势的地位，正是实现“强牌”“护牌”的最有效的途径。

（原载《新闻业务》2006 年第 24 期）

一条活鱼带出一道盛宴

——独家报道三峡大坝建成简朴庆祝仪式的体会

冯　诚　张先国

2006年5月19日，新华社播发独家新闻《三峡大坝建成时不举行盛大庆典》，5月20日播发《三峡大坝建成庆祝仪式只有8分钟》和《新华快评：简朴见证辉煌》，引导舆论聚焦“伟大工程办简朴仪式”。“仪式虽然简朴，但无碍三峡工程的伟大”，稿件中类似的许多内容，媒体反复引用，读者普遍赞许，网民争相议论。

我们体会到，这组报道是我社“按新闻规律办事”，从上至下精心策划、认真组织的劳动结晶，从中我们再次感受到新华社影响力之大，也深感新华社引导舆论的责任之重。

在调研中抓活鱼，在竞争中抢先机

田聪明社长不久前在湖北分社视察时告诫记者：“要在调查研究中逮活鱼，要咬住、嚼碎、咽下、消化。”三峡大坝建成是今年上半年一次重大战役性报道，从4月份开始，湖北分社就组织记者展开调研。

在国务院三峡建设委员会第15次会议上，国内部同志了解到三峡大坝建成只举行“简短简朴”的仪式，南振中总编辑当即指示要认真组织好相关内容的报道。与此同时，5 月 17 日晚，记者从承担最后一仓混凝土浇筑任务的青云公司拿到了庆祝活动的具体方案，从方案上看，整个庆祝仪式时间短，花费也不多。分社商定，将原定于大坝建成当天的现场特写重点放在“仪式的简朴”上。

5 月 19 日早晨，在新华社三峡工程前方报道组第一次现场报道协调会上，夏林、孙杰等同志就稿件具体内容进行了部署。副总编夏林同志强调：“三峡大坝建成时不举行盛大庆典本身就是一大新闻，一定要当作重点稿来经营；我们必须抢占先机，保证首发。”国内部副主任孙杰同志提出，“不举行盛大庆典”就是一条活鱼，具有深刻的时代内涵和现实意义，既要做成消息精品，更要做成富有新华社智慧特色的独家新闻。

按照这个要求，记者决定就此再次对三峡总公司总经理李永安进行采访，确保消息来源的权威性和准确性。19 日中午，利用与李永安共进午餐的机会，孙杰和记者一起就仪式的核心细节进行了核实，并确认李永安尚未将这一安排向外界披露。

19 日 22 时 27 分，全文 520 字的短消息《三峡大坝建成时不举行盛大庆典》从设在三峡工地的前方发稿中心“上天”。据总社营销总平台对日报采用情况的统计，这条消息有 88 家媒体采用。新华网当天夜间出现了 150 条“网友评论”。

事后我们得知，当天夜间 23 时 30 分左右，中央某大报夜班编辑致电其派往前方的记者，要求他们尽快就“简朴仪式”进行采访报道。很显然，补充采访无法在半夜进行，但这家媒体次日依然以“又讯”方式进行了“补救式”报道，稿件用语用词与我社报道完全一样。

在立意上抓精神，在写作上抠细节

20 日一大早，根据南振中、副总编辑何平同志的指示，夏林同志再次要求我们，要把“大坝不搞大型庆典”的报道做深做透，同时配发新华快评。要通过报道三峡大坝全线建成的简朴庆典活动，体现三峡人不搞形式主义的求真务实作风，弘扬社会主义新时期的荣辱观。

这番思路使稿件的立意更显高远，一条活鱼开始成就一道盛宴。

夏林同志对稿件如何采写进行了细致周密的策划，他要求前方记者不要放过庆典仪式的每一个细节，包括李永安讲话有多少个字、花了多长时间、有多少次掌声等。他还安排总编室工作人员童岚同志协助做好录音整理工作。

在庆典仪式前的采访中，三峡总公司接待处处长马林证实，总公司在仪式上只提供矿泉水，不提供任何礼品，花费只有三四百元。青云公司党群部负责人李贵兴说，他们在仪式上用的大部分条幅和所有彩旗都是旧的，准备了6架10万响的鞭炮，花了不到500元。由于在此次报道中，我们与三峡总公司和青云公司建立了良好的关系，马林和李贵兴都是第一时间保证新华社记者的采访。

13时15分，记者顶着34摄氏度的高温，到大坝顶上的仪式现场展开采访。由于记者多次报道最后一仓的浇筑动态，对浇筑现场工人比较熟悉，对指挥员、技术员等关键岗位的工作人员也进行过专访，已掌握有大量第一手材料。现场的锣鼓队、舞狮队、军乐队由什么人组成，演出队有几个人、演什么曲子、演员的心情等，都不放过。记者还特地采访了潘家铮、郑守仁两位院士和十余名参加庆典仪式的建设方代表。

14时整，随着最后一平方米的混凝土被熨平，庆祝仪式正式开始。记者一边紧张记录庆典程序，一边密切观察现场动态和代表们的激动情绪。14时08分仪式结束后，浇筑工人意犹未尽，记者再次对他们进行了补充采访。代表上车的地点是左岸，浇筑现场在右岸，记者在坝顶来回奔走近两公里，浑身上下汗水淋漓。

到 16 时，《三峡大坝建成庆祝仪式只有 8 分钟》和唐卫彬同志执笔的《新华快评：简朴见证辉煌》两篇稿件的初稿均已成型。夏林、孙杰等同志反复斟酌修改，稿子才定稿。考虑到稿件发出后，会不会像前一天的稿件那样被别的媒体“借鉴”，这两篇稿件留到 22 时 27 分才“上天”。

据营销总平台的统计，《三峡大坝建成庆祝仪式只有 8 分钟》有 110 家媒体采用，《新华快评：简朴见证辉煌》有 29 家媒体采用。而众多已派记者到现场采访的媒体，依然纷纷“借鉴”我社通稿。北京有家报纸，只是将稿件结尾提前，其余的一律照搬。湖北有几家媒体，只在个别词句上作了修改，有的将我社 19 日、20 日这两天的通稿加以综合，再冠以“本报讯”。央视以“花费不足千元，时间 8 分钟”报道了仪式。

按新闻规律办事　做独家原创精品

回首这组稿件的采写过程，我们体会最深的有三点：

一是只要按新闻规律办事，就会赢得读者的尊重，就会赢来喝彩。在前方发稿中心，夏林同志反复强调说，我们要按新闻规律办事，不以领导人出席的级别确定新闻报道的规格。虽然党和国家领导人没有参加大坝建成庆典，但人类建坝史上规模最大的水电大坝落成本身就是新闻，它的新闻价值没有因为领导人的不出席而降低。尤其在国内个别大牌新闻单位降低报道规模的时候，我们更应坚持按新闻规律组织，开展报道。正是因为坚持了“按新闻规律办事”的原则，此次三峡报道才有声有色，精彩纷呈。

二是独家新闻之“独”，重在独家的发现力。刚开始，我们判断不办盛大庆典的新闻性来源两个方面：一是大坝到顶搞盛大庆典是国际水电界通行的做法，这是我们独家采访得到的；二是三峡总公司相关负责人告诉我们，大坝到顶的意义就像房子到顶一样，而我们知道中国大部分地方都有隆重庆祝房子到顶的风俗。三峡大坝全线建成不搞大型庆典，一不合“国际惯例”，二不合“中国风俗”，这就是新闻。南振中、何平、夏林等同志的指示，将三峡不搞庆典，置于倡导社会主义荣辱观、共产党人的求真务实精神、反对形式主义的时代背景之中，好比给我们的稿件“点了睛”“找到了活的灵魂”。

三是消息精品之“精”，重在每个字都是调研的结晶。新华社是“消息总汇”，采写消息精品素来是我社的优良传统。要让稿件有较高的采用率，除了稿件本身的新闻性外，事实准确和行文精练，“短些短些再短些”显得尤其重要。《三峡大坝建成时不举行盛大庆典》全文只有520字，《新华快评：简朴见证辉煌》不过200字。除了新闻事实反复核对，准确无误外，我们争取做到行文无一句废话、无一个废字。

（原载《新闻业务》2006年第21期）

又记：对此次三峡大坝建成报道，新华总社在《关于三峡大坝全线建成报道的表彰通报》中指出，三峡大坝全线建成报道有以下四个特点：

一、策划立足于早，报道抢占先机。我社对这项重大新闻事件的报道策划到位，立足于早，提前安排发稿日历。从2006年5月15—18日，我社以“新华社三峡工地”为电头，共播发有关三峡大坝全线建成的对内通稿36条，对外中文稿19条，对外英文稿8条，其他语文专线共40条，中英文图片157张，图表29条，音视频稿40条，时长共计70余分钟。这段时间的报道掀起了我社三峡大坝全线建成报道的第一个高潮，起到了提前预热的效果。在各大媒体还没有完全准备好的情况下，先声夺人，占据了主动。

二、遵循新闻规律，主动引导舆论。虽然党和国家领导人没有参加三峡庆典，但人类建坝史上规模最大的水电大坝落成本身就是重大新闻。我社坚持按新闻规律组织、开展报道，不以领导人出席的级别确定新闻报道的规格，并充分关注和挖掘“三峡大坝不举行盛大庆典”这一事件的新闻价值，写出了独家新闻《三峡大坝建成将举行花费数百元的简朴仪式》《三峡大坝建成庆祝只有 8 分钟》，并及时抢发《新华快评：简朴见证辉煌》。我社这组报道迅速覆盖了各大媒体，一些媒体了解到新华社三峡报道的思路后，对自己原有的报道计划进行了调整，美联、路透等西方通讯社还纷纷跟进新华社发自三峡工地的消息。我社三峡大坝建成报道主动引导舆论，是一次尊重新闻规律的成功实践。

三、突出百姓视角，力求平易近人。这次报道特别注意生动具体地揭示三峡大坝建成同人民群众利益之间的联系，拉近三峡工程同人民群众的距离。以往普通劳动者的名字很难上我社有关庆典活动的稿件，但《世界第一坝今天全线建成》这篇消息，选材另辟蹊径，文中突出了 6 位完成最后 6 方混凝土浇筑的普通工人的名字，把伟大工程和普通劳动者连在了一起。又如，四个分社共同采写的《巍巍“大三峡”连着寻常百姓家》，以“湖北：‘洪水中的小女孩’不再睡梦中惊醒”“重庆：船员的妻子不再提着心过日子”“广东：应急灯、发电机退出生活舞台”“上海：移民与本地居民‘唯一不同的可能是语言’”为小标题，从湖北、重庆、广东、上海 4 个普通家庭的变化看什么叫民心工程。这些突出百姓视角、平易近人的报道进一步增强了战役性报道的贴近性和有效性，增加了读者的阅读兴趣。

四、连续播发快讯，多种形式配合。三峡大坝最后一仓混凝土 5 月 19 日凌晨开始浇筑。我社前方报道组于 19 日凌晨 2:45 分开始发稿，连续播发了 108 条“新华社三峡快讯”，发稿量大，时效性强。滚动播发的快讯，不仅按时间顺序跟踪工程的进展，还根据事件的发展情况，及时补充大量的背景资料以及对关键问题的解释。

“新华社三峡快讯”犹如先锋部队，以分钟为单位滚动发稿，快速及时地将报道现场的动态传递出来；“新华视点”“三峡工程与老百姓”“聚焦三峡工程”等栏目作为主力部队，辅以“三峡工程背景解读”等支援部队，全方位地在三峡报道战场上展开攻势。从5月19日零点三峡工程前方报道中心正式启动，到20日23:00报道中心完成阶段性报道任务，国内部共播发新华社三峡快讯108条、通稿38篇；对外部播发对外中文稿68条、英文稿50条；摄影部播发中英文照片共计117张、图表21幅；参编部组织内参稿件5篇；音像部播发视频稿的时长超过30分钟，并与东方卫视进行了一个小时的联合直播；新华网也在施工现场进行了网络实时报道。《新华每日电讯》版式新颖、气势恢宏，浓墨重彩地展示了我社播发的精品力作。

附原文阅读链接二维码：

《三峡大坝全线建成时将不举行盛大庆典》

《三峡大坝3080个昼夜浇筑而成 庆祝仪式仅用8分钟》

《简朴见证辉煌》

以突发地震报道推动业务改革创新

冯　诚　谭　飞

2003年10月25日晚，甘肃民乐、山丹先后发生两次地震，此后数天内，当地又发生400多次余震。甘肃分社在第一次地震发生后约5分钟即派3位记者连夜赶赴距兰州500多公里的地震灾区。26日，分社又增派两名记者前往现场。整个集中抢险救灾的十余天时间内，分社先后共有8名记者置身灾区一线采访，发回了大量文字、图片、电视报道。

回顾整个地震报道，我们发现，这些报道是一次新华社影响力的大展示，是一次业务改革的大演练，更是一次总社与分社、后方组织者与一线记者、编辑与记者的全方位大互动。

影响力的展示

据统计，从10月25日到11月10日，分社地震报道共被总社采用文字稿25条，参考报道8条，图片稿18条50多张，电视报道3条。总社信息中心统计表明，这次突发事件稿件的采用率达到100%，其中图片稿最高采用家数达到95家，文字稿达到100家。对外部英文线路播发的“甘肃地震报道组稿”还被评为总编室表扬稿。新华网甘肃频道开辟专栏，采取口播快报等滚动报道形式，共播发文字、图片稿200多篇。

难能可贵的是，在派往一线的8名记者中，有3位记者进分社刚1年多，有两位记者进分社3年多，其余3位记者进分社最长的也就7年多。进分社1年多的王艳明，与灾民在帐篷共熬寒夜，共话抗震救灾，采写了体验式报道《夜宿帐篷话抗灾》；朱国亮第一批到达灾区，一直带病坚持工作到最后撤离；电视记者王志恒，文字、摄影、电视、技术一肩挑；还有梁强、马维坤等，不顾疲劳，连续作战；后方记者茆琛、王衡等也做了大量与前方记者配合的工作。

此次地震报道的文字、图片稿件中，《甘肃民乐、山丹地震灾区灾后救治工作全面展开》等被《人民日报》《甘肃日报》主流媒体在显著位置采用，《新华每日电讯》连续几天开辟图文专栏，刊发来自一线的报道，另有多篇文字稿件被外电转发。当地都市媒体的记者面对新华社反应快速的独家报道感叹："我们没有用武之地了。"经总社批准，分社一线记者先后接受了中央电视台、上海东方卫视的数次连线采访，还有相当一部分地方媒体的连线采访要求被分社婉拒；新华网甘肃频道开辟的地震报道专栏被总网挂为头条，他们设立的口播快报等滚动报道不仅起到了引导其他网站舆论的龙头压阵作用，而且被张掖当地的纸质媒体整版转载；参考报道除了地震当天的动态反映外，还充分反映了地震灾区一线见闻、灾区重建的种种困难和问题以及灾民的心态与期盼，震后一周内几乎每天被总社采用一篇。

业务改革的演练

为一次地震报道动用前后方记者超过10名，文字、摄影、电视、网络多兵种作战，这在甘肃分社历史上是少有的。这无疑是新华社新闻业务手段不断拓展的结果，更是分社顺应总社新闻业务改革，顺应待编稿库运行以及考核新机制，应对媒体市场需求新变化的一次尝试，而整个地震报道称得上是一次业务改革的大演练。

记得 1995 年甘肃永登发生地震，震级与这次差不多，而且地震靠近中心城市兰州，但在当时条件下，分社所发文字、图片报道不到 10 条，而这次还增加了电视、网络、口播、连线等多种形式。在报道内容上，从灾民的衣食住行到孩子上学、伤病员救治、社会捐助、心理医疗援助、水库安全、保护文物古迹等方方面面，充分体现了“三贴近”的报道思想和人文关怀精神。

在更大程度上满足媒体市场不同需求，提高新华社报道影响力的同时，此次地震报道也是对记者创新报道思维、改进报道方式的一次大演练。

此次报道是对一线记者快速捕捉信息能力的大演练。从第一批记者赶赴灾区开始，我们就要求记者要打破原有的“总结式报道”习惯，实行动态滚动式报道，具体的稿件交由后方编辑处理，这样可以确保时效快、信息量大。对置身事件环境之中的前方记者来说，他甚至不用考虑哪些该报，哪些不该报，他应该是全方位搜索各种信息，并及时告知后方编辑部。在实践过程中，记者们在经历了刚刚抵达灾区时的忙乱之后，逐渐理清了思路，分兵作战，力求采访面的最大化，同时采取电话口述、发传真、向稿库传素材等办法向后方传递了大量信息，而很多最终被总社采用的报道实际上是后方重新编辑组合的稿件。

此次报道也是对一线记者熟练运用图、文、网络、电视等多种手段作战能力的大演练。这次地震报道因为分社两名摄影记者均出差在外，文字记者、电视记者都担当起了多面手的角色，分社也调集了数码照相机、图片发稿系统、海事卫星等技术装备作为保障。实践证明，前方大部分记者都是文、图、电视、口播“一肩挑”，尤其是前三天的图片和网络报道，充分保障了用户需求。

全方位的互动

此次地震报道，是对分社快速处理突发事件能力的考验。由于震区距离分社远，受灾范围大，再加上现场必然的忙乱和记者队伍比较年轻，使得前后方互动的重要性显得十分突出。这种前后方互动包括总社编辑部与分社、分社前后方、技术后勤保障与主体业务等。

地震后，对外部很快向我们传来一份提示报道要求的“业务电”，从六个方面列举了报道重点选题和注意事项，其中关注文物古迹、生态环境等内容正是我们刚开始没考虑到的。国内部二编部的领导和编辑们充分体谅一线记者的辛苦，不仅稿件处理快速，还主动出主意帮助分社提高发稿量。我们深切地感受到，总社编辑部与分社的这种前后方有效互动，是分社做好突发性事件报道必不可少的环节。

同样，分社前后方能否实现有效互动，也直接关系报道的数量与质量。我们作为后方的报道组织指挥者，在与一线记者一样经历了初期的忙乱后，开始冷静思考，结合总社要求，提出了很多具体的报道题目和角度，从而大大增强了前方记者的工作效率。比如我们每天检索出所发稿件的采用情况，观察其他媒体的报道思路，及时通报给前方记者。在地震发生后的第四天，我们发现，稿件的采用率虽然仍保持在 100%，但采用家数却在明显下降。这时，我们及时提醒记者注意减少一般性报道发稿量，尽力发掘重要新闻和独家新闻。这种发稿量的意识显然是因为受到强烈的采用率意识的影响而产生，这在过去是很少考虑的因素。

回顾整个地震报道，我们感触最深的就是：从总社编辑部、分社具体的报道组织指挥者到参加一线报道的记者，大家都是以强烈的受众意识、有效影响力意识、采用率意识来指导我们的报道量和报道的选题、角度和写法，这无疑是新华社推行新闻业务改革和待编稿库及相关考核新机制后带来的一个最新和最深刻的变化。

（原载《新闻业务》2003 年第 47 期）

树立“宣传效益预期”意识

——从《黄土地上的无字丰碑》谈起

冯　诚

2001年6月16日，总社通稿播发了甘肃分社记者采写的长篇通讯《黄土地上的无字丰碑——党和政府治理定西贫困纪实》，稿件播发后，新华每日电讯17日头版头条刊出，“人民日报·海外版”和《甘肃日报》也几乎全文采用，引起了较好的社会反响。

甘肃省有关部门和定西地区的干部群众称赞这篇稿件立意高、播发时机好，有效地配合了建党80周年的宣传报道，也真实地反映了贫穷落后的定西地区在党和政府的大力扶持下发生的历史性变化。

这篇稿件的推出，是分社对甘肃省定西地区扶贫开发工作战役性报道的一个高潮，在此前后，还有一批内参稿件、采访札记、网络稿等陆续刊发，形成了一定的声势。回顾总结这次报道，深感作为世界性通讯社和国家通讯社的国内分社，在组织重点报道时，一定要树立南振中总编辑所提出的“宣传效益预期”意识，并以此为基础，确定报道选题，深化报道主题，选择发稿时机，从而实现最佳宣传效果。

“宣传效益预期”，本是贯穿各类新闻报道实践过程始终的应有理念。无论是一篇重点稿件的经营、一次重大事件的报道，还是一次大的战役性报道的组织实施，都必须“宣传效益预期”先行，才有可能避免盲目性、片面性，增强主动性、周密性，达到事半功倍的效果。但作为甘肃分社记者，我们对这一概念的明晰和认识，特别是用以指导报道实践，却是在学习振中同志有关讲话以后，从近期定西扶贫开发报道开始的。

5 月 18 日，南振中总编辑在总社召开的干部电话会议上以“建党 80 周年战役性报道的‘宣传效益预期’”为题，就新华社如何进一步做好建党 80 周年的宣传报道作了专题讲话，进行了安排部署。他在讲话中指出:“重大战役性报道是一种有目的、有计划、有步骤的新闻舆论行为。”“在重大战役性报道之前，编辑部自觉确定的、明确的‘宣传目的’，就是‘宣传效益预期’。”他还说，从实际出发，研究和确定“宣传效益预期”，可以减少无效宣传，有助于克服或避免战役性报道中的形式主义。这些论述，引起了分社采编人员的广泛议论和深思。大家认为，振中同志关于宣传效益预期的论述，揭示了新闻报道的规律，对从事新闻实践特别是组织指挥重大战役性报道具有很强的指导性。

讲话的第二天，振中同志来到甘肃进行西部大开发问题专题调研。当时，分社正在组织定西扶贫开发的报道，以配合总社建党 80 周年宣传战役，并有一批内参稿件完稿。但总觉得对整个报道特别是公开报道，写什么、怎么写，如何选题，怎样深化报道主题，怎样确定“宣传效益预期”，思路不明晰，压力比较大。

当时，分社把定西作为宣传重点，有其特殊的原因。定西这个地方，曾以“干旱贫困”著称。1876 年，陕甘总督左宗棠在给皇帝的奏折中称：“辖境苦瘠甲于天下”，因而有“苦甲天下”之说。20 世纪 70 年代初，以定西为代表的甘肃中部地区连续两三年大旱，赤地千里，群众缺粮、缺水、缺衣。周恩来总理听说这里的情况后，难过得掉了泪，遂指示有关部门拨出了大批救济粮、救济款。改革开放后，1982 年，党中央国务院作出决定，对以定西为代表的甘肃中部干旱地区和宁夏西海固贫困地区以及甘肃的河西走廊每年拨出两亿元资金，进行开发式扶贫建设（简称“三西建设”），定西成为我国第一个连片扶贫开发的基地。其后的18年间，中央对定西开发十分关心。中央主要领导都曾亲临定西视察，江泽民总书记、朱镕基总理都是两到定西。甘肃分社记者18年来始终把定西作为调研报道主战场，长期关注并热情宣传报道发生在这片土地上的些许变化。到2000年，饱受饥饿和贫困折磨的定西人民终于告别了绝对贫困，整体实现了温饱，一批农民还过上了富裕的日子。“苦甲天下”之地在短短18年间发生如此巨大的历史性变化，其蕴涵的历史和现实意义十分深远。为此，今年初，分社便把定西扶贫开发作为上半年宣传报道的主要战役，抽调精兵强将，两下定西，走遍所辖7县，深入数十个乡村，接触干部群众上百人，力求挖掘定西发展变化的历史性内涵，并在以往报道的基础上有所创新和突破。所以振中同志一到兰州，分社同志就向他汇报了定西的发展变化和分社的报道设想，并按事先确定的行程，第二天就请他到定西这个闻名全国的地区实地调研走访。在这里，振中同志察看了定西县小流域治理，访问了山区的农民，参观了地区高科技农业开发园区，征询了干部群众对西部大开发的看法和反映。在实地考察过程中，振中同志对发生在定西这块土地上的变化由衷地欣慰，对干部群众的精神状态也非常赞赏，这使我们对做好定西报道信心更足了。之后，我们便把分社记者已经写成的一批内参稿件呈请振中同志过目，并希望他此行能够对定西报道作些具体指导。

在5月23日赴酒泉地区的途中，振中同志在车上向我讲起了他对定西报道的看法。他说，你们写的一些内参稿件我看了，该怎么做就按你们的想法做。公开报道，想跟你说说。他开门见山、直截了当地说：定西的公开报道，是在建党80周年期间宣传党为人民群众谋利益的最好的材料，可以说是十年一遇，甚至80年一遇，错过6月，就废了，就可惜了，就只有地域特色而没有时段特色。这几句话一下子使我紧张起来。的确，分社对这一重点报道酝酿准备了几个月，但对发稿时段的概念从没有这样明确、具体，所以在发稿时间上还一直没有这种紧迫意识。

接着，振中同志对定西扶贫开发的意义进行了分析。他说，要从这样的角度来思考：定西的发展变化，是全心全意为人民谋福利的中国共产党，在非常贫瘠恶劣的自然条件下，以不亚于战争年代为建立新中国而艰苦卓绝奋斗的精神创造出的辉煌业绩。中国共产党人为了这么一片贫瘠的地方，为了这么一方老百姓，从周总理到几代中央领导人，费尽了心血。在老百姓的心目中，共产党人是什么形象？要挖掘这里党的各级干部为老百姓的温饱，遭受挫折、困难甚至失败，但终生不悔、百折不挠的精神及其所反映出的共产党人的宗旨意识。定西的意义绝不是如何种土豆、如何发展市场经济的方法问题，而要从政治上、从大处着眼。它的特殊性一旦被揭示出来，别的地方就难以找到。即便是高手去了也做不出这样的文章来。说到这里，振中同志向我讲起了 27 年前穆老给他“上的一课”。1974 年，总社抽调一批分社记者为配合新中国成立 25 周年采写中国林业的建设成就。行前大家搜集了很多材料，准备了详细的采访提纲，打算分沿海、西北、东北、中原四大片进行采访报道。谁知穆青同志听了两小时的汇报后，把他们的思路否了。穆老说，你们这是在一个桌面上放了四盆花，是在一个平面上扒堆的办法，是平面切割，没有思想深度。后来，大家根据穆老意见调整采访报道思路，写出了一批较好的稿件。振中说，穆老这次谈话给他很大启发，留下了很深印象，几十年不忘。他说，穆老为什么要否定那种一个桌面上放四盆花的扒堆办法，原因是我们对报道主题没有进行深层次的开掘，没有对报道对象用思想的深度层层剥开，只是摆现象，就事论事。分社记者往往跳不出就事论事的框子，但跳不出这个框子，永远写不出有价值的东西。

振中同志的一番话对我来说同样是“上了一课”，使我深受教益，也引发了我深深的思考。结合前些天振中同志关于“宣传效益预期”的讲话，我感到有几个问题在脑子里逐渐明晰了。一是对宣传报道的主题定位明确了。定西扶贫开发18年，国家投入大量资金，从停止铲草皮、挖草根到修梯田、拉农电，到兴办支柱产业，到全区290多万人民历史性地解决温饱，对这样一个历史性事件作何认识？为什么历朝历代封建王朝解决不了的问题，共产党人用18年解决了？定西变化的伟大实践，完全可以说是共产党德政工程的丰碑，是社会主义制度优越性的生动体现，是改革开放的丰硕成果，宣传这一主题，正是振中同志所说的“宣传效益预期”的目的。

二是定西扶贫开发的特殊性凸显了。定西这块土地过去因贫困出了名，近年来因发展变化出了名。唯其贫困有名，它才得到党中央和社会各界的关心支持。定西县有两个知名度很高的山沟，一个叫官兴岔，一个叫九华沟，当地老百姓风趣地说，这里是中央常委开过会的地方。为什么这么说，因为这两个地方过去都是童山野岔，光秃秃一片，最近十几年却成了甘肃省小流域连片治理的样板，绿色漫上了山头，生态环境大为改观。因为这里开发治理得好，中央常委中有6人到过这里，江泽民总书记和朱镕基总理都曾两次到这里视察访问，并对定西及甘肃中部干旱地区的开发治理作出指示，这样的特殊关照别处有吗？周恩来总理曾为这里的贫困掉泪，这样的历史背景又到哪里去找？ 20世纪80年代初，全国青少年就曾采集树种支援定西及整个甘肃的绿化；最近十多年来，北京、上海、福建、广东等全国各地各族人民都曾对定西伸出援助之手，社会主义大家庭的温暖在这里得到最好体现。这样的特殊性正是振中同志所说的人无我有的，在别的地方，高手去了也不可能写出这些东西来。

三是对宣传报道的时效观念特别是时段定位明确了。现在想来，作为分社配合建党80周年的稿件，错过了6月份，就失去了最有效的时机。

四是对“宣传效益预期”有了明确的目标。这就是要通过典型事例突出宣传中国共产党全心全意为人民谋福利的宗旨意识，宣传党和人民的血肉联系，宣传社会主义共同富裕的优越性，引导广大干部群众增强对党和政府的信任，增强对改革开放和建设有中国特色社会主义的信心。

思路清晰了，宣传目的明确了，第二天我就把振中同志的谈话精神电话告诉在分社具体负责定西报道的申尊敬副社长，并和他交换了对振中谈话精神的理解。申尊敬同志也有一种茅塞顿开之感。于是，我们很快商定了报道主题和思路，并确定了成稿时间。随后，他带着两位记者三下定西，补充采访。十天以后，通讯《黄土地上的无字丰碑》传到了总社。后经振中同志和何平同志亲自修改，大广播播发。作为定西公开报道的龙头稿件，“宣传效益预期”目的达到了。在此基础上，分社进一步有组织、有计划、有目的地组织了20多篇内参稿件、社办报刊稿件和网络稿件，在“七一”前后相继发出，形成了较好的宣传氛围，也有力地配合了总社建党80周年宣传报道战役。

正如振中同志所说，“宣传效益预期”不仅影响着引导舆论的方向和着力点，而且影响着宣传总量、宣传手段、宣传策略和宣传方式，直接关系战役性报道的成败。定西报道的实践，充分说明了这一点。定西报道启示我们，“宣传效益预期”，必须是建立在对新闻事实社会意义准确全面的判断和把握基础之上的；在此基础上，还要把握好宣传报道的时效性、针对性、特殊性，要对宣传后应该达到的社会效果有预测，对实现这种宣传预期目标的途径、措施、办法有清晰的思路和严密的策划。而要做到这些，需要采编人员站得高、看得远，高屋建瓴，胸有大局，具备较高的政策理论水平和坚实的新闻业务根底。

（原载《新闻业务》2001年第35期）

拓展西部开发报道的创新空间

——策划组织支教采访网络新闻行动的回顾与思考

冯 诚

本是一次平常的蹲点调研采访，却因为传播方式的现代快捷而获得异乎寻常的互动效果；本是西部山村贫穷百姓在西部大开发大潮初起背景下的现实生活图景和愁肠琐事，却因为一个生长在大城市的年轻女记者质朴单纯的情感体验和富有时代意义的独特视觉导引而撩拨起网上一族的点击欲，并禁不住“向作者致敬”（网民语）。

2001 年 9 月 10—28 日，甘肃分社和国内部网络新闻采编室在新华网的配合下，策划组织了一次年轻记者到贫困地区小学蹲点支教采访的网络新闻行动。期间支教记者茆琛睡门板床，喝地窖水，吃杂面馍馍，白天给孩子上课，晚上熬夜写稿，周末家访了解农村生活，共连续在新华网发出 20 篇支教日记，对她蹲点支教的甘肃省会宁县蒽坪小学贫穷落后现状、农家孩子苦苦求学的艰难，农民对西部大开发的祈盼、村干部和学校老师执着于山乡基础教育的可贵精神等，通过自己的亲历、体验、耳闻目睹，深入采访，向网民进行了多层次、多视角、全方位、滚动式的报道介绍。支教采访活动引起了广泛的社会反响：一些网民在互联网上发表感想，高度评价茆琛的支教行为；山东省有位中学教师把《清晨，深山响起读书声》这篇日记作为范文给学生宣讲；上海有位退休教师直接向支教小学教师寄来现金表达爱心；中国长城计算机集团公司等单位向蒽坪小学表达了捐助意愿；《兰州晚报》多次整版连载日记；《新华每日电讯》开专栏采用这组报道；会宁县教育局聘请茆琛为名誉教师。茆琛的部分稿件受到社总编室和国内部表扬。

现在，集中支教采访活动虽然告一段落，但借助网络平台，相关后续报道仍在延续，茆琛及甘肃分社对蒽坪小学的联系关注也将长期进行下去。支教采访活动的成功，对甘肃分社采编人员触动颇大。“创新报道方式，强化策划组织”成为业务建设的最强音。大家认为，唯其如此，才会在西部大开发和各类日常报道中有所作为。

探索“抓住历史机遇”的新途径

回顾茆琛此次支教采访活动，可以说是一次贯彻落实南振中总编辑和国内部关于加强西部大开发宣传报道精神的实际行动和创新尝试。

今年5月下旬，南振中总编辑到甘肃进行西部大开发报道专题调研。期间，他与分社同志进行座谈，并结合他在甘肃调研了解的情况，要求分社党组织和采编人员抓住历史机遇，在西部大开发报道中有所作为。振中同志不止一次地对分社同志说：你们运气好，赶上了西部大开发。这对于一代新闻工作者来讲，是可遇不可求的机遇，你们一定要紧紧抓住这个机遇，如果抓不住，将会悔恨终生。你们既然走上了新闻工作岗位，就不能怕吃苦、不能怕吃亏，就要想着在这样一个年代自己怎么深入实际调查研究，不愧对时代、不愧对历史，每一个人都要思考并作出自己的回答。

作为总编辑和一个前辈记者，振中同志的经验之谈和谆谆告诫，令分社全体采编人员深受教益和鼓舞，也引发大家深深的思考。分社为此多次召开各种形式的座谈会、研讨会，学习贯彻振中同志讲话精神，并在全分社上下形成共识：要想在西部大开发报道中抓住历史机遇，有所创新，有所成就，就只有深入基层一线去，按照振中同志所指出的，“扑下身子去调研、去发现”，舍此别无他途。正是在这一思想共识基础上，从事政治文教报道的女记者茆琛主动提出，要到贫困地区农村小学蹲点采访，通过解剖麻雀的办法，反映西部地区基础教育的真实面貌和发展出路，让更多的人关注西部，参与西部开发。

实现传统蹲点调研方式与现代传媒手段的最佳结合

深入社会基层蹲点调研的方式，对新华社记者来说并不新鲜，而如何让这种最能体现记者作风、最能改进记者文风的传统调研方式与现代传媒手段有效结合，缩短记者与受众的时空距离，让调研者与受众同步互动、同步兴奋，催生广泛的社会效果，这应是今天我们的调研报道要深入研究的问题。此次“网上新闻行动”便是甘肃分社在这方面的初步尝试。

趁着兰洽会直播成功的兴头，采编人员提出把即将开始的支教采访活动搞成一次网上新闻行动，用日记体报道方式，在新华网滚动发稿。当分社将这一想法与国内部网络采编室的同志沟通后，碰撞出许多很好的想法和策划思路。分社很快拿出了具体实施方案，从指导思想到采访安排，从记者的活动方式到发稿内容，以及总社和分社的后方配合等，进行了系统策划。分社要求记者一定要到学生、老师家中去，吃农家饭，喝地窖水，全方位了解农村教育的现状和问题；要从实施西部大开发、贯彻落实“三个代表”思想的高度着眼，反映贫困农村师生家长的期望和渴盼；要从人性化、人情味的角度挖掘普通老百姓的内心世界和对生活的积极追求，而不能一味展示贫困面。总之，要通过切身感受写出一批集亲临性、目击性、体验性于一体的现场新闻。

与记者蹲点采访相配合，分社对记者活动跟踪记录，并结合网络特点将蹲点日记包装上网：一是设计蹲点支教专题网页；二是预发蹲点支教新闻；三是配发记者本人的照片、已发表稿件以及“支教心迹坦露”等相关资料；四是介绍会宁县基础教育及经济发展的背景情况；五是配发蹲点学校及师生现场照片。事实证明，这些办法适合网络媒体的特性，适应了网民的“知情”心理，调动了网民的跟帖兴趣，大大吸引了网民的注意力，产生了良好的“同频共振”效应。在蹲点日记播发过程中，许多网民发帖子表达对此项活动方方面面的感想和看法，有的盛赞新华社记者乐于亲密接触普通农家孩子、不嫌弃贫穷百姓的可贵品质和优良作风。

谋求宣传效益最大化

应该看到，如今新闻市场的竞争和传媒手段的变化，对国家通讯社地方分社记者的新闻观念、工作方式带来了巨大冲击。“原创新闻”“第一时间”“滚动发稿”“互动效果”这些新兴理念让众多从传统新闻模式中跋涉而来的同仁时刻有落伍的紧迫感，“与时俱进”“创新求特”的自我折磨才下眉头又上心头。在甘肃这样的边远地方，报道如何出新，记者怎样成长？如果让记者光靠不怕吃苦的精神“苦跑”“苦蹲”，孤立行动，“下乡一两个月，回来七八篇稿”，这样的节奏和效率显然是慢了、低了；“下去一把抓，回来再分家”，等到“分好家”发出去，已是明日黄花。“沉下去”“蹲基层”本身不是目的，不是单纯要记者生一身虱子脱一层皮，品一品下乡的苦滋味，而最终目的是拿东西上来，拿稿子说话。要看到随着受众对新闻时效的要求提高，蹲点调研这种采访方式的采访与发稿过程日益同步化，时间差在缩小，先内参、后公开，先通稿、后专稿的传统发稿流程正被打乱，稿件的采集方式和传播方式正在变革，分社策划组织报道的思路不进行适应性调整便难有作为。

这些年，总社一直强调分社社长要用主要精力抓业务，下乡调研时间、采写重点稿的数量等都是年终述职考核的内容。在这一切无可推卸的职责中，我感到首先要做到的一条就是为业务人员创造宽松优越的工作环境，为一线记者采访报道排忧解难，当好“后勤部长”。也许正是基于这样的意识，一个年轻记者支教采访 18 天的活动，分社领导前后至少有一个月天天过问此事，分社党组和采编室同志多次一起商量，无论大事小事都要周密安排。从支教学校选点既要贫困封闭又必须通电、通电话以便于发稿，到进点支教时应该带去一些铅笔、本子等小礼物以致动员职工捐款捐物献爱心，以丰富写日记的由头、素材并树立新闻单位良好的社会形象；从派分社采编主任 3 次进点解决支教采访困难，与县、乡、村干部座谈了解情况，指导记者丰富和深化日记主题，到支教活动即将结束时，党组决定把蒽坪小学作为分社的扶贫助学联系点，支教活动结束后立即召开座谈会总结支教采访经验和不足等，这一切，都是为了一个目的：为记者采访发稿创造最好的条件，实现支教采访宣传效益的最大化。

（原载《新闻业务》2001 年第 47 期）

勇吃螃蟹，敢为人先

——策划拍摄《引大入秦·活路》电视专题片的启示

冯　诚

20 世纪 90 年代中期，长期以文字和摄影报道名世的新华通讯社开始向电视领域进军。作为国家通讯社，伴随着改革开放后新闻传媒业的勃兴，除文字摄影等传统报道形式外，在音视频、网络等新业态方面已有布局。但电视业是投资成长型事业，当时除了总社组建音像工作机构、投入少量人力、财力试水外，各个国内分社尚缺乏电视设备、经费来源，也很少有专职人员，根本拿不出像样的电视新闻产品。能不能整合社会资源“借梯上楼”？远处大西北的甘肃分社也摩拳擦掌，寻找突破。1994 年年初，分社破天荒地启动了《引大入秦·活路》纪实性电视专题片（以下简称“引大片”）拍摄，并一战成名，成为国内分社电视业务的“勇吃螃蟹”者，分社音像事业由此打开局面。

所谓“一战成名”，其战绩是：最终成功拍摄播出的引大片共分五集，总时长 100 分钟，1996 年建党 75 周年之际，由甘肃电视台、兰州市各电视台相继播出；当年 11 月中旬，央视一套晚间 10 点半黄金时段分三天连续播出。片子播出后，赢得引大工程指挥部及工程各方、新闻同行和社会各界一致好评，媒体广为宣传推介。该片在集数、总时长以及在央视黄金频道黄金时段连续播出几个方面，均创造了甘肃电视系统纪实性专题片的纪录，也是新华社系统首次在央视播出的第一部大型纪实性电视专题片。甘肃省委宣传部将其作为省里参评全国“五个一”工程奖的作品推荐上报中宣部（后因“五个一”工程奖侧重于艺术类而未列入评审范围）；新华社音视频部将其评定为当年优秀电视作品予以奖励，各兄弟分社纷纷投来赞羡的目光。

为什么要拍摄引大入秦专题片?

引大入秦工程(以下简称引大工程)是西北地区最大的水利建设工程，它是截引发源于青海省境内祁连山深处的大通河水，东调至兰州以北60公里处的秦王川盆地，故名“引大入秦”。这项工程从1976年开始上马，曾三上两下，历经19年，于1995年10月主体工程全面建成。即使在今天看来，这项工程在施工技术、管理机制等方面的创新突破，及其经济效益、社会效益之巨仍令人无比震撼。

秦王川横跨兰州市下辖的永登、皋兰两县，总面积2800平方公里，地势平坦，一望无际。隋朝末年，社会动荡，在兰州割据一方的大军阀薛举宣布独立，自称“西秦霸王”，他向北扩展势力范围，夺得兰州城正北方向60公里的这片川原盆地，秦王川由此得名。这里土层肥沃，可利用土地面积上百万亩，但年平均降水量不足300毫米，蒸发量却高达1800多毫米，所谓“十年九旱”“滴水贵如油”正是这里自然生态环境的生动写照。由于极度干旱缺水，史料上便有“只可粗牧，不可耕耘”的断言。到20世纪80年代，这里22个乡镇、157个村庄、28万人口，以及20多万头牲畜，长期过着十分艰难的日子。能引来百里外的大通河水润泽秦王川盆地，是当地老百姓的百年梦想。正是引大入秦工程将这一梦想变成了现实。

引大工程设计引水流量 32 立方米 / 秒，灌溉面积 86 万亩，总投资 15.7 亿元，其中世界银行贷款 1.23 亿美元，是国内第一个由地方政府向世界银行贷款建设的最大规模的水利工程项目。

这项跨流域引水工程穿越崇山峻岭，地质结构复杂，输水线路长，施工任务艰巨，被称为“世界地质博物馆”。总干渠、干渠和支渠共长 885 公里，是中国水利建设史上规模最大的跨流域调水自流灌溉工程；长 2170 米的庄浪河渡槽和水头落差 107 米的先明峡倒虹吸，二者规模均为亚洲之最；总干渠 87 公里，其间穿越总长度 75 公里的 33 座隧洞，其中最长的盘道岭隧洞 15.723 公里，是世界最长的输水隧洞。

为保证工期和质量，主体工程全部实行竞争性招标承建。日本、意大利、澳大利亚等国家和我国实力雄厚的施工企业先后中标，承担了关键性工程的建设任务。工程于 1986 年 9 月全面开工，1994 年 10 月全线通水。按照当时的规划，工程建成后，干旱贫瘠的秦王川盆地将被开发成为甘肃的又一粮食生产基地和副食品生产基地，从根本上解决甘肃中部永登、皋兰两县 16 个乡、23 万农民的温饱问题，还能够安置贫困山区移民 8 万人。

引大工程建成后，随着工程预期效益的全面实现和长期不懈开发开放的良好基础，昔日干旱贫瘠的秦王川盆地发生了历史性巨变，成为新时代西部大开发的一片热土。2012 年 8 月，国务院批复甘肃省在秦王川设立全国第五个、西北第一个国家级新区，并被赋予“西北地区重要的经济增长极、国家重要的产业基地、向西开放的重要战略平台和承接产业转移示范区”的战略使命。十年来，兰州新区踔厉奋发，笃行不怠，其发展速度、发展品质、创新能力、城市形象令世人刮目相看，被认为创造了新时期大西北的“深圳速度”。

镜头回溯到 28 年前：这一举世关注的水利工程在建期间，各级各类媒体对其报道铺天盖地源源不断，省内有媒体也已拍摄过电视专题作品，但那多是阶段性的工程进度类报道，而非全景式的解码思考。新华社各地方分社历来站在全党全国工作大局高度审视经济社会发展中的一系列重大事件，在工程即将竣工之际，除了做好工程建设过程的所有文字、图片、对内、对外报道外，拍摄一部全面反映这一宏伟工程的电视专题片成为甘肃分社和业主方共同的愿景。

上下同心，顺利上马

1994 年 4 月下旬，时任甘肃省委书记阎海旺赴定西、天水、陇南等地调查研究，我作为新华社甘肃分社记者随同采访。出发时，分社社长宋政厚委托我借此机会将分社拟拍摄引大片的打算向阎海旺书记作一汇报。因为这件事非同一般，它涉及省上数届党政领导班子抓农业建设、抓水利工程的思路和决策，表现的是省委、省政府为民造福的政绩。是否拍电视片，如何拍，怎样用电视手段反映引大工程这一千秋伟业，分社不能轻易自作主张。

为此，一路上，我一直寻找机会完成这一任务。可是，一连五六天，省委书记每天走村串户，访贫问苦，现场解决困难，期间活动安排十分紧张，实在不好打扰。直到返回兰州时，我借着乘坐书记专车的机会，匆匆将拟拍电视片的打算口头向阎书记作简单汇报。出乎意料的是，阎书记一听我们的想法，当即表示大力支持。他说：“这是一件好事儿，引大工程拍电视专题片非常必要，你们放心搞，有什么困难，省上可以帮助解决。”接着，他不顾山路的颠簸，兴致勃勃地向我谈起了引大工程的巨大社会意义和拍电视片要注意的一些问题。

现在回想起来，书记的这次谈话，对拍摄引大片至关重要，试想，没有时任省委书记的首肯，这部反映省里五届领导班子带领全省人民接力实施的大型水利工程将如何启动拍摄下去！

此后不久，时任省长张吾乐到新华分社调研，分社领导又将拍片之事和创意作了汇报，张省长听后称赞说，你们分社对引大工程的宣传报道一直做得非常好，拍电视片更是一件好事。同时，他嘱咐一定要和电视专家、新闻同行通力合作，拍出高质量的片子来。

书记、省长的赞许和支持，大大鼓舞了我们拍摄引大片的信心。

于是，分社党组决定，作为一项业务创新和讴歌共产党德政工程的政治任务，全面启动引大入秦电视专题片的拍摄，并交由我全面负责实施。

分社党组安排我主抓这项工作，其原因有二：一是此项工程很大程度上因我而起。我在进入新华社做记者前，曾在定西地委组织部工作，在新华社考察选我时，是时任地委书记韩正卿首先点头放行，同意我去新华社工作。引大工程全面开工建设后（我参加了开工典礼，并和时任甘肃分社副社长何懋绩向海内外报道了引大工程全面开工消息），韩正卿调任工程建设指挥部总指挥，我作为分社跑农水口的记者，一直跟踪报道引大工程，熟悉工程情况，并与韩指挥及引大工程指挥部各位领导联系密切，拍摄引大片的动议就是我最早和韩指挥沟通的。二是电视专题片的拍摄，涉及经费筹集、团队组建、脚本创作、资料搜集、拍摄策划、制作水准、播出效果方方面面，且时间跨度长，牵扯精力多，远远超越了单纯采编业务范畴，需要整合采编业务和经营管理诸多方面的资源。我于 1993 年 7 月被总社任命为甘肃分社副社长，任职后分管经营管理工作，所以这项工作于我而言责无旁贷。

引大片拍摄工作启动后，引大工程指挥部全方位支持配合。韩正卿总指挥等 3 位主要领导亲自登门到分社签订拍片合同，并提供全额拍摄资金。韩正卿在签字仪式上说："以前有人拍过引大电视片，但很不理想，现在不少单位还要拍，我们都给拒绝了。分社的同志素质好，眼界高，作风扎实，我们信任。”分社领导也当即立下军令状：我们一定拿出一流的产品，在省电视台和中央电视台播出。接手拍片任务后，分社把它当作一项重大报道项目来对待，安排我为项目负责人，担任专题片总策划，抽调文字功底好、经验丰富的老记者田恒江、年轻记者王丁（现任新华社河南分社社长）投入脚本创作和联络、组织、公关工作。以前从未触过“电”的几位同志都以饱满热情很快进入角色。1994 年 10 月，工程全线通水之际，引大片正式开机拍摄。

把准主题定位，追求境界、品质

引大入秦在甘肃是家喻户晓的“德政工程”，是几届省委、省政府改变甘肃干旱落后面貌的“成功之举、得意之作”。因为它是一项在国内首次由地方政府向世界银行贷款的工程，因而全工程采用国际招标，按国际惯例管理，执行“菲迪克条款”，由中、日、意等多国工程队伍中标兴建，具有典型的打开国门、改革开放的时代特征。为此，主创团队广泛请教专家学者，集思广益，论证片子的主题定位、结构规模、风格特色等。经过反复研究论证，我们决定把该片的主题定位于全方位反映引大入秦这一丰碑性工程的建设成就，表现中国共产党为民造福的决心与勇气，展现甘肃省委、省政府以改革开放思路发展经济的远见卓识，歌颂甘肃人民为改变干旱落后面貌艰苦奋斗、坚忍不拔的优秀品格与精神。其深层的思考是通过本片向人们揭示：甘肃乃至整个大西北相对封闭落后地区，完全可以抓住改革开放的机遇，迅速与市场经济接轨，把国际上最先进的科学技术和管理经验拿来为我所用，从而闯出一条通向文明富裕的希望之路。片子播出后，人们普遍认为主题立意高，有思想深度，有全国意义，不愧是新华社的站位。

在引大片的创作风格和手法上，主创团队着力突出两个特点：一是弘扬主旋律，体现健康明快激昂向上的基调，追求粗犷豪放大开大合、回肠荡气的西北地域特色和人文特色。二是强调纪实性、思辨性和艺术性的有机结合，以思想性取胜，从而起到感染人、鼓舞人、教育人的作用。因此，五集专题片从引大工程的方方面面选择和归结出“逐水之梦”“骑虎不下”“威震山河”“超越自我”“奔向未来”5个方面讲述引大入秦故事，纵深开掘“活路”主题：

第一集《逐水之梦》：干旱少雨造成了甘肃人民贫困落后的生存状态；手段的限制，使甘肃人对自然的抗争留有许多悲壮的故事，而新中国成立以来甘肃人民兴修水利、整治山河的成功之举，为从根本上改变干旱贫困面貌奠定了坚实的基础。本集将引大工程置于甘肃人民想水、治水的历史进程之中，通过对这一历史进程的追述，告诉人们甘肃人为什么想引大、干引大。

第二集《骑虎不下》：先后五届甘肃省委、省政府对引大工程倾注了极大的热情，但引大所处的社会背景势必使它集中了许多矛盾与问题，这一切归结为一个“难”字；而引大的决策者与建设者们凭借过人胆识与毅力，骑虎牵龙，攻克了一道道难关。

第三集《威振山河》：集中展示科学技术作为强大的物质力量与工程建设者艰苦奋斗的精神力量凝聚在一起，铸造出引大工程的辉煌。引大工程采用了世界一流的施工技术和手段，施工过程处处体现出对科技的尊重；引大的成功更与建设者持久、艰辛的努力和巨大的牺牲密不可分。

第四集《超越自我》：引大全工程采用国际招标，“菲迪克条款”管理，使得它有别于以往的水利工程，具有浓厚的改革开放时代色彩；传统经济向市场经济的转轨，在这里集中体现在中外企业对国际市场运行惯例理解与执行的差异上。因此，这项国际招标工程引发了工程建设者在管理方式、合同观念、质量意识、价值取向等诸多方面深刻的变革。国内企业在付出了巨大代价之后，终于超越自我，从旧的观念束缚中挣脱出来，走入市场新境地。

第五集《奔向未来》：19年的努力，终于让大通河润泽了千古旱原秦王川，这充分说明了社会主义制度的优越性与改革开放政策的成功，并进一步诠释了共产党为民造福的根本宗旨。引大工程在呈现现实成就的同时又昭示着未来：较为落后、闭塞的甘肃乃至整个大西北，只要发扬引大精神，还可以办成许多大事，造就更多的辉煌。引大意义，在这里得到恰到好处的放大延伸。

攻坚克难，骑虎不下

事非经过不知难。

引大工程时间跨度长达19年，国内外施工队伍数十家，决策层涉及省里五届领导班子，工程形象只是穿越荒丘山涧的隧洞渡槽，入镜景观非常单调，而我们则是在工程即将竣工的时候才介入，原始资料极其匮乏，这就使得引大片的摄制工作难度超常。为此，分社提出："要以克难攻坚、百折不挠的'引大精神'拍引大片。"

要驾驭这一重大题材的电视专题片，片子的主题立意、框架结构和脚本基调是成败的关键。为此，我们特地请来当时已闻名全国的策划达人王志纲一起分析研讨；脚本创作是片子拍摄的基础和前提，分社请文笔出色的资深记者田恒江出马担任撰稿，后来又请经验丰富的兰州有线电视台副台长庄力加盟撰稿和编辑，并精益求精一丝不苟，期间数易其稿，初稿出来后修改打磨了十遍。

有一件值得记述的插曲是"讨要片名"。在拍摄之初，片名一直定不下来，怎么办？有次我借去总社开会之机，拜访了有"中国新闻纪录片之父”之称的中央新闻纪录电影制片厂著名纪录片导演陈光忠先生。在20世纪80年代的思想解放和文艺复兴热潮中，陈光忠先生的一系列作品，带动了纪录片创作的复苏，并深深影响了中国纪录片的整体走向。那天陈先生在新影厂办公室热情接待了我，当他听我汇报到甘肃人民知难而上、百折不挠兴建引大工程，为几十万不得温饱的干旱地区人民找到了一条生活出路时，当即表示：“片名就可以叫‘活路’啊！”他说，“纪实专题片题目，首先要写实，同时也要立意高，有象征意义，以‘活路’为片名应该是不错的。”陈先生的话醍醐灌顶，不禁让我拍案叫绝：形象、生动、贴切，开口宽、寓意深、能抓人，真是“踏破铁鞋无觅处，得来全不费功夫”！主创团队已酝酿过多少片名，但没有一个像“活路”这样令人震撼。我回到兰州后向分社领导班子和主创人员一讲，大家无不拍手叫好，片名《引大入秦·活路》就这样毫无争议地敲定了。二十多年过去了，我心里一直深藏着对陈光忠先生的崇敬和感激。

为保证片子的技术品质，分社选择省内摄像设备和编辑条件都属一流的兰州铁路局电视台为合作伙伴。台长刁金星豪爽大气，不讲条件，拿出台里及当时业内最新最好的摄像机，安排资深摄像师王剑青以及鲍忠、蒋怀民、黄建新四位同志投入拍摄。在一年多时间里，摄制人员走入祁连山深处、大通河源头、秦王川盆地，足迹踏遍了引大工程的山山峁峁和甘肃省数十个县的旱塬荒漠，还先后奔赴四川、河南、陕西、北京、辽宁等省、市，采访高层领导、学者专家、工程技术人员、施工建设者和普通群众50多人，外景拍摄行程逾万里，积累电视素材3000多分钟。

为了突出片子的历史资料价值和纪实性特点，分社同志想尽一切办法最大限度搜集引大工程相关史料，硬是从中央新闻纪录电影制片厂的资料库里，找到了当年宋平同志在甘肃干旱山区视察指导工作的珍贵电影镜头……

为了强化片子的视觉效果和感染力，主创团队于 1995 年 11 月策划了一次引大工程总干渠漂流拍摄，摄像人员划着橡皮艇冒着生命危险穿越 23 公里水流湍急的渠道和隧洞，获得大量国内独有的有水隧洞漂流拍摄的珍贵镜头。在漂流拍摄过程中，还发生了摄像师王剑青等同志乘坐的橡皮艇颠覆事故，其情其景十分惊险。当时高原天气已相当寒冷，坡度大、水流急的干渠内，一个湍急浪头将几位摄像人员乘坐的橡皮艇几乎打翻，正在扛着摄像机抓拍镜头的王剑青一个趔趄、身子大半落入水中，幸好他用手死死抓住了橡皮艇边沿，在艇上其余几人奋力相助下才好不容易回到橡皮艇上。当渠外的人们把拍摄人员从漂流渠道救回地面时，王剑青已全身瑟瑟发抖几乎失去知觉，而他肩上崭新的摄像机早已不知所踪，几天后在下游数公里处找到时已泥沙裹身完全报废，直接损失将近 20 万元。拍摄人员这种追求卓越、忘我工作的精神在引大工地和媒体同行中传为佳话。

镜头背后的深情大爱

引大片开机拍摄后，按照内容策划，需要甘肃省四大班子领导、一些退出领导岗位的老同志以及部分调离甘肃的领导同志补拍一些访谈镜头，特别是甘肃人民的老领导宋平同志的镜头必不可少。在拍摄人员的想象中这是个很大的难题，但出乎预料并令人感动的是，他们每个人都不讲条件、全力配合，所有拍摄都按计划顺利完成。

原甘肃省委书记李子奇同志在任期间，亲自主持作出了引大工程重新上马的决策。他和省委、省政府其他领导同志一道，运筹指挥引大工程的国际招标以及后来“骑虎不下，背水一战”的壮举。作为纪实性的专题片，不能没有他的采访镜头。这不是宣传个人，而是反映省级领导班子集体的高瞻远瞩。为此，1995 年 12 月 13 日，李子奇同志接受摄制组的请求，从兰州专程赶到引大工程大沙沟渡槽边，冒着凛冽寒风，接受记者采访拍摄。拍摄前还听取了我对片子拍摄构想的汇报，并对如何全面、历史地反映引大工程提出了建议。

1996 年春节过后，引大片样片剪辑完成，急待有关领导审看，但他们正准备参加全国人代会，一时抽不出时间。为此，在全国人代会召开期间，省人大常委会主任卢克俭同志亲自安排甘肃代表在北京人代会住地审看了样片，并主持讨论，提出了许多修改意见。

原甘肃省长、时任国家民航总局局长陈光毅，原甘肃省委书记、时任辽宁省委书记顾金池，原甘肃省长、时任湖北省委书记贾志杰等领导同志，都曾是引大工程的决策者和组织指挥者。他们虽然已离开甘肃多年，但对引大工程建设十分关心，对拍引大电视片倾注了很大热情。

1994 年 11 月，顾金池同志在沈阳接到摄制组采访请求后，当即约定第五天接受采访。当摄制人员赶往沈阳采访时，顾金池同志在摄像镜头前，不厌其烦地听从摄制人员“摆布”，在采访和交谈过程中，他满含深情、不止一次地称赞甘肃干部群众淳朴宽厚的品格和艰苦奋斗改天换地的精神风貌。1996 年 3 月全国人代会上，顾书记又专门应邀与甘肃代表一起审看了引大片样片。

陈光毅同志在甘肃工作几十年。当年在担任甘肃省长期间，参与作出了“引大工程抓住改革开放机遇重新上马”的决策，并代表省政府在世界银行为引大工程的贷款项目书上签字。他在接受采访时，先按片子策划创意回答有关问题，接着他向拍摄人员提出要求，要借此机会向甘肃人民说几句心里话。他在核对甘肃省人口数字后，对着摄像镜头激动地说：“作为曾经是甘肃省政府的负责人，我在任职期间能够参加引大工程决策，与世界银行谈判以及签约，为这项工程尽我的一点力量，感到非常荣幸。

借这个机会，我想向甘肃省2300多万各族各界父老乡亲表达我衷心的愿望，我祝愿全省人民在甘肃省委、省政府领导下，经济腾飞，事业发达，生活富裕，家庭幸福。”其情其景，令所有在场的人感动不已。只可惜，由于片子主题和长度所限，这些充满深情的话语在剪辑过程中不得不“割爱”了。

最让摄制组感动的是，甘肃人民的老领导、原中共中央政治局常委宋平同志对拍摄引大电视片的关怀以及对甘肃这片土地的深情大爱。

70年代后期，宋平同志在担任甘肃省委书记期间，主持作出了引大工程正式上马的决定。后来他到中央工作，虽日理万机，却时刻不忘甘肃中部干旱地区群众的疾苦，一直关心着引大工程建设。特别是在引进世行贷款、争取国家有关部门支持等方面付出了巨大心血。工程建设每取得一些大的进展，他都通过不同方式对建设者给予鼓励和鞭策。1994年10月总干渠通水时他出席通水典礼并为引大工程纪念碑揭碑。宋老对引大工程的特殊“情结”令甘肃人民永志难忘。

引大专题片的拍摄，如同工程建设一样，一开始就得到了宋老的关心和支持。1994年年初，宋平同志来甘肃考察工作时会见了新华社分社负责同志，当他听说分社打算拍引大电视专题片时，非常高兴。他说引大工程是社会主义优越性的具体体现，是共产党为民办实事、办大事、办好事的例证；宣传引大工程有很大的现实意义。宋老的支持是我们最终下决心拍摄引大片的“定心丸”。

1995年3月，宋平同志在中南海他的办公室亲切接见了引大片部分主创人员，听取了王丁等同志对引大片的创作思路和摄制工作进展情况，兴致勃勃地接受了摄制组根据片子需要提出的采访。殊不知，这是宋老退居二线以后首次在中南海接受电视采访。摄制人员获此礼遇和殊荣，倍感荣幸和鼓舞。此次采访，宋老就引大工程的决策过程、历史意义、工程效益、宣传重点等方面发表了重要谈话，介绍了许多鲜为人知的情况，并叮嘱主创人员“不要因为赶时间影响了片子质量”。据现场采访人员介绍，在采访交流中，宋老谈兴很浓，不断聊起新话题。他从甘肃省的经济建设谈到宣传工作，还回忆起他自己40年代曾在新华社重庆分社担任过负责人。最后，宋老欣然同意担任本片总顾问，并题写了片名。这次采访，为主创人员正确把握创作思路，深化主题奠定了基础。

在这里，引述几段根据当时采访记录整理的宋老谈话内容，让今天的人们见识一下这位老领导是怎样的远见卓识：

记者：宋老您好！甘肃是全国最穷的省份之一，在您主持省委工作时，作出了引大入秦工程上马的决定。这个决策是基于什么考虑？

宋平：甘肃是一个干旱的省份，常年少雨，可以说十年九旱，农业生产很不稳定。因此发动群众兴修水利与干旱斗争，就成为历届省委、省政府的一项重要课题。引大入秦工程是甘肃中部、兰州附近唯一的一项大型自流灌溉水利工程，建成以后，可以在秦王川灌溉八十多万亩土地，还可以解决移民问题，在甘肃是一件很大的事情。另外，甘肃山多、交通不便，缺水，选择一个工业建设的地方是很不容易的，特别是兰州市在两山峡谷地形下，发展也有一定的困难。因此，给秦王川这个地方引入大通河水，解决了水的问题后，当地交通便利，可以建设成为一个兰州的卫星城，也可以给今后工业、商业的发展提供有利条件（现在的兰州新区，完全是宋老这一构想的现实成果——笔者注）。基于这样的两项理由：一是解决农田灌溉的干旱问题，一是解决兰州的发展、工业建设问题，所以建设引大入秦工程是很有必要的，也可以说是别无选择。

记者：当时各方面的条件都很困难，省委、省政府下这个决心是很不容易的。请宋老谈谈下决心的大体过程。

宋平：这项工程的投资当时预计是六亿多元，这个数字对甘肃这个穷困省份可以说是天文数字。要干成这么大工程很不容易，当时的省委、省政府是清楚这个事情的。但鉴于这个工程效益很大，我们这一代不干，下一代人也还是要干的。建成之后，不仅有当时的效益，还有长远效益。所以下这样的决心，在我看来是必须的。资金数字很大，但我们想，只要我们发扬艰苦奋斗、愚公移山的精神，坚定不移地干下去，尽管有很多困难，但是经过人的努力，迟早总可以建成。

当时这个项目要争取列上国家计划，我给省委同志讲，列不上也要慢慢干，不要气馁，工程的几个大型隧洞要常年不懈地打。我为什么坚持可以干？洞子上不了很多人，上多了没有用，两年不行三年，打下去，总有一天能打通。而且国家总有一天会给予支持。目前没有钱，慢点儿，但总有一天能打通。这是千秋伟业，是有利于我们后代的事情，所以应该坚持。

当时的省委、省政府，以及后来的省委、省政府一致下了这么大的决心，坚定不移地进行这项工程建设。后来，世界银行答应给引大工程解决一些问题，在这种情况下，我们可以进行国际工程招标，大大加快了工程进度。1994 年 10 月胜利实现通水，这对甘肃人民是一件很大的事情。甘肃人民非常高兴。当时我参加了工程的通水典礼，我看到人民的喜悦和高兴，我自己当然也很高兴。

应该说这项工程是在共产党领导下、社会主义制度下才能够实现的。我个人只是做了很少一点儿工作，主要是省委、省政府，特别是党中央、国务院大力支持，使这项工程完成。

记者：宋老，请您谈谈引大入秦工程通水以后，您对甘肃的整个经济建设，脱贫致富还有些什么希望。

宋平：引大入秦工程实现了通水，但后续工作还很多，比如平田整地、渠系配套、合理用水、科学的管理，工作量都很大，因此我觉得需要成立一个很得力的、精干的管理机构，来管理这项工程今后的使用。至于解决甘肃农业上的问题，要做的工作还很多。比如像现在我们行之有效的平田整地、小流域治理等，许许多多抗旱救灾的办法要坚持下去，常年不懈。甘肃水的问题比较严重，必要的水利工程还是要搞。像河西疏勒河工程、黑河工程，中部地区还有引洮工程（引黄河上游支流洮河水到甘肃中部地区，20 世纪 50 年代后期曾土法上马，3 年后因财力、物力和技术设备条件限制被迫停建。2006 年重新上马，全面开工兴建，到 2021 年 9 月，一、二期工程全线建成，惠及甘肃 5 市 13 县 600 多万人口——笔者注），这都是比较大型的水利工程。这些工程当然需要很大的投入，但是我们要早一点儿做好规划，因地制宜，根据主、客观条件，分期分批地来实施，水利的面貌会改变。加上我们把行之有效的办法长期坚持下去，我想甘肃人民在共产党领导下会过上幸福的生活。

现在，一个是要解决灌溉问题。另外，要结合兰州的区位特点改造利用这块地方。这里比较平坦，没有两山环抱，不至于污染那么严重，还有铁路经过，高速公路也通了，又离兰州这么近，完全可以建成兰州的卫星城，使兰州的发展有新的空间。另外，借的钱是要还的，单靠农业很难还贷，如果这个地方发展工业，一通水地价就上来了，谁用这块地，必须付一定的地款。工业建成后，收入高了，税收也多了，我们就有条件还钱。所以一定要把发展灌溉农业同兰州城市改造、建设卫星城结合起来。当时我下这个决心，也着眼于改造兰州。兰州没有办法搞了，两山夹着，没有回旋余地。而一到秦王川，开阔得很，比现在的兰州还大。这个观点省上也赞成。

正所谓“思路决定出路”！千古荒原，贫瘠之地，完全因为有了宋老这样高瞻远瞩、心里始终装着黎民百姓的共产党人执着坚毅、矢志为民造福，才得以改天换地，旧貌新颜，宋老当年对引大工程、对省会兰州发展擘画的蓝图，今天已经变为现实。

1996年3月，引大片样片出来后，拍摄人员复制成录像带送宋老审看。宋老接到带子的第二天下午，就在家里一口气看完了全片，此后，又和老伴一起观看多次。宋老看后，既肯定了样片的总体框架、基调和风格，同时提出了不少修改意见。比如，反映改革开放背景部分中不应采用夜总会镜头，反映合同关系的部分篇幅长了而且有些专业化了；描写国外承包商要掌握好分寸，他们毕竟受雇于我们等。这些意见，使摄制人员深深感到，宋老对引大工程是何等偏爱，对引大片是多么关心，更为重要的是，他对引大工程的认知理解无人可比。制作过程中大家完全按照宋老意见进行了修改。1996年11月，片子经反复修改打磨、准备在中央电视台播出前，我们再次请宋老审看。这次，宋老审看后给予充分肯定，认为这部专题片较好地反映了引大工程建设的艰难历程和它的社会意义，并亲自批示给时任中央电视台台长杨伟光，建议在央视播出。

除宋平同志担任总顾问并接受采访外，此片还邀请陈俊生、钮茂生、闫海旺、张吾乐、李子奇、顾金池、贾志杰、卢克俭、申效曾九位中央部委和省、部级主要领导同志担任顾问并接受摄制组电视采访。一部反映水利工程的纪实性电视专题片，能有这样高规格大规模的顾问阵容并接受出镜访谈实属少见，这对全面、客观、深刻反映引大工程的历史意义和现实作用至为重要。上述方方面面的关心支持成为我们矢志拍好引大片的巨大动力。

“纪实性、思辨性、艺术性相统一”

纪实性、思辨性、艺术性相统一，是主创人员一开始就定下的质量目标。所谓纪实性，就是把引大工程筹划建设过程中的重大新闻事件和生动感人故事，以及围绕引大工程台前幕后的珍贵史料着力再现出来，并赋予全新的时代内涵；所谓思辨性，就是不简单就事论事，而是选取引大工程建设中的典型案例，赋予其强烈的思辨色彩，进而生发出有关甘肃省乃至大西北如何加快开放、发展的思考；所谓艺术性，即调动各种电视手段，使本片具备较强的艺术感染力。

引大片从签约立项到成片首播将近两年时间，当我们历经千辛万苦，使之按预期在省市电视台和央视先后播出并赢得社会各界赞誉时，作为专题片总策划及新华社甘肃分社分管此项工作的责任人，我终于如释重负而又百感交集：功夫不负有心人，当初，我们信誓旦旦为业主单位立下军令状，如今我们不负重托交出了完满答卷，收获了鲜花和掌声；还原重大历史事件，讴歌时代发展进步，我们也用实际行动诠释了一群新闻人的使命担当。

1996 年 6 月 26 日下午，《引大入秦・活路》在兰州宁卧庄宾馆小礼堂举行了隆重首播仪式。甘肃省委、省政府、省人大、省政协四大班子领导及部分退出领导岗位的省级老领导、引大入秦指挥部负责人和施工方代表、甘肃省及兰州市各电视台台长、在兰中央省市媒体同行等近百人参加了首播式。省委常委、宣传部部长石宗源主持仪式，新华社甘肃分社社长宋政厚带领主创团队上台亮相并致辞，我代表主创团队详细汇报了专题片拍摄情况。随后，完整播放了五集专题片，与会领导和嘉宾一次次用热烈掌声表达了对引大片的肯定和赞许。省委书记阎海旺即席讲话，称赞并感谢分社为宣传甘肃办了一件大好事。省政协副主席、引大入秦工程总指挥韩正卿深情地说：“我们选择新华社拍引大片非常正确！”

首播式后，甘肃省、兰州市各大电视台分别于 1996 年 7 月 1 日、2 日两天先后在晚间黄金时段播出了引大片。此后，又经进一步修改打磨后于当年11月在央视播出。引大片本来是没有央视专业人员直接参与指导，也未预先列入其播出计划的多集电视片，但后来在央视进行播出审片时被专家组一次通过，未作任何修改，这无疑是对片子质量的最好评价。

引大片播出后，好评如潮。多家报台刊发消息、评论文章，有的全文刊发了解说词，甘肃电视台在“新闻大观园”栏目推出了《以引大精神拍引大片》的主创人员专访节目，该台一位记者就此片发表《呼唤专题片佳作》的文章。时任兰州大学中文系副教授刘俐俐在《纪实、思辨、艺术的完美统一——我看电视专题片〈引大入秦·活路〉》（甘肃广播电视报1996年7月21日第五版）一文中指出：“如今，弘扬主旋律的电视专题片在我们的生活里占有越来越重要的分量。它报道新闻事件，分析社会问题，开阔人们视野，启发人们思考，成为我们精神领域不可或缺的形式。而今，我们终于看到了新华社甘肃分社与兰州铁路局电视台联合摄制的5集电视专题片《引大入秦·活路》，它那集纪实性、思辨性、艺术性为一体的完美精致，给了我们耳目一新的感受，我们从心底里赞叹它的成功。”作者对引大片的纪实性、思辨性、艺术性三个层面相统一的分析颇为精辟：“编导将摄像机直插引大人的内心世界，用他们精心选取的镜头揭示了引大人观念、意识的潜在的而又如翻江倒海般不平静的震动、战栗。镜头里出现的高层领导，都有普通人的情感，他们体察民情，善解人意，因为是实录，真实而感人，浓郁人情和引大入秦的政治性内涵在画面和镜头的交叉中水乳交融了。‘纪实’一词在此获得了它最本真的意义：全方位地、极其真实地、立体地描摹特定时空的伟大事件的发展变迁。其实如此的纪实本身已饱含哲理和思辨。可贵的是，该片还努力锦上添花。从伟大事件里升华出关于大西北建设、关于改革开放、关于发扬艰苦奋斗精神的思考，这思考超出了一般的政治含意，而有了宇宙、人生、人与大自然等更抽象更具人类意味的性质，哲理色彩浓厚，而且深邃恢宏。”“追求艺术性是专题片制作自觉的表现，编导为此勇于探索。他们充分开发电视的镜头组织所产生的奇特效果，这效果已远非镜头本身所能涵盖得了的了。镜头的摄制选择都匠心独运，精致而和谐，尤其原始资料的穿插，各种数据的直观显示，都恰到好处，色彩与解说与画面蕴意相和谐。”

刘俐俐在文章中饱含深情地说：“有中国特色的社会主义的教科书可以多种多样，《活路》可堪称优秀独特的一部。它吸纳了丰富的历史和现实的资料，它用最形象、最直观、最具说服力的语言向我们述说着，共产党怎样为人民谋利益，怎样殚思竭虑地带领人民走出贫困，因为‘贫困不是社会主义’。”

“只有落后的记者，没有落后的地区”

新闻工作拒绝平庸，新闻记者唯新是举；如果新闻记者没有“勇吃螃蟹，敢为人先”的创新精神，新闻报道的传播力、影响力、竞争力就是一句空话。

作为甘肃分社一手组织、策划、牵头拍摄的第一部音像作品，作为将主体业务向音像领域延伸的首次尝试，能有上述社会效果着实令人欣慰，同时它也带给我们诸多思考和启示。

首先，作为国家通讯社，新华社必须把音像业务纳入主体业务范畴，使之与通讯社的性质、任务、地位相适应。新华社号称各类新闻信息产品的“批发商”，只有把音像业务纳入主体业务范畴，才会弥补以往业态短板，最大限度满足用户的需求。

早在20世纪90年代初，新华社就开始向音像领域进军。除总社外，半数以上分社组建了音像机构，音像业务红红火火开展起来。经过若干年努力，到1996年年底，新华社已建立了国内一流的卫星数据通信网络，租有通信卫星信道，在国内外建立了250个卫星接收站，50多条国际通信线路。这一规模令国内同行望尘莫及，也为电视图像传输奠定了雄厚基础。只是在当时，新华社在亚洲2号卫星上的信道相对闲置，犹如建造了一条高速公路而车少马稀，资源浪费令人惋惜，理想的状况是让它满载新华社的电视新闻产品，像传统的文字“大广播”一样，源源不断地送往各电视媒体，供其选用。

记得在拍片过程中，本片总编导、兰州有线电视台副台长庄历曾向我们讲到一个情况，就是观众对电视新闻的兴趣日趋浓厚，电视新闻节目的收视率已足以与最先红火起来的影视娱乐节目分庭抗礼。他介绍说，受众调查数据表明，林林总总的电视节目，老百姓最关心的是新闻这一块。他们不仅关心当日国内要闻，还需要大量国际新闻、本地与外埠新闻，以及专题新闻、评论性、分析性新闻。各地方电视台依靠自制与交换的节目则是杯水车薪，远远不能满足人们的需要。因此，各地电视台新闻节目的发展必须依托于一个庞大的新闻采集、交换网络，而这是任何一个电视台不可能具备的。国内电视媒体之所短，恰恰是新华社之所长。唯有新华社，能补地方电视台的燃眉之缺。

庄历所言，也是新华社上上下下的共识。只是对于地方分社来说，当时由于音像业务投入太大不敢贸然涉足。大家在调查研究中发现，越是经济基础薄弱，越不能就音像抓音像，或纯粹以赚钱为目的搞音像，而必须把音像纳入主体业务范畴，充分利用新华社在新闻报道方面长期形成的影响和广度、深度优势，扬长避短，逐步拓宽音像发展之路。在“活路”拍摄中甘肃分社正是像抓新闻报道一样，选准题材后把它作为弘扬主旋律的宣传报道工程来组织，并以社会效益为主要追求目标，因而拍摄工作才一路“绿灯”。

其次，面向市场，“借梯上楼”，是边远分社发展电视业务的一条路子。电视报道需要大量人力、物力、财力支撑。如果等到什么物质条件都具备了再搞，那就只能裹足不前，坐失良机。分社在拍摄“活路”时，没有一个搞过电视的人，没有一条枪（摄像机），没有任何编辑设备。特别是作为总策划的我，1985 年 6 月进入新华社甘肃分社从事新闻工作，到 1993 年 7 月担任分社副社长，期间只做过 8 年文字记者，对电视业务十分陌生，技术方面更是一无所知，突然间要组织指挥一部电视专题片的拍摄谈何容易。但作为制片单位，政治、经济责任、片子质量好坏、播出效果如何，合同一经签订，便没有退路。好在我们有新华社特殊的政治站位和长期积累的策划实施重大主题及深度报道的经验，因而在准确把握题材价值和自信具备驾驭题材能力的基础上，背水一战，完全采用招标拍摄单位和招聘人才的办法，结果一呼百应，省内设备实力最强的兰州铁路台、搞专题片颇有影响的兰州有线台副台长庄历、省电视台视频技术骨干刘斌等纷纷加盟。他们了解片子的分量，更信任新华社，工作中不讲条件、不计报酬，尽职尽责，一丝不苟，合作共事非常愉快。片子播出后，省内一些电视同行评价说，新华社这种借梯上楼的市场化动作方式正是聚集人才、产生佳作的有效途径。1996 年夏，甘肃分社音像中心随着“活路”片的拍摄应运而生，在没有分文投入的情况下，报道、经营双双迈开可喜步伐。

第三，从电视业务的影响力、竞争力角度看，一旦发现千载难逢的重大选题，必须抓住不放，决不能失之交臂。同时要树立精品意识，不辱国社牌子。引大片酝酿拍摄之初，分社领导和主创人员就确定了一个目标：既然要干，就一定要拿出与新华社地位相称的精品佳作来。

从引大片拍摄播出算起，迄今二十多年过去，新华社音视频业务已鸟枪换炮、今非昔比，中国新华新闻电视网覆盖全球两百多个国家和地区，媒体大脑、AI 主播等新技术新形式在世界各大通讯社和国内媒体同行中居于领先地位；各个国内分社电视报道也早已步入常态，我们这一代人当初的梦想已变为现实。回顾甘肃分社引大片拍摄播出那一段峥嵘岁月及电视业务滥觞历程，我作为组织者、参与者、见证者不胜感慨：事在人为，路在脚下，没有条件，可以创造条件，没有经验，可以边学边干；“对于新闻报道来说，只有落后的记者，没有落后的地区”，当代著名记者、前新华社社长郭超人当年在新疆分社调研时讲过的这句话，永远值得我们学习思考。

（本文完稿于 2022 年 7 月）

附：五集电视专题片《引大入秦·活路》顾问及摄制人员表：

总 顾 问：宋　平

顾　　问：陈俊生　钮茂生　阎海旺

张吾乐　李子奇　顾金池

贾志杰　卢克俭　申效曾

总 策 划：冯　诚　刁金星

总 编 导：庄　历

撰　　稿：田恒江

文字编辑：庄　历　王　丁

摄　　像：王剑青　鲍　忠　黄健新　蒋怀民

画面编辑：鲍　忠　刘　斌

音乐创作：庄　曜

解　　说：张玉良

字幕特技：刘　斌

制　　片：王　丁

监　　制：郗永年　　程兆生

总 监 制：宋政厚

新华社甘肃分社　　兰州铁路局电视台联合摄制

不同寻常的“夜生活”

冯 诚

1998 年 10 月，我作为新华社国内分社首批赴国外采访的记者组成员，有机会到俄罗斯进行了为期半个月的紧张采访调研。在 15 天的赴俄采访期间，我们每天工作十四五个小时，吃饭、走路、逛街，钢笔和采访本时刻捏在手里。由于俄方接待安排远不及国内采访那么如意顺利，加之语言不通、环境陌生，采访工作的难度更是不言而喻。然而，当我们终于圆满完成任务胜利归来、当我们采写的稿件陆续在各类刊物登出、当我们的工作受到领导和同志们的好评时，这一切都变得那么富有诗意、耐人寻味。

如今回想起来，在这次异国他乡的采访活动中，最令我难以忘怀的还是那一幕幕不同寻常的“夜生活”情景，它作为我们采访活动重要的组成部分，折射出的无疑是新华人强烈的责任意识和敬业精神。

晚宴突访“新俄罗斯人”

去年 10 月 11 日，是我们抵达圣彼得堡采访的第三天。这天晚上，塔斯社圣彼得堡分社总编辑伊丽娜女士请我们吃饭。因为此前已和伊女士见过面，加之白天活动比较劳累，所以饭前大家没有采访准备，对晚饭安排也没有在意。但等到我们就坐在摆满美酒佳肴的长条宴会桌前，才发现酒店异常豪华，晚宴档次不低，而被伊丽娜夫妇请来买单的老板更非等闲之辈。

这位老板叫巴斯金，犹太人，42 岁，是圣彼得堡一个海港股份公司的总裁，陪同他的是圣彼得堡海上建设研究院的总工程师。互相介绍认识后，他并没有多少热烈的话语，只是礼节性地举杯祝酒，表示见到中国记者很高兴，接着便径自动起了刀叉。然而当我们在席间通过翻译询问起巴斯金的企业情况时，他的话匣子一下子打开了，而且出语惊人，毫无顾忌。

巴斯金开口向我们介绍自己的第一句话就是“我是资本家”。他说：“我 1992 年就花 800 万美元买了直升机，现在市里维修最大的一个教堂就用我的飞机。”巴斯金告诉我们，他正在投资 20 亿美元建设圣彼得堡最大的港口，已建了 6 年，再有一年就完工了。他还宣称自己与现任俄罗斯第一副总经理、原列宁格勒州州长古斯托夫是好朋友。

巴斯金不怕露富的风格和说话咄咄逼人的神态一下子使我联想到了白天采访听说的“新俄罗斯人”。这天上午，我们在市西南郊去夏宫的路上，看到公路两边的白桦林中，有不少新修的小洋楼，经向翻译和当地陪同了解，方知这都是近年来发迹致富的新贵族们的别墅，普通老百姓是修不起的。而社会对这些新贵族们有一个统称，叫“新俄罗斯人”。他们有了钱，便买好车，建别墅，生活花天酒地，好不快活。现在新俄罗斯人就在我们面前，可不能放过。此刻，其他同伴也早已不约而同地掏出了衣兜里的笔记本，边谈边记。采访中得知，巴斯金毕业于列宁格勒工程学院，苏联解体前曾是一个联合公司的副经理，戈氏推行改革后他下海搞私营企业，之后一帆风顺，财运亨通。如今他企业员工中有不少是原列宁格勒州机关的党员干部。这些情况，对我们采访调研十分重要。

尽管大家事先没有思想准备，但此时已意识到这是一条很有含金量的“活鱼”。因此同伴们你来我往，问题接二连三，紧追不舍。从企业资金构成到职工待遇、从企业的社会形象到与政府的关系等，整个晚宴成了对巴斯金的专访，伊丽娜夫妇一句话也插不上。从晚 7 点开始，足足两个半小时，直到巴斯金因事告辞，我们才不得不结束采访。

从酒店出来，同伴们单独在一起的第一句话就是“遇到了一个典型的新俄罗斯人，今晚最有收获”。而晚宴到底吃了些什么谁也说不清楚，白天的疲劳也早被极度的兴奋所替代。

这天晚宴上的邂逅采访所得，成了我后来撰写《咄咄逼人的新俄罗斯人》的主要素材。此后，我们采访组有意识地安排了不少晚间采访活动，诸如对鞑靼共和国民族文化协会代表和部分党派负责人的访问座谈、对具有百年历史的国营企业乌萨特酒厂的采访，甚至圣彼得堡、莫斯科的城市公交、地铁建设、个体餐饮业等衣食住行方面的许多情况，都是我们晚间实地踏访考察所得。

凌晨拍摄克里姆林宫

说来恐怕很难令人置信：我们在莫斯科采访期间，有天深夜拍摄克里姆林宫夜景，从零点 30 分一直拍到了 3 点。那次拍摄的照片，对我们来说已成为绝无仅有的“珍藏版”。

那是 10 月 16 日晚，我们从鞑靼共和国首府喀山市飞回莫斯科，下榻在俄罗斯大饭店。由于飞机抵达时间晚，住下来已是夜里 10 点多了。塔斯社接待我们的朋友说：“晚饭不好安排了，你们自己想想办法吧。”无奈我们找到饭店 12 层西头还在营业的酒吧，准备对付一下。孰料，进到酒吧，我们从临街窗户惊奇地发现克里姆林宫和红场一带灯火辉煌，夜景非常漂亮。尽管饭店与之相距一公里左右，但隔窗远眺，红场上的列宁墓、克里姆林宫内的圆顶总统府、东正教堂、钟塔等富有特色的建筑物在五颜六色的灯光照射下，一一清晰可见，充满了梦幻与神秘。克宫南侧，莫斯科河在两岸灯火映照下波光粼粼，向西流去，河水的尽头，莫斯科最大的教堂救世主教堂在周围霓虹灯的衬托下，高大雄伟，银光闪射，金色的葱头顶直刺黑色的天幕。见此绝妙好景，谁不想把它摄进自己的镜头。可是遗憾得很，饭店高大的双层玻璃窗是打不开的，而玻璃窗上室内灯光反光强烈，根本无法隔窗拍摄。这时我们想起了饭店 21 层楼顶。10 天前我们刚从北京到莫斯科时曾在 21 层餐厅吃过早餐。于是我和赵德润、李锦 3 位带着较好相机的同志就拿上相机乘电梯直上 21 层。走出电梯，发现原来吃过饭的餐厅锁着门，只好再找别的拍摄点。怕被保安撞见，我们大气不敢出，蹑手蹑脚，左拐右摸，终于找到了安全通道，来到 21 层西北角楼梯口。靠近朝西的楼道窗户一看，嗬！刚才在 12 层看到的景观一下子扑入眼帘，而且居高临下，显得更近更美。更让人喜出望外的是楼道没有开灯，玻璃不反光，可以隔窗拍摄了。于是大家禁不住叫绝一番，同时迫不及待地操弄起相机来。而此时已是零点 30 分了。

不一会儿工夫，老赵的轻型三脚架已经撑开。摄影出身的李锦好像担心莫斯科半夜会熄灯，胸前两个相机已咔嚓了好几下。虽然光圈大速度慢有可能拍虚，但他说不管虚实先得留几张。3 人中我的技术最差，又缺乏拍夜景的经验，只好拿着相机排队等候老赵的三脚架。就这样，楼梯口仅有的四五平方米的回廊成了我们的战场。本来这一天我们在鞑靼共和国的采访活动非常紧张，到晚上大家都已觉得筋疲力尽，可此时哪顾得腰酸腿疼？

最让人感动的是赵德润同志。他干活不紧不慢，耐心认真。此次出国，他准备最充分，光摄影器材就带了两台照相机和三脚架、十字镜、米字镜等，令同伴们夸赞不已。此时，为了拍到理想的镜头，他摆弄着三脚架和相机 利用仅有的动作空间，一会儿向前，一会儿向后，朝左瞄一瞄，朝右摆一摆，每选一个镜头，摁快门前还要请李锦参谋一番。由于他个头儿高，三脚架低矮，每次选景对焦都要单腿跪地，好不费劲儿，因而弄得满头大汗。

转眼工夫，一个多小时过去了。我们每个人借着三脚架拍摄了好多好镜头。就在我们准备回屋休息时，细心的李锦又从楼梯西侧的一个窗户中发现了不同的拍摄角度和景观。由于楼梯有斜度，窗台半人多高，窗台上不可能支三脚架，我们便就地取材，分别用相机包、可乐瓶、镜头盒试着做支架，放在窗台上支起相机，一条腿站在楼梯上，一条腿搭在靠墙倾斜的楼梯扶手，一次次摁下快门。拍摄一直持续到凌晨 3 点。最后一看，3 人中多的拍了 30 张，少的拍了 18 张，每个人都自认为有“可做封面”的佳作。回国后不久，李锦拍摄的一部分照片已在摄影部陆续发出，我和老赵也有好些爱不释手的克里姆林宫夜景照正待机而发。

“开水会”喝成了“业务会”

出国前，听说俄罗斯经济困难，食品短缺，外国人去了吃不饱肚子。到了那里，发现实际情况并不那么严重。对我们采访组来说，有东道主塔斯社朋友的安排，一日三餐很令人满意。

但是有一个问题却是我们首次出国的同志怎么也想象不到的，就是喝开水难。无论是莫斯科，还是圣彼得堡、喀山，走到哪里，下榻的宾馆都没有供开水一说。房间里有冰箱，你可以从服务台买饮料放进去；小桌上有杯子，但不是泡茶的。而茶几上的盘子里更没有中国宾馆那种几乎千篇一律的小茶叶袋。原来俄罗斯人除了饮料咖啡外，哪怕是喝自来水，也很少有人外出自己泡茶喝开水。这种情况对我们几位平常茶杯不离手的中国人来说一天也忍受不了。白天活动喝些饮料还过得去，到了晚上，疲劳一天，想品品茶解解乏而不可得，实在难熬。

刚从北京到莫斯科的两天总算硬挺过去了。第三天赴圣彼得堡时，我们只好向莫斯科分社同志求援，借来了一个烧开水的电热水壶。此后每天晚上，无论吃饭、采访归来多晚，大家都几乎无一例外地聚集在领队俱孟军同志屋里，烧一壶水喝茶，而每次都要喝个酣畅淋漓。有的同志不喝茶只喝开水，照样一杯又一杯，喝得津津有味，仿佛琼浆甘醇，大过其瘾。为此有同志竟给喝水活动起了个雅号“开水会”。起初，大家只为能弄到开水喝庆幸高兴。随着采访活动的深入，开水会实际上变成了大家交流情况、核对采访笔记、商定采访活动的业务例会。如今回想，开水会真帮了我们很多忙。采访鞑靼共和国总统和社会团体的主意出自开水会；采访久加诺夫的提纲出自开水会；我们回来所写稿件的范围、主题都是开水会商定的。

10月14日，我们在鞑靼共和国阿尔斯基地区和高山地区采访一整天，晚上10时许才回住地。这一天，我们一大早出发，奔波近百公里，先后采访了两个地区有代表性的私营企业家、集体农庄、国营酒厂、职工学校、农户家庭等，是赴俄采访以来活动安排最丰富也是收获最大的一天。由于此次出国采访事先未定题目，采访什么写什么要由采访组相机而定，这更增添了大家的工作压力。有了这一天丰富的采访、收获，大家感到整个采访时间已过半，确定重点题目、定向采访的时候到了。于是“两会”围绕“写什么题目、怎么写”展开讨论，每个人都发表意见。很快，俄罗斯政局述评、俄罗斯人眼中的中国、集体农庄的变迁、国营企业改革现状、俄罗斯人的衣食住行、咄咄逼人的新俄罗斯人等六七个题目确定了下来，谁执笔哪一篇也有了分工。待“两会”结束时，大家看看表，已是凌晨一点，屈指算来，这天从早到晚已连续工作16个小时了。

从喀山回到莫斯科后，我们的采访活动愈加紧张。10 月 19 日晚，是我们回国前的最后一个晚上。这天晚上我们参观考察莫斯科地铁两个小时，回住地已过了 11 点，但第二天上午要采访俄国家杜马经济政策委员会负责人和俄共领导人久加诺夫，这是整个采访活动的压轴戏，岂能马虎！于是大家又聚集在一起，商定了采访重点，一口气拟定了七八个问题。第二天采访时，两位要员都曾有几次在回答我们问题前先称赞我们“问题提得好”。

俄罗斯采访期间的夜生活，没有灯红酒绿的欢愉，没有逛街赏景的消遣，经历时紧张劳累，回味时充实甘甜。

（原载《新闻业务》1999 年第 3 期）

新闻报道署名漫议

冯　诚

署名者，在文稿上签署作者姓名是也。

人有名，物有主，橱窗的商品有商标，写文章署名是约定俗成的规矩。

如同一部文艺作品总要告诉人们创作者何许人，一部学术著作总要标明作者姓甚名谁，新闻报道也不例外，发稿署名，不仅仅是记者（编辑）一厢情愿的事，而且是受众对新闻报道的客观要求。

美联社记者劳伦斯·埃德蒙德·艾伦因《死里逃生》的个人经历电讯消息名扬全球；读过通讯《县委书记的榜样——焦裕禄》的人，不会忘记作者穆青、冯健、周原三人的名字——名记者因报道署了名才出名，反之，关心新闻报道内容的人，同样关心报道者本身。

无须赘述，署名在新闻报道中不是可有可无、无足轻重的附属物，它往往发挥着见证稿件真实可信、增强稿件宣传效果、沟通作者与受众之间情感的作用。为什么人们总是偏爱名记者的稿子，为什么人们普遍爱读自己所熟悉的记者的报道，原因就在于此。

然而，令人遗憾的是，时下，新闻界在报道署名问题上存在不少不尽如人意的现象，或曰不正之风，不仅影响报道的效果和新闻界的声誉，也给记者本人和广大受众带来颇多烦恼。

一曰随意性。即报道署名与否不是按新闻规律和受众需要，而是随记者、编辑的兴趣所致。这方面的例子俯拾皆是。前不久，某报在头版报道一位气功师“气功表演神了”的社会新闻。消息在叙述了一位瘫痪16年的病人“顷刻间站立起来”的情景后说，为了验证这位气功师的功力，记者要求气功师表演“吞筷子”绝招，并亲自端来凉水，把五截儿折为两厘米长两头带尖的竹筷放入水碗中。这位气功师傅让记者端起水碗，在两米以外发功，“随着他的一声‘吞’字，记者猛吞一口，五截儿竹筷全部吞入肚内。下咽时就跟喝水一样，无一点异常感觉。至此，记者心悦诚服了”。像这样一篇以记者本人的亲眼所见和亲身体验见证气功师身手超凡的新闻，却只有“本报讯”而无记者（当事人）之署名。一位老人看了这则消息后说，鬼知道这个世界上有没有这个记者，但愿不是为气功师招揽生意。显然，该署名而不署自然影响报道的可信度。试想，当时任美联社驻英国地中海舰队记者的艾伦在他乘坐的英国轻巡洋舰“条纹布”号被鱼雷击沉的新闻专稿上不要署名，人们还不诅咒美联社在传播“天方夜谭”！当然，类似情况是记者有意匿名还是编辑别有深虑，局外人无从查考，但无论如何，在广大读者心中留下缺憾是显而易见的。这种现象，在人们最为关心的要闻消息中非常普遍。

由于种种原因，在战争年代和解放后相当长的一段时间，国内通讯社播发的电讯消息稿和报、台的要闻大多不署名。这在当时历史条件下本无可厚非，但时至今日，这种做法竟仍被延用。同一新闻事实、众多记者同时采写的消息，此报署名发表，彼报不署；同一电台的新闻节目，有的说“本台记者某某报道”，有的只是“本台记者报道”；同一报纸同一版面，篇幅长的署名，短的不署名（须知稿件质量和社会效果不以篇幅长短分高下）；有的报纸表扬性的稿件署名，批评性的匿名（当然不全部是这样）。凡此种种，受众如丈二和尚——摸不着头脑。就是长期在新闻战线奔波的人也很难说出个门道来。当然，不署名的稿件大多还是有其不署名的道理的，但有相当一部分不能不说是记者、编辑不负责任的表现。难怪有的新闻界朋友打趣地解释说：“报纸署名占版面，电台（电视台）署名占时间；新闻讲究短小精悍，抹掉署名岂不如愿！”

二曰门户之见。即新闻机构之间出于狭隘的门户之风，在记者署名上做手脚。历史在前进，社会在发展，现实生活中值得传播的信息量与日俱增，信息传播、反馈频率越来越快，任何一个新闻单位都不可能单靠自己的记者队伍就能保证重大新闻及时、准确、全面传播出去，就是报、台日常普通版面和节目中不可或缺的“花边新闻”趣闻趣事等为群众喜闻乐见的东西，也不是本报（本台）记者所能包揽得了的。独家新闻的比重越来越低。你无我有，你有我无，互通有无，服务受众，转发、采用兄弟新闻单位记者的稿件和通讯员稿件，是通讯社、报纸、电台、电视台日常新闻报道的重要组成部分。然而，如今一些新闻单位为了突出“地方产品”，把在本报（本社、本台）出现兄弟新闻单位的署名消息（文章）视为大忌，于是出现了下述情况：①在撰稿人身份上做文章。某省的一家报纸和一个电台是平级的新闻单位，两家记者向对方新闻编辑部门投寄稿件，既扩大了稿源和各自新闻单位的影响，也提高了双方记者的知名度，本是好事。可是，电台记者投给报社的稿件在刊用出来后，“某某某广播电台记者某某某报道”的署名均被不厌其烦地改为“通讯员某某某报道”，堂堂皇皇的电台记者，竟变成了小小通讯员！天长日久，电台记者大多忍受不了这种“降低身份”的委屈，便不再向报社投稿，而电台对报社记者的投稿也如法炮制，改“某某某报记者”为“通讯员”了。当然，通讯员并非低人一等，哪一个新闻单位不拥有一批知名度颇高的通讯员？但上述做法却不能不说是一种轻视和报复行为。个中微妙，难以言状。②肆意涂改记者姓名。某报 1987 年 10 月 6—9 日连载由新华社专供的该社记者屈维英、张荣大、符树柏、褚言义四人合写的四篇《清宫医案探珍记》，不经新华社和记者本人知晓，便在发表时给稿件杜撰了屈符、褚张的署名，不但搞得记者哭笑不得，而且被采访对象也感到莫名其妙：明明是向新华社四位记者提供的情况，什么地方又冒出这两个人来？无独有偶，1988 年 5 月 20 日至 6 月 20 日，又一家报纸连载上述四位记者的另外 14 篇稿件，原稿全部署记者真名，但发表出来时署名则有辛华寿、屈荣、符言、符议、张维、储柏、荣维等七种之多，只是没有一篇使用原稿署名。其中一位记者向笔者谈及此事时颇为愤慨，自称蒙受巨大屈辱。不是吗？试想，几个汉子揪着头发“爬格子”，劳苦的结果是被人家改名换姓,张冠李戴,稿件的发表已对作者没有多少意义，谁乐意尝这样的“苦果”。此等做法，不但损害了记者的名誉，侵害了记者的署名权，记者本人有意见，读者也很不以为然。明明是出自同一作者手笔的文章，何必多此一举，搞那么多“假代”糊弄读者。

三曰剽窃风。近年来，市场上冒牌商品泛滥成灾，殊不知，在新闻报道领域也不乏冒名货色。一些记者追逐名利不择手段。通讯员的作品，顺手牵羊，删几句话，换两个词，就堂而皇之地“领衔”署名了；给别人报道发表的文字新闻配上自拍的图像，就成了本台记者报道的电视新闻了；有的人则坐在办公室，把人家的工作总结、经验材料拿过来，添枝去叶，想象加工，就炮制出酷似身临其境采写的“纪实”“调查报告”之类。凡此种种，不胜枚举。

一些新闻单位和记者在署名问题上风气不正，产生的负效应是显而易见的。究其缘由，可以说是近一个时期新闻舆论秩序混乱的反映。归根到底，也是编辑、记者受众意识、职业道德意识淡薄，“自我”意识、商品意识过于浓厚的表现。在整顿提高新闻队伍、端正新闻导向、推进新闻改革的过程中，有必要强调新闻署名的规范化。

如同商业战线的同志把消费者看作“上帝”，对于新闻机构、新闻记者来讲，“受众是上帝”，为他们提供规范化服务是义不容辞的职责。

我们的时代已进入信息时代，人民大众与新闻媒介之间的关系越来越密切，人们已不仅仅满足于知道新闻事实本身，还十分关心新闻来源和报道者。况且，大量报道内容都是受众身边的人和事，他们是新闻事实的见证人。他们有权评说报道内容和记者的优劣长短，对新闻舆论进行反监督。特别是有关科技发明、经济信息、生活知识等方面的报道，人们总想“打破砂锅问到底”，这就必然要求更好地疏通受众与记者之间的联系，而不是有意设置障碍。在这方面，新闻界要做的事情尚多、尚难，但坚持发稿署名制度总是容易办到的。

诚然，新闻报道的署名不像其他门类的作品那样千篇一律，相对来讲，应允许灵活、自由一些。但也必须有章可循，不能随心所欲。熟悉无产阶级新闻事业史的人都知道，革命导师马克思处在当时那样一种政治黑暗、斗争复杂，人身安全尚不得保证的社会环境中，所办报纸和对外投寄的不少文章还力争署名发表。况且如今，我们在共产党领导的社会主义制度下，政治民主、言论自由，新闻事业的宗旨和人民大众的根本利益相一致，新闻报道捉迷藏似的动辄匿名就没有多少必要了。

没有规矩，不成方圆，笔者认为，今后，新闻机构应进一步健全和完善发稿署名制度，使报道署名规范化，并将其纳入法制的轨道。一般情况下，除新闻机构受权发表党、政机关重大决策、法令和事关全局的政治、经济、军事、外事等方面新闻外，一律署名发表，文责自负。

其次，加强新闻队伍职业道德教育。这些年，社会上“经商热”“出国热”、这热那热，此消彼长，“新闻热”也作为一股巨大热流，冲击社会各个角落。一时间大报小报泛滥成灾，新闻记者多如牛毛。一些新闻机构以邻为壑，记者队伍鱼龙混杂，新闻界的名声越来越糟。现在是改变这种状况的时候了。有效的办法主要是治理整顿，停（办）、合（并）一批报刊和压(缩)一批人员，同时，应大力加强新闻行业的职业道德教育，提高编、采人员的政治素质。新闻机构之间应推倒无形的围墙，消除门户之见，开展正常的平等的竞争，提倡在稿件面前人人平等；编辑部门应尊重记者的署名权，而记者也应深入生活，靠辛勤的劳动写出无愧于时代和人民的新闻报道。

（原载《社科纵横》1989 年第 6 期）

构建"三通一平"产学共同体

——基于新时代高质量新闻传播人才培养范式创新

冯　诚

摘要：

以构建学界、业界共同体的方式把新闻业界资源运用于高校新闻学科建设和人才培养，已成为许多部校共建新闻学院的创新作为。

如果说，这一构想和举措在过去只是学界朦胧的一厢情愿，如今却已是产学两界紧迫的时代命题。

习近平总书记2021年4月19日在清华大学考察时强调指出："党和国家事业发展对高等教育的需要，对科学知识和优秀人才的需要，比以往任何时候都更为迫切。""我们要建设的世界一流大学是中国特色社会主义的一流大学，要立足中华民族伟大复兴战略全局和世界百年未有之大变局，心怀'国之大者'，把握大势，敢于担当，善于作为，为服务国家富强、民族复兴、人民幸福贡献力量。"这是在向着第二个百年奋斗目标迈进之际，总书记为我国高等教育擘画的宏伟蓝图、指明的方向路径。毫无疑问，要将这一目标变为现实，为党和国家培养更多更卓越的新闻传播人才，不仅仅是高等院校自己的事，而应该成为学界业界共同的使命担当。

关键词：共同体、“三通一平”、互利共赢。

改革开放以来，我国新闻传播教育事业快速发展引人瞩目。新闻传播学科建设、教育教学体系、师资队伍、人才培养、社会服务全面跨越发展。但是，面对第二个百年奋斗目标的新征程、新使命，面对党和国家对战略性新型人才的新需求，面对国家十四五规划提出的“建立高质量的教育体系”和“新文科”建设提出的多学科交叉与深度融合的新任务，新闻传播教育尚需要展开更为广阔的想象空间。从这个意义上说，提出打造新闻传播学科学界业界共同体恰逢其时。

我们不妨从以下三个维度来思考这个共同体的特质：社会责任、家国情怀共同体，学术深耕、实操精进共同体，跨界勾连、能级提升共同体。换句话说，也就是两界联手共建人才培养共同体、教学科研共同体、社会服务共同体、互利共赢共同体。其可能性在于：共同的“心怀国之大者”，共同的高质量人才产需赋能，共同的专业理想和社会责任！

在我的印象中，我在业界采编岗位的数十年中，与学界的联系是相当有限的，那时候偶有的联系主要在接收学生实习与选拔优秀毕业生层面，而很少有深度的合作交流。进入学界这几年，情况大不相同了。其发生变化的机缘是教育部与各有关省市区共建新闻学院（下面简称部校共建）机制带来的利好。从 2014 年开始，“部校共建”新闻学院模式走向全国，从而使新闻学界业界共同体的建立有了制度基础和机制纽带。兰州大学新闻与传播学院当年也成为教育部首批“部校共建”的新闻学院，8 年来的共建实践，可以视为学界业界共同体的有益探索。

结合自己从业界到学界的实践与思考，我认为，构建新闻学界业界共同体，重点要在“三通一平”方面下大力气并有所创新、有所突破。所谓“三通一平”，就是打通学界与业界的实践育人通道，打通学界与业界的社会服务通道，打通宣传部门、新闻媒体和学院三位一体的人才培优上行通道；构建学界与业界教学科研资源共享平台，从体制和机制上保障为党育人、为国育才成为学界与业界共同的使命与担当。

以“重走中国西北角”实践教学为抓手，打通学界与业界跨平台协同育人通道

从2010年起，兰州大学新闻与传播学院率先在全国新闻院校中开展了“重走中国西北角——新闻学子接力采访实践教学活动”。迄今为止，这项活动已经连续举办11届，成为兰州大学两大品牌实践教学活动之一，并得到中国记协的充分肯定。

新闻学子“重走中国西北角”活动，就是组织在校学生沿着著名记者范长江先生当年深入西北地区采访报道的足迹，行走于中国西部的土地上，感知新时代中国发生的伟大变革，帮助新闻学子树立正确的新闻价值观，体验“准新闻人”所担负的时代使命和精神风范，培养新闻学子的家国情怀和历史担当。

该实践教学活动通常在暑假举行，多条线路同时进行（每年视情况确定线路和主题，有的年份行走线路达8条之多），时间10天左右，地域覆盖陕、甘、宁、青、川和内蒙古六省区。在带队老师的带领下，学生们利用暑假，深入基层、深入群众、深入生活，像真正的新闻工作者一样行走、观察、采访、报道、制作、传播和思考。11年来共有约1500名本科生、硕士生参加重走活动，平均每年140人左右。

这是一项“知行合一，学以致用”的实践教学活动，是新闻传播教育跨学界业界平台协同育人的大胆创新。在诸多权威媒体的支持下，已有1500多件实践教学作品先后发表于人民网、新华网、中国甘肃网、香港《大公报》等高水平权威媒体平台，正式出版优秀作品集五本。

此项实践活动为我院本科生的必修课（同时遴选部分硕士生参加），实施过程划分为循环闭合的三个阶段：

第一阶段：理论准备。这一阶段是实践教学的课堂实施阶段。主要通过马克思主义新闻学基本原理、新闻采访、写作、编辑、拍摄、制作等课程进行理论教学，尤其是针对“行走”实践过程中的常见问题与难点问题进行系统的讲授，使学生在如何做基层“行走”、如何寻找选题、如何规划实施采访、如何进行拍摄及写作、如何完成后期的编辑及制作等方面做好基础性的准备。

第二阶段：实践“行走”。首先，教师团队从春季学期开始便进行策划筹备，确定当年活动的主题、选题及线路。结合“原著与原典选读”课程，进行经典文献回顾阅读。学生填写路线申报书。指导教师根据对学生们的选题组织讨论，给予指导。学生根据教师意见结合阅读文献，优化选题，制订行走和作品方案。其次，在“行走”的实施环节，根据既定路线，带队老师带领学生奔赴基层。指导教师每天都对团队成员进行专业指导并提出实践要求。学生则汇报、讨论每天的采访进展，及时写稿、拍摄、编辑、发稿。完成的实践作品实时发表于各类媒体平台、终端。

第三阶段：总结、提升与回馈。“行走”结束后，每一位学生需提交至少两篇新闻稿，并撰写提交采访手记等材料。教师团队共同进行优秀稿件评选，并进行总结汇报与表彰。评选出来的优秀稿件将在校内外进行展示，并结集正式出版。最后召开“重走西北角”实践教学研讨会，将当年总结的经验反馈至来年的实践教学，最后形成实践教学完整的流程闭环。

重走西北角实践教学活动推动了学界与业界的融合互动。通过该活动，先后建立了二十余个实践教学与实训基地，实现了十余位业界导师和校内教师的双跨交流。在该活动基础上，学院还拓展形成了包含“新春采风万里行”“香港暑期训练营”“丝绸之路国际采风报道行”“五一”“国庆”小长假短期实践等系列活动在内的小实习课程包。以2021年国庆小长假为例，5位指导老师带领40多名学生，到甘肃省庄浪县采访5天，仅在新华社客户端发表作品就有40多篇，多数浏览量超百万。

以智库服务为抓手，打通学界与业界产学研通道，为地方经济社会发展提供智力支持

通过面向社会各行各业的智库服务实践，培养新闻学子社会服务意识和服务技能，是学院教学科研的一项重要内容。在智库服务方面，学界业界各有优势，二者联手就会形成一加一大于二的效果。2010年，兰州大学成立了社会舆论调查与舆情研判中心，中心联合甘肃省委网信办、《人民日报》甘肃分社、兰州市委宣传部、中国移动甘肃公司分等机构组建而成。2016年12月，兰州大学社会舆论调查与舆情研判中心被甘肃省教育厅和中共甘肃省高校工委联合批准为甘肃高校新型智库。目前该中心也是中宣部舆情局和甘肃省委宣传部舆情直报点。最近五年来，该中心充分发挥新闻与传播学、民族学、社会学、管理学等学科优势，实施“四纵四横”两轮驱动发展战略，即纵向对接国家、省（区市）、学校、市级宣传部门，横向整合政府、媒体、企业、高校优势资源，坚持教学科研与咨询建言同步展开。其组织架构业务实操本身就是一个跨界联合的共同体形态。

中心成立以来，积极与《人民日报》、新华社、《甘肃日报》等中央、省市主流媒体联手，有效整合业界资源，承担了中宣部舆情局和省内外党政机关及相关部门的舆情研判工作与舆论引导培训工作，形成各类舆情研判报告200多篇，多篇报告被省部级以上领导批示，有效推动了实际工作。以智库为研发基础，近5年在媒体融合、舆论引导、应急管理领域承担国家基金项目两项，教育部社科基金项目两项，省级项目6项。2020年5月，兰州大学社会舆论调查与舆情研判中心负责人获评中宣部2019年度舆情信息工作优秀个人称号。

在智库服务过程中，学院始终注意立足于国家战略、区域经济发展和地方热点舆情开展实用性调查研究，有针对性地提供解决方案。在服务社会的同时，学院还注意以教促研，研教结合，丰富了课堂教学在实操方面的不足。现在参与分析研究的老师和学生逐年增多，舆情服务已成为学院社会服务的一个重要方面。

以“部校共建”为抓手，打通宣传部门、新闻媒体和学院三位一体的人才培优上行通道

部校共建新闻与传播学院，是上海市与复旦大学敢为人先、早在2001年就首创的一条新闻传播教育新模式和人才培养新路径，功在人才培养，利在社会各方。20年来，在国家宣传、教育部门的引领支持下全国上百所院校及新闻传播学科走上了部校共建大道，大大推动了新闻传播学科的全面发展。

兰州大学部校共建从2014年开始启动，迄今八年来，甘肃省委和兰州大学高度重视部校共建工作，高规格、高标准、高水平推动学院建设和发展。简言之，就是明确了一个目标，建构了三大机制，取得了六大成效。

一个目标：用马克思主义新闻观引领人才培养，为党和国家培养忠诚于党的新闻事业，心怀“国之大者”的战略性新闻传播人才。

三个机制：建立了宣传部门、新闻媒体和学院三位一体的人才培养机制；建立了软硬件支持下的理论与实操、课堂与社会相结合的教学机制；建立了学科建设与社会服务有效接轨的产、学、研结合机制。

六大成效：

1. 马新观教育教学体系日臻完备。在部校共建推动下，学院积极培育马克思主义新闻观系列精品课程；参与《马克思主义新闻观十二讲》编写工作；引领马克思主义新闻观进教材、进课堂、进头脑；初步建成马克思主义新闻观教学科研团队。

2. 全面启动卓越新闻传播人才教育培养计划 2.0 方案； 2018 年开办国内首批“数字媒体技术”新工科本科专业；2019 年获批国家级一流“新闻学”本科专业；2020 年获批新闻传播学一级学科博士点，本、硕、博全学位培养体系正式建成。

3. 队伍建设成效显著。建成一支以中青年教师为主体、老中青相结合的、具有多学科教育背景的师资队伍；设立战略发展咨询委员会，聘请学界业界知名专家为学院发展建言献策；落实中宣部、教育部相关要求，先后派出双挂教师、接收双挂记者近 10 人次；选聘业界导师 30 余名。从 2009 年开始，学院连续三任院长来自业界，为学界业界的有效沟通和资源整合架起了桥梁。

4. 科学研究进步明显。制定科研激励政策，推动科学研究上台阶、入主流；承担国家、教育部、甘肃省各类社科课题 100 多项，出版著作近 20 部；在各类期刊发表论文近 500 篇；荣获教育部社科优秀成果三等奖 1 项，甘肃省社科优秀成果奖 6 项。最近 3 年，科研业绩逐年攀升。

5. 学术交流日益丰富。承办国内外高层次学术会议 11 次；积极推出“新闻学子香港媒体训练营”“新闻学子丝路行”等跨境交流项目，坚持用好“中国大陆新闻传播青年学者到访项目”“中国内地杰出大学生及研究生访问交流计划”等合作项目。

6. 实践教学品牌影响力和社会服务水平不断提升。部校共建的潜能正在逐步显现，从长远看，还需要在决策层面建立起有效沟通机制、长效约束机制、考核督查机制，并在打通学界与政界、商界、社会各界方面有所突破，在全社会培植合力同心的新闻传播人才产出沃土。

立足互利双赢，构建学界与业界教学科研资源共享平台

当今技术赋能时代，学界业界同样在新技术新理念挟持下追前沿、入潮流、创一流。理想的状态是，以人才培养为勾连，媒体的实践引领与学界的理论创新在数字平台上同向同行相生相融，壁垒因势拆除，要素自由流动，驱动教学科研和新闻媒体生产经营方式系统性转型变革。

在新技术、新业态的探索方面，媒体实践总是遥遥领先。但近些年来，学界的主动性和创新意识日渐强烈，特别是在新媒体、新技术的课程体系建构和高水平实验教学设施的硬件建设方面都大为改观。一些高校的新媒体实验室拥有最先进的软硬件配置和运维水平，权威媒体采编发指挥系统及中央厨房功能生动直观地尽现学生课堂，师生面对屏幕现场互动，实时新闻、舆情热点一目了然，编发的作品也可以一键上网。

兰州大学新闻与传播学院近几年也投入上千万元建成融合媒体实验室。实验室基于BS架构建成的40台计算机同时在线的云编辑平台，可同时存取、编辑、发布全媒体内容，有力提升新闻传播学科课程的实验教学能力，并实现不同专业、不同年级、不同层次学生的实践（实验）需求的全面覆盖。存储与发布系统实现数字化的传媒内容生产、存储及多平台推送功能。

与此同时，学院以先进的实验室为支撑，利用校内多学科雄厚的师资力量，从2018年起，开设了数字媒体与技术专业（四年制本科），很受社会欢迎。该专业立足于培养学生具备电子信息、计算机科学、多媒体网络、信息传播、内容安全、内容管理等方面的专业知识与技能，具有扎实的数字媒体技术基础理论、宽厚的专业基础知识、较强的实践能

力和基本的视听艺术素养，能够从事包括数字电视与电影、内容安全与版权保护、内容集成分发、新媒体应用以及虚拟现实等在内的多媒体技术开发、数字媒体设计与创作、网页设计与网站维护、信息服务及数字媒体管理等工作的高级技术人才。

在课程创新上，既利用校内实验室和工作室，又与社会各类媒体机构、新媒体平台以及政府、研究机构、企事业单位直接对接，将一部分课堂灵活设置在校外各种网络与新媒体用人单位，直接面向社会和市场，给学生提供不同类型、不同水平的实践训练，锻炼和培养学生的新媒体研究和应用能力。

值得一提的是，这一高水准实验平台的建立，客观上搭建了一个学界业界互利共享的大舞台。业界导师可以在这个平台上言传身教大显身手，尽情展示自己丰富的实践经验，给学生带来沉浸式教学体验。另一方面，学院利用这一兼具教学、研究功能的技术平台和高水平师资力量，对新闻媒体、宣传系统、县级融媒体机构、社会企事业单位开展各类专业性培训。近几年，兰大新闻学院已经为包括河南、安徽、山西、海南、甘肃等省市在内的数十家单位开展了新闻传播相关理论及实务、舆论引导与政府形象建构等方面的专业培训，赢得广泛好评。

2021 年 12 月，兰州大学新闻与传播学院与新华社甘肃分社签约建立学生实践教学基地，旨在将实践教学、行业指导、导师合作融入全过程人才培养体系，不断提高新闻传播人才培养水平。双方约定，各自的融媒体实验室均向对方开放，并联手开展学院师生和分社记者队伍的培训提高。

学界与业界，如同一枚硬币的两面，一体同心而又各自独立。新闻学界业界共同体的构建无疑是双方互利共赢的共同愿景。

（原载《青年记者》2022 年 2 月上，总第 719 期）

恪守新闻职业精神　推进媒体战略转型

——在郭超人新闻作品研讨会上的发言

冯　诚

按：当代著名记者、新华社前社长郭超人（1934.10—2000.6），湖北省武穴市人，2000年6月15日病逝于工作岗位。郭超人1956年从北京大学中文系新闻专业毕业，分配到新华社工作后主动要求到条件艰苦的西藏分社做一线记者，历任西藏分社、陕西分社、四川分社记者、副社长，总社秘书长、副社长等职，1992年任新华社社长、党组书记，是中共第十三、第十四、第十五届中央委员。郭超人既是当代中国著名记者，也是我国新闻战线的优秀领导人，被称为新中国新闻事业史上的一座高峰。为了传承和弘扬郭超人同志一生追求真理、无限忠诚于党和人民新闻事业并为之奋斗终身的思想品格、优良作风和崇高职业精神，2009年11月19日，由湖北省委宣传部、新华社新闻研究所、湖北省记协、新华社湖北分社、《湖北日报》传媒集团在武汉联合举办了郭超人新闻作品研讨会，来自全国各新闻媒体、研究机构、大专院校的近百位专家学者参与了研讨。本文为研讨会主题发言。

在全国人民欢庆新中国成立六十周年和新闻界纪念第十个记者节的

日子里，我们聚会江城武汉，举办超人同志新闻作品研讨会，有着特殊的意义。我相信，举办这样一个研讨会，是埋藏于许多人心中的一个心愿和期待！作为研讨会的主办单位之一，借此机会，我代表新华社湖北分社党组和全体职工对莅临研讨会的各位领导和专家学者表示热烈的欢迎和衷心感谢！对各位领导和与会专家学者对研究超人作品表现出的浓厚兴趣和对研讨会的热情参与表示崇高的敬意！

超人同志是湖北人民的优秀儿子！在他离开我们九年时间的今天，在他的家乡举办这样的研讨会，这说明家乡人民对这位骄子永远的惦念和牵挂！借此机会，我也向热情发起和全力举办这次研讨会的湖北省委宣传部、湖北省新闻工作者协会、《湖北日报》传媒集团的领导和同志们表示衷心感谢和崇高的敬意！

超人同志在任时对湖北分社工作一直十分关心，1998 年在视察分社时，对分社新闻报道等各项工作给予充分肯定并提出了许多具体要求。湖北分社同志也一直把超人同志的关心厚爱作为动力，新闻报道、经营管理多项工作都走在全国分社前列。

转眼之间，超人同志已离开我们九个年头，九度春秋，斗转星移，仿佛他离开我们已经很久很久！但是九年来，超人同志仿佛又时时行走在我们前头。我作为他在任时提拔到分社领导岗位的年轻同志，有幸得到他许多关怀和教诲。他对年轻干部的关心爱护、对边疆民族地区新闻报道和分社建设的高度重视、对培养国内记者世界眼光的远见等，都令我难以忘怀。

1995 年 3 月，超人同志在甘肃考察时，我和省里的同志一道陪同超人同志到我的家乡定西市参观考察。当他冒着寒风和满天雪花登上海拔 1800 多米的一座黄土山梁，看到我家乡父老在几乎寸草不生的荒山上挖出一排排的鱼鳞坑栽上侧柏、沙枣等抗旱树种改变植被面貌时，他带着几分凝重的语气回头对我说：“多不容易啊，要多报道这种艰苦奋斗的精神，这是你的家乡啊！”他的话深深地印在了我的心中。由此，我深信，这位胸中激荡着世界媒体风云的非凡人物和常人一样，在他情感的深处同样涌流着一股浓浓的乡情！

1996 年 12 月，超人同志和社党组又派我到新疆分社担任社长，在任前谈话时，他说，“新疆是边疆民族地区，政治责任重大，要好好研究民族宗教政策，抓好业务报道，带好班子和队伍，相信你去一定会做好工作”，并针对我担心自己能力有限搞不好工作的顾虑鼓励我说：“没问题，哀兵必胜！”我刚到新疆工作的两三个月内就遇到北疆大雪灾、伽师大地震、伊犁“2·5 骚乱事件”、乌鲁木齐公共汽车系列爆炸案等一系列重大天灾人祸突发事件，分社同志不辱使命连续出色地完成各项报道任务。此时，超人同志在分社的报告材料上给办公厅批示说：“请代我起草一份嘉奖令！”随后，新疆分社获得了历史上少有的总社社长嘉奖令，这也是分社几十年来所获得的最高殊荣。

1998 年，新华社首次组织国内记者团到国外采访，采访国家是俄罗斯。在超人同志的关心下，我有幸成为六人采访团成员之一，在离境前超人给大家谈话时，特别叮嘱我，新疆与多个独联体国家接壤，对外报道的东西很多，出去看看，开开眼界，报道才会更有针对性。

2000 年 5 月，由我和新疆分社原副社长韩文辉主编的《天山南北著风流》一书即将付梓出版时，我抱着试试看的心理恳请超人同志写序，没想到他很高兴地答应了，并很快于 6 月初写成传到分社，序言的字里行间都洋溢着他对边疆分社的深情关怀和殷切希望！遗憾的是，书还没有出版他就突然间离开了我们。这篇序言当是我们所知的他一生中最后一篇见诸于世的文字！

在我担任新疆分社社长的 4 年间，超人同志对新疆分社的业务报道和事业发展各项工作都非常关心，对分社领导班子十分信任，多次帮助解决分社工作中的难题，甚至连分社创办的一张《参考消息·广告信息版》报纸遇到困难时，他都亲自给总社有关部门负责同志打电话，要求考虑新疆分社实际予以支持。

1997—2000 年，我连续 4 年在参加全社年度工作会议时都亲耳聆听了超人同志关于新华社改革发展、业务报道、经营管理、队伍建设方方面面的战略思考、重要论述，并忠实地学习践行贯彻落实他和社党组关于新华社事业发展的一系列创新举措、决策部署，使新疆分社新闻报道和事业发展迈上了一个新台阶。超人同志也不止一次地对我的工作给予充分肯定。所有这一切，如今都已变成激励和鞭策我前进的精神财富和工作动力！

斯人虽逝，风范长存。超人同志留给我们的东西很多很多。站在历史新的节点上，回望超人同志远去的背影，我感到直到今天依然令我们深度震撼的除了他那一篇篇名垂青史的新闻作品和《喉舌论》等新闻论著外，还有他那坚持真理、忠于历史、植根生活、与时俱进、追求卓越、牺牲奉献的崇高而光辉的职业精神。

纵观超人同志的一生，他首先是一位杰出的无产阶级新闻战士，优秀的新华社记者，卓越的职业新闻工作者。他一生中用自己手中的笔记录了无数重大历史事件，给世人留下了许多脍炙人口的新闻经典之作。他把毕生都献给了党的新闻事业。从 1956 年到 1970 年，在雪域高原西藏工作十四年，超人同志完成了一个一流的职业化的新中国新闻记者的全面塑造。直至 80 年代初，将近 26 年，他一直奔波在采访一线。一次次地捧读他的各类新闻著作，那种纵深的历史感、强烈的时代感、浓厚的思辨色彩、横溢的学识才华、磅礴恣肆的气势、荡气回肠的旋律，无不让人深深叹服。浸透于他作品的美学光辉至今仍让人享受和陶醉！从《拉萨的春雷》《英雄登上地球之巅》，到《万里神州驯水记》《历史的审判》等，一篇篇镌刻于亿万读者记忆中的名篇杰作，使世人眼中的他早已登上了新闻事业的珠穆朗玛峰！

超人同志又是一个思想家，是一个探索真理、捍卫真理的勇士！他一生无论在什么情况下、什么岗位上，总是高昂头颅，傲视平庸，无所畏惧！

他采写于20世纪70年代中期的《安康调查》和粉碎“四人帮”后不久在四川双流县采写的《扫除唯心的阶级估量》等社会调查，充分显示他对极“左”路线干扰下的农村现实特别是“农业学大寨”运动的清醒认识和独立思考，对“四人帮”时期唯心主义和形而上学所造成的种种恶果的揭露和抨击，对极“左”路线的大胆否定。他的许多调研稿件对中央和各有关方面正确决策、拨乱反正提供了重要参考。实事求是，坚持真理，直面社会现实，绝不随波逐流，是他始终如一的职业坚守。

超人同志更是一位中国改革开放新时代成就的卓越的新闻界领导人。他将自己生命的最后一丝光辉都燃烧在了为中国新闻事业奋力前行的征途上！他在新华社副社长、社长岗位上整整16年，这期间，他在新时期无产阶级新闻理论体系建设方面具有辉煌的建树，在国家通讯社和世界性通讯社建设方面积累了丰富的经验，在带领新华社打破西方媒体对国际舆论的垄断方面作出了历史性的重大贡献！

特别是他担任社长的8年间，是新华社历史上发展最快的时期之一。他用超人的智慧、坚强的意志、豪迈的气魄、毕生的热血把新华社带进了21世纪，带进了世界性通讯社行列。

一部45万字的《喉舌论》，就是他对新华社、对中国新闻事业的呕心沥血的见证。打开这部巨著，从坚持新闻党性原则到当好党和国家耳目喉舌的高度自觉，从改进新闻报道到新闻队伍良好作风养成，从建设世界性通讯社的根本原则到进一步开发通讯社信息资源服务四化建设，从事业发展到科学管理，内容博大精深，无所不包。这也是他对中国新闻事业留下的一笔丰厚的无形资产。

当今时代，新媒体异军突起，信息传播的渠道和终端五花八门。随着日新月异的新技术带来的网络、手机等数字化媒体的迅速发展和传媒业全球化进程的推进，世界传媒格局和媒体业态正在发生着深刻的变化，媒介融合正在加剧，传统媒体普遍调整转型，新闻传播手段、传播理念正在变革创新，新闻产品的获取渠道和获取方式越来越便捷、丰富，媒体的品牌推广、产品包装已成时尚。但无论面对什么样的媒体竞争、市场挑战和理念冲击、利益诱惑，"优秀的内容永远是优秀媒体的主宰"。作为超人同志家乡的新华社分支机构，这些年来，湖北分社牢记超人同志谆谆教诲，始终坚持正确舆论导向，忠实履行职责，遵循新闻规律，担当社会责任；始终坚持"三贴近"原则，深入基层，调查研究，如实反映人民群众的愿望和呼声；始终坚持端正业务思想，恪守职业精神，走正道，求实效，不追风，不媚俗；始终坚持以政治强、业务精、纪律严、作风正为标准，着力培养职业化、第一流的采编队伍，新闻报道和各项工作不断取得好成绩。特别是去年 9 月新华社党组提出实现战略转型、建设中国特色社会主义的世界性现代国家通讯社的宏伟目标以来，湖北分社在重大突发事件报道、重大正面报道、重点调研报道、新媒体报道等方面实现了一系列新突破。

我们在石首事件、"10・24"长江大学英雄群体事迹等一系列重大突发事件报道和热点新闻报道方面牢牢把握正确舆论导向，通过多媒体手段，客观准确、全面地反映事件的真相和进程，对高层决策和引导舆论起到了无可替代的作用。如最近"10・24"大学生救人事件发生后，我们采写播发各类稿件 80 余篇，其中两篇重要稿件被中央领导批示，采写的长篇通讯《从"华山人墙"到"长江人链"——对话两代大学生英雄群体》深受媒体和读者好评。

我们的宏观正面报道出现了前所未有的好势头，在重点报刊、重要版面推出的重头稿件数量大增。仅今年以来《新华每日电讯》报头版头条刊登的重点正面报道就有10篇之多，比往年成倍增加。

我们的调研报道连续多年在国内分社名列前茅，一大批来自基层、有思想、有深度的调研稿件受到有关方面的肯定和重视，对推动实际工作起到了重要作用。

我们以视频报道为突破口，健全媒体业态，推进战略转型，成效显著，今年以来已发视频稿件千余条，新华网湖北频道浏览量连续数月位居国内31个分社第四位。

与9年前相比，今天的新华社又以崭新的面貌和空前的影响力屹立于世界媒体之林。前不久，由新华社社长李从军创意策划，世界8大强势媒体共同发起，新华社承办的世界媒体峰会获得巨大成功，赢得了与会五大洲、70多个国家和地区130多家境外媒体机构和境内40多家媒体负责人的一片喝彩，被称为“全世界媒体奥林匹克”。中国的国际形象和媒体形象无疑得到巨大提升。

当前，新华社正在推进战略转型、向更加强大的世界性现代国家通讯社进军。李从军社长要求全社上下要“把一流的职业化的标准贯穿到新闻报道和改革发展各项工作中”！在实现新的宏伟目标的征途中，我们一定要进一步学习和传承超人同志的优良作风和崇高的职业精神，努力培养一流的职业化新闻采编队伍，坚决贯彻总社党组的各项决策部署，忠实履行“消息总汇”和党的“耳目喉舌”职责，为党的新闻事业作出新的更大的贡献！

（见新华出版社出版《回望高峰——郭超人新闻作品研讨会文集》，作者时任新华社湖北分社社长）

大师兄传奇

冯　诚

中等个头儿，苍颜白发，体形略胖，步态微缓。茫茫人海中，想必是一个谁也不会在意的老头儿。走近其人，目光炯炯，精神矍铄，声如洪钟，谈笑风生，断不像 83 岁老者。

不要我接，不用人送，按约定时间，他从住地打车来到母校兰州大学与我见面。

他叫周德广，甘肃景泰县人，兰大中文系汉语言文学专业 1964 届毕业生，新华社高级记者。他先后十多次现场采访过周恩来总理的重要活动，毛泽东主席曾经两次批示过他的稿件。党的十一届三中全会上，他写的内参稿《今后不要再搞“一刀切”的政治运动》成为与会代表人手一份的参阅件，有效推动了以经济建设为中心、不再搞政治运动的顶层决策。

缘为情修：于今重识大师兄

周德广 1959 年考大学时报考的是新闻专业，两年后因院系调整并入文学专业，当时是 5 年学制，于 1964 年毕业。我俩同是兰大中文系毕业，在我这个 77 级学弟面前，他自然是大师兄喽。大师兄大学毕业后即分配到新华社国内部工作。本是总社资深编辑记者，事业前途看好，但终因北京难以解决家属户口问题，于 1976 年调到新华社甘肃分社工作，历任分社采编室副主任、信息社社长，1998 年退休。

我 1985 年 6 月从地方调入新华社甘肃分社后与周德广相识。那年底，大师兄入了党，不久被提拔为采编室副主任，编审签发记者稿件。加上他已是二十余年的“新华老记”，又有非凡的采访写稿经历，我们一帮年轻人对他仰慕有加。

大师兄是性情中人，豪爽大气，乐观豁达，人缘很好，空闲时常和年轻人一起打球、喝酒、跳舞、唱歌；大师兄是见过世面的人，天下大事，家国情怀，名人轶事，人生苦乐，话匣子一打开，便眉飞色舞滔滔不绝；有时和人争论起来，也是面红耳赤，绝不相让，过后若无其事。

担任采编室副主任几年后，大师兄升任分社信息社社长，负责分社的新闻信息经营业务。他依托新华社信息资讯优势，创办《甘肃内参》，为党政机关企事业单位提供决策咨询和智库服务，赢得很好的经济收益和社会口碑。

1993 年 7 月总社提拔我担任甘肃分社副社长，分管经营管理包括信息社工作，成了他的分管领导。作为大师兄，他总是鼓励我大胆工作。我俩办公室门对门，经常你来我往商谈分社经营事务，还相互切磋书法技艺。1996 年年底总社调动我到新疆分社任职，2001 年年初再回甘肃分社时，大师兄已经退休。后来我又辗转湖北、江苏工作，与大师兄几乎没有了联系。

说来真是缘分深。2019 年 3 月，我应聘到新闻学院任职后，与大师兄又有了联系，也才知道了大师兄竟是兰大 1959 级新闻专业的学生，入校两年后并入语言文学专业，最后从中文系毕业！ 20 世纪八九十年代，兰大创建新闻系之初，他还讲过几个学期的新闻采编课呢！

2021 年春夏季节，我先后两次邀请大师兄走进校园观光叙旧。2009

年母校百年校庆时，大师兄曾到校园参加过庆典活动，12 年后校园又是新面貌：一进天水路大门，迎面三株高大巍峨的雪松树冠相接，浓荫蔽日；树下庆祝建党 100 周年的绿植雕塑十分醒目，“自强不息，独树一帜”的校训石和“勤奋求实进取”的兰大精神刻石赫然矗立树后左右两侧；“三棵松”正后方，是 110 年校庆时新建的校友广场；从西大门到图书馆东西中轴线上，路基和两侧景观焕然一新。第一次邀请大师兄进校园是 3 月下旬，那天我陪着大师兄边走边看，边拍照边聊天，在校园逗留 3 个多小时。我领他来到红色校友墙下，找到他们全班同学的名字，他情不自禁讲起好多同学的趣事；在江隆基老校长铜像前驻足瞻仰，回忆老校长的风采；穿越东西中轴线漫步宁静校园，邂逅那些在花坛树下静静读书学习或从身边匆匆而过的莘莘学子，看到他们一个个开心快乐的样子，大师兄倍感欣慰。

半天畅叙意犹未尽，8 月中旬，大师兄应邀再进校园。两进校园，大师兄最为感慨的是，“变化太大了”！

是的，仅就校园面貌而言，当年迎门矗立的旧文科楼早已不复存在，如今变成了校友广场；当年校园里的拐角楼、大礼堂、文科大食堂等老建筑统统拆除了，满眼都是新楼群；1964 年暑假，大师兄他们等待分配的时候，全校各系同学轮流开挖的毓秀湖和土石堆积的假山，也已换了模样；现代化智能化的教学楼、标准化高品质的体育场馆，过去何曾梦想过！现在大师兄能认出的只有图书馆和化学楼、物理楼两栋老教学楼了。

触景生情，感慨万千。往事历历，恍然如昨。

首届新生：新闻专业“活字典”

如果有谁要问，今天，谁最了解兰大新闻教育初创时的筚路蓝缕？

那可真是非周德广大师兄莫属，他无疑是那段历史很权威的见证者和“活字典”。

大师兄上大学第二年就当了生活委员，最后两年又是学习委员，天天和同学打交道，和教师们来往也多，平常接触学校和系里的教学管理工作也不少，因此，了解的校情系情要比别人多一些。

“我们那年高考时，兰大中文系的一大部分已合并到了兰州艺术学院，我们是以兰州艺术学院新闻专业的名义招考入校的，到校报到时间是1959年9月。”

在大师兄的记忆中，兰大新闻教育的兴办明显带有那个时代的特征。那时，全国不少地方或新建高校、或创办新专业，或扩大招生，开办新闻专业的也不少，甘肃及兰大的新闻教育由此起步。

1959年，甘肃成立兰州艺术学院，当时要让兰州大学办纯理科学校，便把历史、经济、中文三系撤销，分别划到了甘肃师范大学、甘肃财经学院和正筹建成立的兰州艺术学院。中文系办公室、图书资料室、系领导、大部分教职工及二至五年级学生都交给了兰州艺术学院。“艺术学院成立后就新开办了新闻专业，1959年秋季开始招生，当年招生40名，填补了兰州乃至甘肃省大专院校的一项空白。”

大师兄记得，兰州艺术学院校址在段家滩，门前有一小股黄河水湍湍流过。校园面积不足百亩，连个像样的大操场都没有。当时，兰州艺术学院的行政规格不低：院长由时任敦煌文物保护所所长常书鸿兼任，党委书记由省委宣传部长吴坚兼任，院名由郭沫若题写。

1960年秋，新闻专业又招了一个班，第二年撤销专业，停止招生。

那么，为什么新闻专业只招生两届就匆匆撤销？

对此，大师兄回忆说，1961年党中央提出“整顿、巩固、充实、提高”八字方针，各行各业贯彻落实，于是甘肃省于当年秋天撤销了兰州艺术学院，恢复兰大中文系，学院文学专业随之复归兰大，新闻专业撤销，原有两个班分别并入兰大中文系语言文学专业同级班。

新闻专业开办之初，师资紧缺，只开采访写作和新闻史两门专业课，其它都上文学专业课。1959 年秋，复旦大学新闻系应届毕业生牛正武、叶粹存分配到新闻专业任教。牛正武任班主任，叶粹存讲新闻编辑与采访写作，同年从《甘肃日报》社调来记者杜修文任新闻专业主任，讲新闻史。1960 年秋，复旦大学新闻系毕业生刘树田分配到了艺术学院，担任新闻专业教师，80 年代初成为兰大新闻系的重要奠基人，曾任系主任多年。

在大师兄的记忆中，大学期间的生活、学习条件是很艰苦的。

三年自然灾害，到处闹饥荒。本来，大学生每人每月供应 33 斤口粮，绝大多数同学有助学金，高的每月 18 元，少的 12 元，生活应该是有保障的，但其他供应跟不上，加之食堂管理不善，照样挨饿。大师兄记得，艺术学院食堂常常做一种豌豆面馍，硬得像铁疙瘩，很难吃，一般人稍有办法就不吃它。但农村家庭的孩子没办法，不吃不行，至于肉食荤菜基本见不着。由于经常饿得坐不住，连晚自习都很少上。

那时候的学生，许多人有抽烟的习惯。当时有个“兴隆山”牌子的烟，开始照人头平均发放，每月四盒烟票。后来变成一盒了，再后来一个人只给 8 支，不少人只得戒了。实在戒不了的，便把菜叶子、茶叶卷起来抽，还有的卷报纸冒烟。

大师兄记忆中，第三学年回到兰大后灾荒还没有过去，生活依然困难。有次晚上饿得不能睡觉，宿舍同学就到学校对面供销社黄楼排队买了点酱油疙瘩，回来把酱油放脸盆里面，加些盐水，每人刷半碗，喝完才睡觉。后来饥荒最严重的时候，学生中不少人出现过水肿。

从 1959 年秋季入校，到 2021 年 8 月，整整 62 年过去，岁月如水，一切恍若隔世。大师兄见我时，特意带来了他们全班同学的名单和 1960 年夏天 32 位同学在雁滩公园的一张合影。那略微模糊却尚能分辨长相特征的照片上，站在最后一排的右侧第一人，头戴草帽，身穿短袖衬衫，笑口大开，一副活泼可爱的样子——那正是大师兄周德广。

为善勤学：入职国社第一人

大师兄老家在景泰县喜泉公社（现在叫喜泉镇）兴泉村，距县城 30 里，那里是一眼望不到边的干旱荒滩，自然条件严酷。父母都是农民，他在家里是老大，底下 7 个弟妹。14 岁上初中二年级时，因家庭生活困难被迫辍学一年。好在母亲有头脑看事远，后来生活稍好一些又让他去上学了。1956 年，他从景泰县初级中学高分考入兰州一中高中部，3 年后考大学也是一战成功。

在大师兄眼里，母亲是他第一个人生导师。他小时候放学回家，该上地劳动就劳动，该干家务就干家务，晚上还得看书学习。“我去读书的时候，母亲把饭留下，等我回来吃的时候，她就在旁边看着我，当我给弟妹们分一些的时候，她就很高兴。在邻居亲朋间，母亲也是以和善乐施出名。”

生活的经历和母亲的教诲让大师兄懂得，一个人无论怎样，都要善待他人，勤奋好学。这是他的家教，也是他的人生哲学。

上大学期间，有件事给大师兄留下深刻印象：一个家在甘肃和政县的同学，为了补贴上学，从家里拿了一些土特产到兰州火车站卖，大师兄知道了没吭声，结果还是被人告发了，说他搞投机倒把，放到班里搞批判，之后就被迫退学回家。

这件事让大师兄难以接受却又无力改变，但越是这样他越是尽最大可能善待每一位同学。

“有一位同学，高干家庭出身，二年级的时候，挨饿没吃的，就到雁滩农家院子里偷摘苹果吃。正在嘴里吃的时候，被抓住了，就把他扣下不让走，后来是我去领回来的。此事如果泄露出去他就受批判了，但我给谁都没说。学生肚子都饿着，吃个苹果，有啥不得了的。记得还有个男生，捡到了别人的饭票，就没吭声自己先吃着，结果被人发现后一路告到我这里来了，我就做工作让还回去了事。确实是捡上的，不是偷的，捡上就吃了几顿嘛。不能动不动上纲上线，随便毁掉一个人。”

作为班干部，既要牺牲时间为大家服务，同时自己必须勤奋好学做榜样，努力积累专业知识，立志为国家、为社会做贡献。这是一个大学生最本质、最重要的东西，不能舍本求末。

寒窗苦读，为的是早日成才；学好本领，才能更好地为社会服务，大师兄心中有清晰的求学目标。他是老家方圆几十里很多年间唯一的一个大学生，也是在国家经济十分困难的情况下全靠助学金维持学业的，不努力学习，对不起家庭，对不起国家的培养。因此，大学 5 年，他没有旷过一次课，所有老师的作业他都认真完成，每一次考试都拿高分。当班干部的历练，先后两个专业学科的系统学习，构建起了大师兄的知识体系、专业初心和人生“三观”，他逐渐成为班里品学兼优的佼佼者。

毕业分配是一次关乎命运的选择，大家都做好了接受祖国挑选的准备。快毕业时每个学生填报 5 个志愿，那时大多数人主要从两个方面考虑就业分配，一是专业对口，二是到边疆艰苦地区去。两年新闻专业学习，坚定了大师兄的新闻理想，毕业时他填报的第一个志愿就是新华社。学习新闻，然后到国家通讯社当记者，这是多少人梦寐以求的职业选择，大师兄如愿以偿。大师兄至今还记得，新华社来人到系里考察，回去不久就确定了 11 人的接收名单，其中总社 4 人，国内分社 7 人。1964 年 9 月 5 日，他到新华社报到，从此成为一名光荣的新华社记者。

“那一年分配时，分到新华社的名单上第一人就是我。为什么？因为当时分配既看品德表现又看学习成绩，我当过学习委员，成绩又是第一名，五年下来除了部分考察课统一为‘合格’，几十门考试课程只有一门是四分，其他都是五分。”

大师兄说，以前兰大学生没人能进到新华社，也很少分到北京的，而他们分配这一年，除了新华社，全校还有许多人分配到了中央国家机关。

“饮水思源，今天我们倍加感恩江隆基校长。”大师兄说，他们毕业那年，国家经济形势好了，对高校学生需求量大增。临近毕业时，江隆基校长亲自跑北京中央国家机关，做了很多推介工作，结果从那一年开始，新华社及中央国家机关的大门就向兰大学子打开了。

大师兄这批人进入新华社各个岗位以后，一直活跃到90年代末。他们在工作岗位上，普遍建立了为人诚实、作风朴实、工作踏实，能吃苦、靠得住、有后劲儿的良好口碑。粉碎“四人帮”、恢复高考以后，从七七级学生开始，又有一批批兰大人，进入新华社、《人民日报》、中央电视台等中央各大主流媒体，他们传承老一辈兰大人的优良传统和作风，在各自岗位上施展才华。在我撰写这篇文章的时候，现任《光明日报》总编辑、新华社31个国内分社的5位社长及总社部门3位正局级一把手是兰大校友。

筑牢根基：职业境界拼素养

进了新华社，大师兄先是被分配在国内部工作，岗位是资料室服务人员。但到岗第三天，部里就安排他去北京通县搞“四清”，参加社会主义教育运动，这一去就是8个月。第二年五月返回后岗位调整为国内部总编室发稿干事，这个岗位是做记者编辑前熟悉采编业务流程的一个过渡，协助领导和编辑核对稿件差错或者做些打印服务是岗位任务之一。

由于那时穆青是新华社副社长兼国内部主任，每月轮流值班一周，所以大师兄很快就和穆青熟悉起来了。

大师兄说，穆青等 3 人写的《县委书记的榜样焦裕禄》在修改过程中就是他帮着送社内印厂打印的，这篇稿件穆青先后改了 7 遍，每次他交印刷厂打印时都要仔细看看稿件的改动脉络。稿件在《人民日报》和新华社分前后两天刊登、播发后便轰动全国，无数人含泪阅读聆听。这篇名作让他这个年轻记者见识到，哪有什么一挥而就，好稿件一定是精心编改打磨出来的。这正是新华社的业务作风和优良传统所在。

“穆青在国内部轮流值班期间，每次打印完稿子就叫我看，说‘小周你看一下，有没有啥问题’。有时候稿子里面个别字不认识，他就说‘小周你帮我看看这是什么字，你给我查一下’。” 在大师兄眼里，穆青既是当代新闻界的泰斗，又是一位极其朴素平和的长者，“从他身上学到的东西一辈子受用不尽。”穆青去世后，大师兄连夜写了一篇怀念文章，在新华社《老年生活》刊出。

1965 年 6 月至 1966 年 7 月，大师兄在国内部总编室当发稿干事时，还荣幸地接触过周恩来总理审改批示的许多稿件。

大师兄说，周总理日理万机，每天要处理许多事关党和国家全局的大事，休息、睡眠的时间很短，劳累程度大大超过了他的身体极限。但他还经常要审改新华社的重要稿件。令人敬佩不已的是，当他审改稿件时，从不草草了事，不仅在政治、外交等大的方面严格把关，而且在行文逻辑、语言文字上都要仔细推敲。经过周总理审改过的稿件都非常严谨准确。凡是见过周总理审批稿件的人，无不为他那种严肃认真的工作作风所感动。

大师兄回忆，周总理审改稿件有几个显著特点：一是不论稿件长短，对其标点符号都要从头至尾重新标点一遍。原稿标点对的，在上面重复标一次；原稿标点错了的，就随笔改过来。周总理这样做，是为了集中精力，以便逐字、逐句、逐段地进行思考、推敲和修改；二是凡是在稿件上删字、删句或者删去某一段落时，都是轻轻地从周围圈一下，从不在上面涂改，清晰地保持着原稿的字、句和段落；凡是在稿件中要加的字、句或者段落，都写得很工整，勾画得很清楚；三是记者稿件中有错误的地方或提法不妥的地方，周总理会坚决改过来，并在旁边批上："照我改的发！"没有商量的余地。有时稿件退回来之后，秘书又接着来电话，告诉为什么要这样删改；四是讲究时效，从不压稿。新华社有许多稿件由于时间紧迫，往往在晚上九、十点以后送审。但只要送去，不论稿件长短，周总理都会抓紧时间审阅，当晚就批回来。有时周总理在凌晨两三点还在审稿。

大师兄说："一滴水能折射大阳，周总理审改稿件这件事，几十年来对我的教育是深刻而难忘的。我经常想，作为一名记者、编辑，从周总理审改稿件中应当受到很多的启迪：首先，要有高屋建瓴、从全局考虑问题的政治站位；其次，要有严肃认真、一丝不苟的工作作风；最后，要有遵循新闻规律、讲究新闻时效的专业素养。"在后来的新闻实践中，大师兄正是以此为鉴，不断筑牢自己的业务根基。

聆听教诲：伟人风范永不忘

1966 年 7 月至 1967 年年底，大师兄在国内部文教组当记者，任文教组组长，负责教育部和北京大专院校（重点是北京大学和清华大学）的报道，周恩来总理接见北大、清华等校红卫兵时，总社就派他去采访。"这期间我十多次近距离见到周总理，其中有两次和总理握手，一次和总理集体合影，有一次甚至被安排坐在主席台上周总理旁边四五米的地方。"

“那时候周总理每次接见红卫兵，都是我去采访，每次采访我都认真记录整理总理的讲话或指示精神，回来及时向领导报告。” 大师兄说，那一年多时间十多次采访，每一次聆听周总理的亲切教诲，都能领略伟人的革命胆识和人格风范，都能强烈感受到总理为国家前途命运的深深忧虑和矢志力挽狂澜的无私担当，以及对年轻一代的真心关爱。

1966 年 8 月 27 日晚 10 点钟，周总理在北京劳动人民文化宫接见一些大专院校红卫兵负责人。“周总理精神矍铄，神采奕奕，目光炯炯有神，他环视会场一周后说：‘同学们好！’接着和与会的代表一一握手，逐一询问代表是哪个学校的，叫什么名字。当周总理和我握手时，我自报了姓名，说是新华社记者。在那一瞬间，周总理又重新紧紧地握了一下我的手，并说：‘欢迎你参加会议！’这是我第一次见到周总理，也是我第一次和周总理握手，激动得不得了，感到这是周总理在特殊的历史条件下，对新华社的信任和嘱托。”

大师兄回忆说，周总理和大家握手后还询问了联络站和大专院校红卫兵组织的发展情况，之后作了很重要的讲话，明确强调红卫兵组织之间，没有根本的利害冲突，学生不能斗学生；学生要以受教育为主，以学为主；要严格执行“三大纪律八项注意”，不能老在外面搞串联；我们是有成分论者，但不是唯成分论者，不能搞什么“红五类”“黑五类”的唯成分论；要坚持党的统一战线，斗争的矛头不能指向民主人士；要保护好文物古迹。

几天后的 9 月 1 日下午，周总理在人民大会堂东大厅召集了首都大专院校红卫兵代表座谈会，参加座谈会的红卫兵代表 300 多人。座谈会从下午 3 点开到了 6 点多，之后周总理和其他中央领导与红卫兵代表集体合影留念。那次，大师兄也参加了座谈会，荣幸地和代表一起与总理合影。“这是我一生中唯一和周总理在一起的集体合影，这张合影照片，我一直珍藏至今。”

“那天，周总理与红卫兵座谈3个多小时，再次发表了重要讲话。我作为记者，抢坐在第一排，一字一句地聆听和记录。”大师兄说，那天下午，总理重申了8月27日晚的讲话要点，同时强调，红卫兵组织要大联合，不能搞分裂；不能乱提口号，乱造反，不能歧视出身不好的学生和群众；对地主、富农和右派分子及资本家，只要他们没有新的罪行，老老实实守法，就不要揪斗、批判或打倒；在破“四旧”、立“四新”过程中，要维护社会正常秩序，不能影响工农业生产和社会服务行业；要以理服人，反对搞体罚和变相的武斗；党和国家的一些要害部门以及广播电台、新华社等部门，不要去串联，广播电台、新华社这些党的宣传机构，有国际影响，你不能要求他广播、发布什么。

大师兄回忆说，后来还有一次，周总理在北京工人体育馆对数百名红卫兵面对面做批评教育工作。“那次，主席台除了周总理外，就只有我一个人坐在总理右边四五米远的地方，他的每一句讲话，我听得清清楚楚，他的每一个动作也看得清清楚楚。”

讲述起这一段故事，大师兄至今心潮难平。“那天周总理心情激动，他除了严肃地批评一些红卫兵的过激行为外，还着重讲述了我们党在遵义会议上确立了毛泽东主席的军事领导地位以后，中国革命才不断取得一个又一个胜利；也讲述了他自己为什么自从遵义会议后，紧跟毛主席，忠于毛主席的经历和体会。讲到动情处，数次声音哽咽、嗓子沙哑。总理的讲话对在场的每一个人都是一次深刻的革命传统教育。”

半个世纪过去，“十年浩劫”已为陈迹。大师兄说，他的亲身经历足以说明，在历史紧要关头，金石分明，清者自清，伟大的中华民族和年轻的共和国即使在最曲折最危险时刻，也终究有人力挽狂澜，不致航船完全沉没。

忠实履职：两获“御批”任评说

报道新闻事件，记录时代风云，是新华社记者的天职。大师兄这一生，在新华社记者岗位将近 30 年，写过无数的稿件，但最让他难忘的是毛泽东主席批示肯定的两篇稿件。这是他一生的荣耀，尽管他写的稿件无法抹去那个时代的痕迹。

新华社作为党的耳目喉舌，一个重要职责就是通过内部渠道为领导层提供决策参考。毛泽东主席对新华社的参考报道作过很多重要指示和批示，但他批示的内参报道作为中央文件全文转发全国的，只有 1968 年的两篇，这在新华社是开了历史先河的，也是内参报道自创办以来到毛主席逝世为止仅有的两篇。而这两篇稿件，都是大师兄采写报道的关于北京新华印刷厂在“对敌斗争”中区别两类不同性质的矛盾、执行党的“给出路”政策的经验。

第一篇是 1968 年 5 月 12 日刊登在新华社内部刊物上的《北京新华印刷厂军管会发动群众开展对敌斗争的经验》。

“这篇参考报道，是由我执笔，与记者于有海合写的。发稿之前，同事们看到稿子时，说这是‘走刀尖’的事，风险大，但我们斟酌再三还是坚持发了。结果没想到毛主席于 5 月 19 日作了批示：‘建议此件批发全国。先印若干份，分发有关同志，然后在碰头会上宣读一次，加以修改，再加批语发出。在我看过的同类材料中，此件是写得最好的。’”

据大师兄介绍，北京新华印刷厂有 3000 多名职工，是当时毛泽东主席抓的“六厂两校”试点之一。这个厂的前身，是北洋军阀时期一个印制钞票的工厂，后来又变成日本人手下的印刷厂，到了国民党统治时期，成为国民党伪中宣部的正中书局，当时所有成员都加入了国民党。新中国成立以后，由伪正中书局、原国民党投资的上海华夏书局、东北的几个小印刷厂以及《冀中平原日报》印刷厂合并而成新华印刷厂，人员构成复杂。“文革”初期，厂内斗争形势的复杂程度也是可想而知的。大师兄作为当时新华社国内部文教组长和主要负责该厂报道的记者，1968年4月和记者于有海到这个厂蹲点调研后发现，这年2月军管会人员进驻该厂后，注意政策和策略，引导群众正确处理两类不同性质的矛盾，团结大多数人开展“对敌”斗争，取得较好成效。于是他从“对于广大革命群众，必须坚决依靠，也要善于引导”“对于犯了严重错误的人，必须从严要求，也要注意团结”“对于一小撮阶级敌人，必须狠狠打击，也要分化瓦解，指明出路”三个层面总结了军管人员的主要做法。稿件作为参考报道呈报上去后，毛泽东主席即作了上述批示，中央于5月25日将毛主席批示和这篇报道原文转发到了全国。从毛主席批示和中央下发文件不难看出，稿件反映的“区别两类不同性质的矛盾”“团结一切可以团结的力量”，在当时无疑具有强烈的现实针对性。

第二篇稿件是1968年11月12日刊于新华社参考报道上的《北京新华印刷厂革委会在对敌斗争中坚决执行党的“给出路”政策的经验》。

大师兄说，毛主席第一次批示他们的报道后，他深受鼓舞，进一步增强了调研报道的信心，又和记者姬乃甫先后多次深入该厂跟踪调查。当时全国随意揪斗干部，搞逼、供、信的问题比较普遍。而新华印刷厂对所谓犯错误的同志执行党的“给出路”政策，依靠群众，慎重定案，尽量从宽：能不押的尽量不押，能不关的尽量不关，对那些可戴可不戴“帽子”的人，就不给戴“帽子”。大师兄他们调查认为，新华印刷厂的这些做法是很值得重视的经验，在全国一定有普遍意义。于是，由他执笔完成了这篇参考报道。

“当时北京市革命委员会看到这篇参考报道后，让我们作了部分修改，然后于1968年11月29日按记者修改过的稿件原文作为文件转发全市并呈送给了毛泽东主席。毛泽东主席12月1日批示：‘建议将此件转发各地参考。对反革命分子和犯错误的人，必须注意政策，打击面要小，教育面要宽，要重证据，重调查研究，严禁逼、供、信。对犯错误的好人，要多做教育工作，在他们有了觉悟的时候，及时解放他们。”

大师兄说，毛主席的批示明确提出了“打击面要小，教育面要宽”“要重证据、重调查研究”“严禁逼、供、信”和及时解放“犯错误的好人”的意见，句句是干部群众所盼。1968 年 12 月 3 日，中共中央以文件形式转发了毛主席批示和《北京市革命委员会转发北京新华印刷厂在对敌斗争中坚决执行党的“给出路”政策的经验报告》（署名新华社记者，文件下发到了城乡各基层单位的革命委员会）。一时间，全国各地很快形成了“解放”干部的热潮，许多原来被逼得失去生存信心的人重燃希望。

“那是一个特殊的年代，新闻记者的报道无不打上时代的烙印，但怎么选题、报道什么、怎么报道，也折射着记者的良知、胆识和责任担当”，大师兄说。

为民请命：铁肩道义笔千钧

从总社调到甘肃分社，大师兄更多地接触到了社会底层，对老百姓的疾苦、基层干部的呼声，有了深入了解。

粉碎“四人帮”以后，新闻媒体的春天来了，一大批新华社记者，活跃在全国各地，深入基层一线，反映民生疾苦，反思社会问题，用手中的笔，参与到国家的改革开放和政治民主、经济建设中来。大师兄和甘肃分社其他记者马不停蹄，足迹遍布陇原大地，发出不少有影响力的稿件。

那个年代，甘肃十载九旱、十年九灾，农村粮食严重短缺，而说大话、假话和浮夸风却非常盛行。报产量时，层层虚报、浮夸；搞征购时，层层硬压任务；报回销粮指标时，又层层往下扣指标。这就给群众的生产、生活带来了极大的困难。

1976 年，甘肃发生严重自然灾害，与 1975 年相比，全省减产粮食 21 亿多斤，明明没有完成国家下达的计划指标，省里却在《红旗》杂志上发表文章说，全省虽然自然灾害严重，但“粮食产量仍然完成了国家计划，继续对国家有所贡献”。这种浮夸作风，使当年全省的产、购、销盘子几经反复定不下来，严重影响了对灾区群众生活的安排。

针对以上情况，要不要深入调查，向中央如实反映情况？有人认为甘肃的粮食问题是“禁区”，不要去捅乱子。而大师兄和分社当时的业务领导几经研究，认为应当冲破阻力，深入调查，按照调查的结果再看有没有向中央反映的价值。于是，1977 年的春节前，他在省上有关部门了解面上情况后，就冒着冰雪严寒，深入到中部干旱地区的武山、甘谷、秦安、通渭、静宁、会宁、靖远七个县，逐个公社（乡）、逐个生产队、逐家逐户进行采访，用时二十多天，掌握了大量第一手材料，回来后写出了《甘肃省一些重灾地区群众生活状况的调查》。

这篇调查报告在 1977 年 2 月 5 日新华社参考报道上刊登后，受到了党中央的高度重视，国务院主管领导在北京饭店召开了国家有关部门和甘肃省相关负责同志参加的紧急会议，专门研究解决甘肃省群众生活困难的问题。大师兄当时在北京总社出差，受总社指派，也参加了这次会议。会议最后决定中央给甘肃省拨出救济粮 7 亿斤，增拨救济款 1500 万元（加上原来的 1500 万元，共计 3000 万元），同时，解放军总后勤部拨出了大量的旧军棉衣、被褥，铁道部为甘肃运输救济粮大开绿灯。

甘肃灾区农民在得到这些救济粮、钱、物时无不感激党和政府。这篇调查报告冲破了过去报道的“禁区”，为群众的疾苦而奔走呼号。省上一些了解情况的干部说：你们新华社为甘肃群众办了一件大好事。

作为新华社记者，有一条最基本的要求，就是要保持高度的政治敏锐性，始终站在党和国家前途命运的大局研究和思考问题。

1978 年，在党的十一届三中全会召开之前，大师兄和记者孟宪俊深入到甘肃的河西走廊采访。当他们到民乐县采访时，这个县的县委副书记苑福谈到了一个很重要的观点：建议今后不要再搞“一刀切”的政治运动。苑福说，要具体问题具体分析，具体解决。为了保证中心任务的完成，请求中央今后在全国范围内不要再搞什么大的政治运动，尤其不能再搞那种“一刀切”的政治运动。苑福说，由于过去一些运动搞了“一刀切”和“层层揪”，结果每次运动都整了一大批干部，也造成了许多假案、错案、冤案。解放以来，民乐县有百分之八十以上的干部在不同的运动中挨过整。就拿 1959 年的反“右”倾来说，中央出了问题，下面还不知道咋回事，就一下子搞了下来，甚至反到了生产队，使许多干部成了右倾分子。苑福说，建议今后哪一级出问题，就限在哪一级解决，不要一下搞到下面来。

苑福的谈话振聋发聩，过来人哪个不感同身受。毫无疑问，这是一个极其重大而又敏感的问题。在进一步深入采访后，大师兄执笔写出了《民乐县委副书记苑福建议今后不要再搞“一刀切”的政治运动》一稿。稿件写出后，在征求同行们的意见时，众说不一。当时“两个凡是”还占上风，不少人认为，向上反映这样的问题，是要担很大风险的。但也有不少干部说“我举双手赞成”。于是，这篇稿件很快在总社参考报道上刊出。中央领导看到这篇稿件后特别重视，胡耀邦同志认为此事意义重大，即批示作为党的十一届三中全会的参阅文件，人手一份，印发给到会的每一位代表。出席会议的中共甘肃省委书记宋平同志（后来曾任中共中央政治局常委）回到兰州后在省委常委会上说：“想不到我们省还出了这样一个‘宝贝’，提出了今后不要再搞‘一刀切’政治运动的建议，说出了许多人想说又不敢说的话。这篇稿子对中央领导同志和参加会议的代表，起了重要的参考作用。”后来党中央作出决议，今后全国不再搞政治运动，要以经济建设为中心。

这篇参考报道也是新华总社1978年全社8篇特等好稿之一。

善待生活：“糟糠”情深天伦乐

学新闻、文学专业，做新华社记者，写石破天惊的文章，大师兄是幸运的。虽然他写的许多重磅稿件并不为社会所知，但在历史的天空中却也擦出过点点火花。他感恩新华社，是新华社为他搭建了实现人生价值的壮阔舞台；他感恩母校，自强不息、踏实进取的兰大精神惠泽他一生。

毕竟已步入耄耋之年，大师兄感叹身体大不如前，但好在身无大病，高兴时还能喝二三两酒。最让大师兄欣慰的是，到了这个年龄，膝下儿孙满堂，尽享天伦之乐，这一生也算完满。

我刚到甘肃分社时，大师兄40多岁，潇洒气盛正当年，但他家是分社院子里最特殊的一家人：爱人孩子刚解决农村户口不久，五个孩子四个在上学，爱人没有工作，一大家人挤在一套三居室小房子里，生活拮据不言而喻。大师兄说，他到新华社工作后，很快遇上“文革”动乱，直到70年代中期，才想到把家属户口转到北京，但跟北京市联系后方知，孩子进京年龄必须在15岁以下，而当时他的大女儿已经16岁了。因此就打消了进京念头，下决心调回甘肃分社以解决家属问题，不久以后全家才在兰州团聚。

如今聊起这个话题，大师兄显得轻松坦然。他笑言，年轻时的艰难可能换来的是年老时的福报。

大师兄的老伴是本村发小，出身地主家庭，虽没读多少书，但贤惠勤劳人品好。“我上大学时已经21岁，年龄不小了，农村这么大的男孩大都结婚了。上大学不到一年，我就结婚成家，上学期间就有了两个孩子。

当时班里结婚的男生也不少，可有的后来离婚了，但我丝毫没有动过这个念头。一是因为我们夫妻有感情，二是因为我的家庭教育和家乡人传统观念影响，觉得不能背叛糟糠之妻。至于家庭生活上的困难和不便，总是可以克服的。”

“现在我们的生活真是很舒心的，我和老伴身体都不错，5 个孩子也都有很好的工作、生活和家庭，过年过节四世同堂，其乐融融。”大师兄言语间流露出满满的幸福感。我笑他：大师兄言下有“多子多福”之意呢！

本是颐养天年、万事不再操心的时候，但几十年的职业素养和社会责任让大师兄依然保持着媒体人的敏感和激情。近几年，大师兄在接送小孙子上学时发现，现在的幼儿园和小学体罚学生现象比较严重。“这些年，社会上出现了一种杂音，好像对小孩不体罚，就是老师不负责任，老师体罚学生才是对你好。这完全走偏了。”令大师兄不能接受的是，2019 年 11 月 23 日，媒体突然报道教育部对外发布《中小学教师实施教育惩戒规则（征求意见稿）》，一些都市报标题是《教育部拟出台教育惩戒新规：中小学教师可行使罚站、面壁、隔离反省、限期转学等惩戒权》，媒体似乎还在为所谓惩戒制造舆论推波助澜，为老师体罚学生开脱责任。大师兄读了这篇消息，百感交集，久久不能释怀，最终，他拿起笔来给时任教育部长写了一封信，对征求意见稿中的不当之处一一驳斥：《规则》中规定，对学生可以罚站、面壁反省、增加运动、隔离、停课、停学等这些规定，是体罚和变相体罚学生，对学生的身体直接或间接进行了侵犯，限制了人身自由，过去任何时候都没有这样规定过，“教师独尊”要不得；“限期转学”，此规定应重新考虑，现在实行九年义务教育制，各市（州）、县（区）都是划片入学，让“限期转学”，往哪里转？谁接受呢？广大工人、农民和城市居民，他们无权无钱无“硬”关系，怎么能找到学校呢？

我是新华社高级记者，已退休了，我根本找不到“关系”能让学生转学，何况一般老百姓；“惩戒”本身就不正当何来正当惩戒；教育要以人为本，以“善”为道，以“仁”为鉴，建议不要出台这个《规则》。1500 多字，言辞尖锐，掷地有声。信的落款为：“新华社甘肃分社退休干部周德广 2019.12.10。”

读大师兄的信，仿佛作者是一位血气方刚的年轻人。大师兄说，这封信人家是否收到不得而知，但那个“征求意见稿”从征求意见到现在尚无动静，但愿这一昏招真的胎死腹中。

学业，事业，人生，一代人有一代人的故事！

大师兄那代人叱咤风云的时代虽已渐行渐远，但他们书写的历史却厚重多彩。

在我心目中，大师兄不只是母校兰大的杰出校友，更是后辈新闻人肃然起敬的从业良师！

（2021 年 11 月记于兰州）

第三辑

案例解码篇

采访札记：

发现“无锡拐点”

冯　诚

2016 年 10 月 9 日，《新华每日电讯》报头版头条刊登出我和记者朱国亮、孙彬采写的通讯报道《喜看“无锡拐点”》。这是一篇力图以一个老工业城市的转型发展实例回答我国经济下行拐点有可能在局部地区出现的提振信心稿件，其样本意义和现实针对性是不言而喻的。

稿件发出后，《无锡日报》也在头版头条转发，新华网等各大网站及各类新媒体纷纷转载，微信朋友圈引来不少热评！当地党政主要领导、宣传部门一致为之点赞，认为是多年少有的提振无锡人精气神的重头报道；2017 年 9 月，该报道获评无锡对外报道特等奖。

值得一提的是，这个“拐点”新闻不是宣传部门新闻发布会公布的，不是动态事件跳到媒体人眼前的，而是记者深入调研发现并精准提炼报道出来的！它诠释的是新华社“把一切新闻报道建立在深入调查研究基础之上”的路径自信、理念自信。

在采写这篇稿件之前，我的脑海中一直思考着三个层面的问题：一是从 2011 年以来，我国经济持续下行的压力未得到缓解，真正的拐点并未出现，改变这种局面的路径何在？二是从 2015 年以来，中央强力推进供给侧结构性改革，效果如何？三是作为主流媒体记者，能不能通过典型案例给人以信心？

2016年5月初，我和分社记者孙彬、朱国亮在采访华西村过程中，拜访了时任江苏省委常委、无锡市委书记李小敏同志。在见面交流中得知，年初以来无锡经济形势出现企稳向好局面，一季度多项指标同比出现正增长，这是多年来少有的迹象。这一情况令我眼前一亮。因为“十二五”期间无锡经济连续5年一直处于下行状态，在省辖市中，位次不断后移，干部群众压力很大。现在出现逆势正增长，值得关注。只是仅一个季度的情况和数据能不能说明问题还有待观察。于是我和李书记约定，过一段时间专程来采访。七月中旬，我作为省直单位人大代表随团到无锡进行调研期间又了解到，上半年无锡各项经济指标都有上好表现，也就是说连续两个季度稳步向好，这对一个老工商业城市来说很不寻常。回南京后，我当即和孙彬、朱国亮商量准备尽快前往采访。本来我们是打算独家去采访，但在对接期间，省委宣传部正要组织中央和省属主要媒体到无锡采访转型发展，我们也只好随大流集体行动，虽有遗憾，但也无妨。采访中各媒体记者们先后听取了李小敏书记、汪泉市长情况介绍，与市属发改委、经信委等多家单位负责同志进行了座谈，还深入到江阴市、惠山区、经济技术开发区十多家重点企业实地考察现场走访，与干部职工交流。前后采访整整三天，接触党政干部、企业家、各界职工群众近百人，采访收获令人欣喜。所到之处，干部职工信心满满，政府转型、企业创新、科技引领、产业为先，调结构、转方式、稳增长、惠民生的力度很大，坚决贯彻中央“五大发展理念”、强力推进供给侧结构性改革成为“十三五”开局之年经济发展最强音。有一组数据最能说明问题：上半年，全市工业经济实现近几年最好开局，工业投入增长13.2%，分别高于全省和全国平均2.3个百分点和9个百分点；规模以上工业总产值和工业增加值分别为 7284.9 亿元、1481.1 亿元，增速同比分别提高 4.3 个百分点和两个百分点；规模以上工业企业实现利润同比增长 13.8%。

工业经济振兴，带动无锡经济逆势上扬：上半年，18 个主要经济指标中，有包括 GDP 在内的 12 个增幅高于上年同期。资本市场也迎来“丰收季”，半年新增境内外上市公司 11 家，全市上市公司数量增至 105 家。还有一点不同寻常，就是经济发展对房地产的依赖性大幅减弱。增速止跌，质态向好，产业结构和生态环境优化，这一系列情况令媒体记者们摩拳擦掌，纷纷表示要尽快拿出稿子来。

可是问题来了：耳闻目睹那么多，材料摞了一大堆，多家媒体，一大帮记者，各自写什么，怎么写？同台竞技，各显身手，比的是角度、温度、深度，新华社自然不甘落后！

对于这样涉及一个地区宏观性的稿件，首先要对新闻价值的内核把握准。无锡是百年工商业名城，民族工业的发祥地之一。改革开放后苏南乡镇企业的第一把火，从这里点起。它的经济实力工业基础，以前超过苏州；它的 GDP 规模、税收水平，相当于内地一些小的省份；它的人均 GDP 水平，至今在江苏还是首屈一指。这样的一个地级市，经济下行局面得以扭转，转型发展有了亮色，对其他地区无疑具有非常重要的参考价值。于是我们决定首先要发挥新华社内参报道的优势，通过内参稿件，为高层领导决策提供参考，为其他地方经济转型提供借鉴。

那么，内参稿件从何切入，到底要呈报什么？新华社内参稿件要求门槛很高，稿件既要有新闻价值又要主题突出，层次清晰，语言凝练句句干货，不能四平八稳，长篇大论。稿件写不好，根本发不出来，报不上去。其实我们一开始采访，就在思考着这个问题。起初我们就已考虑从供给侧结构性改革入手，写无锡的转型发展，因为这是当前经济转型的主旋律，写出来，具有针对性。但在采访写稿过程中发现，供给侧结构性改革是一个很大的主题，在具体写稿时还需要小切口入题，突出无锡特点。

在媒体记者集体采访时李小敏书记和汪泉市长都讲到一个观点，就是无锡经济今年以来止跌向好出现“拐点”。但对“拐点”一词他们只是一带而过，并没有具体的阐述和特别强调，也没引起记者们对这个词语的敏感。但我听到这个词后却很感兴趣，因为去年以来，一些学者就中国经济是否出现L形拐点有不少争论。从宏观上看，止跌趋稳的L形走势目前还是很难企及的。因此如果无锡经济拐点可信，本身就是很有意义的。几天采访下来，我对无锡拐点的判断越来越有把握了。在和朱国亮、孙彬研究讨论稿件写作时，大家形成共识，就以无锡拐点为新闻由头，写上、下两篇稿件，第一篇主要写经济增长连年下滑的无锡出现拐点的状态及其效果和意义，第二篇则聚焦于多年坚持创新引领、调整产业结构、发展实体经济、重振产业雄风、推进供给侧结构性改革的稳健举措、具体做法和引发的思考！因为涉及对全市经济形势的判断以及诸多数据和实例，初稿出来后我们主动征求无锡方面的意见。很快，市委常委、宣传部长王国中同志回电话说书记、市长等几位主要领导都对稿件充分肯定，认为有深度、有思想，对无锡发展变化的路子分析总结得好，他们只是对文中个别数字和提法作了部分修改。但有一点要再商量一下，就是李小敏书记觉得把“无锡拐点”提法一下子突出出来，似乎高调了一些，请我们斟酌。国中部长说他本人和其他几位同志也觉得“无锡拐点”提法很好，应该是成立的，但书记的话也有道理。听了王国中部长的话，我理解李小敏书记作为主要领导，低调一些自然主动一些，但核心问题还在于对“无锡拐点”有没有自信。于是我在电话中请国中部长再跟小敏书记谈一下我的意见：一是无锡拐点是事实存在，而且今年全年乃至今后几年的发展态势都是有把握持续稳步向好的，这一点我们也是在采访中反复调研分析论证了的；二是现在报道无锡拐点有新闻性、有针对性，有传播价值和社会正能量；三是稿件反映的是无锡干部群众坚持“四个全面”和“五大发展理念”、建设“强富美高”新无锡的生动实践，不涉及宣传个人。国中部长听了我的话深以为然，说马上向李书记汇报。很快王部长反馈电话来了：小敏书记说尊重你们的意见。

就这样，以反映和解读“无锡拐点”为主要内容的两篇内参稿件发到总社，不久总社就作为重要参考报道发出，时任江苏省委书记李强看到后当即作了肯定批示。

紧接着，我们着手撰写公开报道。虽然，有了内部报道的思想基础和素材准备，但公开报道与内参调研报告写法完全不同，绝不是内参报道的简单改写，它应是主题鲜明、文字活泼的工作通讯，有情节推进故事穿插细节描述，这类报道最忌讳材料堆砌，四平八稳，记流水账，必须把功夫下到位。更重要的是，“无锡拐点”的公开提出一旦公之于众，就必须经得起历史的见证和干部群众的评说。

那么，“无锡拐点”论据到底何在？我们从三个维度得出判断：

一是通过持续几年的“三去一降一补”，无锡实体经济形势强劲转好。上半年，华西集团向政府纳税8.4亿元，与上年同期相比增112%；“海澜之家”实现净利润17.7亿元，门店增加652家；红豆集团“双喜”临门——红豆股份增资18亿元，旗下“通用科技”再上市……此类喜人典型比比皆是。过去几年，无锡累计化解近400万吨钢铁、淘汰800多万吨水泥、22万多吨化纤以及大量印染、造纸、皮革等产能，以此推动产业调整升级，实现“腾笼换凤”。与此同时，无锡还化解了800多亿元的不良贷款，将商品住宅去化周期由2015年年初的24个月降至目前的8个月，2016年又给企业送出约200亿元的降成本“大礼包”，“大手笔”为企业减负，让企业“轻装上阵”。在2016年9月发布的2016年中国企业500强、中国制造业企业500强、中国服务业企业500强榜单上，无锡有13家企业入围中国企业500强，22家企业入围中国制造业企业500强，9家企业入围中国服务业企业500强。

二是科技创新成为这一轮无锡经济发展的“新引擎”，一批新兴产业在这一“引擎”的带动下蓬勃发展，有的呈现出裂变式的增长。比如成立仅6年就成功挂牌新三板的机械设备制造商——奥特维科技股份有限公司，两年销售额实现160倍增长，其原动力就是科技创新。为了让更多科技成果在无锡转化，无锡积极推动企业与高校院所进行产、学、研合作，目前全市已有校企产、学、研合作联盟727家。无锡惠山区区长李秋峰介绍，在惠山，几乎每个乡镇都有产、学、研合作项目，即“一镇一院一产业”。为推动科技创新，无锡还广建各种科技载体，各级政府主导建设的创新创业载体总面积已有约590万平方米；积极争取和实施一批重大科技项目，如“蛟龙号”深潜器、“神威·太湖之光”超级计算机等项目；实施“太湖人才”计划，集聚国内外科技创业领军人才。依靠科技创新，无锡崛起一批细分行业的领军企业。多年稳居全国县域经济百强前两位的江阴市，上市企业已达40家，还有上百家在排队。无锡市委常委、江阴市委书记陈金虎说：“仅在江阴，细分行业的全国‘单打冠军’就有上百家。”另据无锡市政府提供的数据，在科技创新带动下，2015年无锡新兴产业产值突破万亿元，新兴产业成为无锡产业转型升级的“生力军”。

三是在“一带一路”倡议中大显身手。如红豆集团在柬埔寨西哈努克港附近购买了11平方公里土地，按中国开发区的模式打造了一个柬埔寨的经济特区，创造性地将国内的“一站式”行政服务窗口做法照搬到西港特区。截至目前，特区已吸引100余家企业入驻，其中来自中国的企业85家。在无锡，像红豆这样走出去发展的企业还有不少，如华西集团在马来西亚等多个国家和地区投资设立了 9 家境外企业。2015 年无锡对外投资达 17.4 亿美元，创历史新高。

而在稿件的写作上，我们则带着满满的自信，以不可置疑的口吻和气势落笔行文。

首先，我们在标题上颇费苦心。如何把无锡拐点作为新闻眼作出来？起初，拟了几个题目，都觉得不理想，后反复推敲，决定以“动能转换优势再造，工商名城重振雄风”为肩题，引出主标题：喜看“无锡拐点”。这样，无锡拐点的提法就比较响亮，有动感能传神，拐点性质一目了然，新闻性也更突出，自然会更吸引读者眼球。其次导语要写出自信和气势。新闻通讯的导语，是文章之“主脑”，主要事实核心要义必须充分体现，语言文字必须精练，同时要能激发读者继续往下读全文的冲动。因此，我们以时空穿越、镜头变幻、今昔反差、设问自答等多种方式，把无锡拐点的内涵揭示了出来。

百年工商业名城，苏南乡镇企业发祥地，这是无锡曾经的辉煌；

生态亮红灯，经济踩刹车，规上工业连续 6 年在省内垫底，GDP 增速连年下滑，这是无锡最近七八年的发展之痛；

拐点出现在“十三五”开局之年：今年上半年，18 个主要经济指标中，12 个增幅高于去年同期，并持续呈现企稳向好的喜人态势。

简短的三段文字，点出了从昔日辉煌到近几年发展之痛，再到拐点出现，以及持续向好的喜人态势，接着又通过高度提炼概括的三句话揭示了无锡拐点内核：

推进供给侧结构性改革先人一步，促进产业升级动能转换义无反顾，抢抓“一带一路”机遇借地生财，这是无锡干部群众经历发展“阵痛”后的回答。

既强调导语内容句句干货、层次分明，又注意语言的节奏气势声韵气质。

在主体内容架构方面则分四个层面进行深入解读：实体经济逆势上扬，量增质优止跌向好；“三去一降”腾笼换鸟，“四化理念”引领转型；“科技创新”一招制胜，“单打冠军”遍地开花；“一带一路”春风化雨，跨国创业借地生财。

江苏是全国第一工业制造业大省，无锡又是江苏第一工业制造业大市，2016 年经济总量已达 9200 亿元，其经济走势引人关注。多家媒体同时采访报道，唯我们独家报出“无锡拐点”。说到底，拼的还是站位、眼界、格局，是脚力、眼力、脑力、笔力。仅以脚力为例，当时一同赴无锡采访的各大主要媒体负责人有的和市领导见面交流后当晚返回，有的第二天打道回府，而我则老老实实采访 4 天，这还不算此前多次到无锡的采访积累。在稿件写作上也是精益求精、一丝不苟，3800 多字的通讯，《新华每日电讯》一字未改，总编辑方立新同志亲自安排头版头条推出，从而取得了良好的传播效果。最让我们欣慰的是，我们对“无锡拐点”的发现和判断及时准确先人一步，完全符合实际。从 2016 年年初至今，无锡经济稳健强劲向好，统计数据一季好于一季，2017 年全市预计实现地区生产总值 1.05 万亿元，正式迈入 GDP“万亿俱乐部”，实际增速达 7.4%，是五年来无锡首次超过全省平均水平，“这标志着无锡经济发展实现了历史性跨越，城市能级和综合实力显著增强”（2018 年元月市长汪泉政府工作报告语）。正因为如此，干部群众对新华社的点赞也是情理之中的事了。

（本文完稿于 2018 年 3 月，选自拙著《镇版报道的气质养成》）

附原文阅读链接二维码：

《喜看“无锡拐点”》

采访札记：

“华夏第一村”采访报道背后的职业坚守

冯　诚

“华夏第一村”——这个桂冠能戴几十年，本来就有很多悬念！而在掌舵四十多年的老书记吴仁宝去世3年后，“第一村”又是什么样子？有哪些变化？如果你不亲自到华西村看看，就根本无法想象！

2016年5月4日，我和孙彬、朱国亮两位记者赴华西村采访。《信仰为根 制度为本 监督为盾——江苏省华西村党性教育见闻》《华西村：转型发展新一波》两篇通讯和另外两篇内参稿件是我们此行的成果。

5月初的苏南大地，草长莺飞，景色宜人。坐在驶向华西的轿车里，我的眼前浮现出第一次造访华西村的情景。2011年年初，我从湖北调江苏工作，其后不久就安排走访华西村，拜访老书记吴仁宝。那次一同去华西的有分社常务副总编郭奔胜、记者孙彬、退休老记者袁养和。老袁是老书记的好朋友，就是他在20世纪70年代发现了华西村和吴仁宝这个典型人物，并将其写到了《人民日报》上，写出了名，从而与华西村结下了不解之缘，坚持几十年报道华西不停笔。记得当时和老书记见面，是在民族宫礼堂的休息室，已届84岁高龄的老书记精神矍铄，一见面就感谢新华社感谢老袁对华西村的关爱，特别是他和老袁之间那种诉不完的知音深情深深地感染着我们。因后面照例安排了他给参观学习人员和游客做报告，所以交谈半个多小时后我们就陪老书记到大礼堂，听他为大家演讲。这天，大礼堂座无虚席，几百名听众鸦雀无声。老书记用他的方言讲，一位年轻女同志在旁边翻译，每讲到精彩处，大家先是辨析老书记的话语，接着听翻译准确解读，然后一片掌声！

“不怕公有和私有，就怕公私都没有”；

“有福民先享，有难官先当”；

“什么是社会主义？人民幸福就是社会主义”；

“华西村坚持共同富裕，没有暴发户，没有贫困户，只有家家户户富”……

他的话睿智风趣、朴素深刻，句句耐人寻味，引发听众强烈共鸣。

吴仁宝带领华西村创造的辉煌已穿越半个世纪。20世纪70年代后期，华西村已是全国典型，时任村支书的吴仁宝开始向村民和参观群众宣讲华西致富的经验和道理。进入新世纪以来，每年都有200多万人次的海内外宾客到华西考察、旅游，他们把见一见吴仁宝、听一听他的报告作为“一个富有特色而又经典的项目”。几乎每天上午十时，全国各地接踵而至的游客就会聚首在华西民族宫,听一听名动四方的吴仁宝报告:“社会主义富华西。”

那次到华西，实际是一次礼节性拜访，时间很短，除了听老书记报告和参观活动，没有蹲下来深入采访，但留下的印象很深刻。离开华西不久，我就请郭奔胜、孙彬他们对老书记多年坚持宣讲“社会主义富华西”做专题报道。很快，他们采写的内参得到时任总书记胡锦涛和多位中央领导批示，中宣部安排各大媒体集中宣传，其公开报道《吴仁宝“社会主义富华西”深受听众欢迎》经通稿播发后各类媒体广泛转载，这是老书记2013年去世之前由分社记者掀起的最后一次重量级报道。

如今，中国经济早已进入新常态，吴仁宝老书记也已离世3年了，华西村的经济发展情况如何？曾经红红火火的村办企业在“去、降、补”的大势下如何作为？特别是2016年年初开始，全党上下开展旨在加强基层党的建设的“两学一做”教育活动，作为长期践行“社会主义富华西”理念和道路的华夏第一村，“两学一做”有什么特点？带着一系列问号，我们来到了华西村。

在赴华西采访之前，我对两位同人再三强调，我们关注的这些问题，就是决策层关心的问题，也是广大读者感兴趣的问题！这也就是我们新闻的由头！

其实，两位记者早已明白，我们此行想从华西村得到回答的问号，岂止是这些！比如，全国各地农村从20世纪80年代初全面包干到户了，而华西村却始终“我行我素”不搞分田单干，数十年坚持走集体经济道路不动摇！对此，海内外质疑甚至诟病者不少：老书记去世后华西集体经济大旗到底能扛多久？比如，从2001年始，华西村吸纳了周围13个行政村，通过“一分五统”合作（村企分开，经济统一管理、干部统一使用、劳动力在同等条件下统一安排、福利统一发放、村建统一规划），形成“大小华西”的格局；华西村内部，将小华西（原来的华西村）称为“中心村”，将大华西（新并入的13个行政村）称作“周边村”。这样以小托大一分五统的模式，能真正把一个两千多人的小华西村变成3万多人、中心周边13个行政村情投意合的大华西吗？

比如，现任党委书记吴协恩2003年就已接老书记班执掌帅印，老书记在世时，人们总认为他只是挂名书记，而老书记才是第一村的实际掌舵者，现在老书记走了已3年，而且面对移动互联网时代和国内外经济环境的严峻挑战，第二代掌门人身手如何，神话般运行将近40年的村级集体经济能经得起新常态的考验吗？

采访用了整整一天半时间。我们从“两学一做”入手，全面了解华西村党的基层组织建设、经济社会转型发展、生态环境、精神文明、民生福祉等诸多方面情况。我们夜以继日，参观村容村貌，采访领导班子成员，与村民代表和企业家座谈，察看普通人家的生活状态，了解华西集团经营情况……对吴协恩的两小时采访是重中之重。我们是在5日早上先听完他对安徽一批县乡培训干部的演讲报告后再进行采访的，然后我们又到村里与干部群众广泛接触。通过深入采访挖掘，我们感到，多年的实践，特别是老书记去世3年华西村的开拓创新稳步发展说明，作为老书记的小儿子，吴协恩不负众望。他不仅像老书记一样，坚定不移带领乡亲们走社会主义共同富裕之路，而且面对近年来竞争日益激烈的外部经济环境的压力，善谋笃行，及早抓转型、调结构，使资产规模500亿元的华西企业集团一路稳健前行，2015年利税总额达24亿元。更让人欣慰的是，今天的吴协恩，依然像老书记一样，给前来参观学习、培训的外地干部和游客宣讲社会主义富华西，一年讲座上百场，大家同样很爱听！所不同的是，他的普通话不错，讲课不需翻译。听完他精彩的报告，再同他敞开交流，让人感到他清晰的思路、踏实的作风、强烈的百姓情、朴素的表率意识，加上他憨厚的气质，低调行事的个人风格，很有感染力。难怪他能赢得华西人的普遍认同。

采访过程是发现新闻价值的过程，新闻报道的传播力在于它精准回答受众的关切，准确把握并能满足受众知情诉求。

这次采访，我们发现，华西村在党的建设和企业转型发展方面，有一系列创新变化很值得关注，但也有不少东西是华西人执着的坚守！用吴协恩的话说，就是“无论如何改变，要变的是方式和方法，不能变的是道路和信仰；要变的是能力和创新，不能变的是根基和底线；要变的是体制和机制，不能变的是责任和使命”！这不正是我们报道写稿的切入点吗？自然也是受众关切的问题！

从“变与不变”的视角，我们对华西村形成了一系列采访认知：华西村建村50多年坚持走社会主义道路不动摇，是道路自信、制度自信、理论自信的践行者、诠释者、示范者；华西村50多年来始终注重加强党的基层组织建设，建立了一整套完备的党建制度和坚强有力的监督保障机制，使基层党组织的战斗堡垒作用和党员先锋模范作用始终得到有效发挥；华西村“两学一做”活动有声有色，亮点多多，党员联系户制度深受村民和党员欢迎，建设学习型党组织、争做合格党员在全村43个党支部和2200多名党员中蔚然成风，成效显著；社会主义核心价值观深入人心，社会和谐平安，数十年没发生过刑事案件！

在经济发展实力方面，华西企业集团资产已超过500亿元人民币，2015年企业利润和上缴国家税收均超过12亿元，2016年上半年上缴税金8.4亿多元，同比增长112%；2600多人的中心村人均年收入保持在10万元以上；自吴协恩上任以来，华西陆续关掉了线材、化工、带钢、老电厂等9家低效益企业，同时，对其余传统产业进行升级改造，近三年用于企业技改投入就达8．8亿元，调结构，去产能，转方式，集团产业已覆盖十多个产业领域，除钢铁、纺织等传统产业外，如今已拓展到金融、海工海运、矿产资源、新能源等。

通过调研采访，我们头脑中的一系列问号得到满意的解答，我们深为华西村今天的持续健康发展而欣慰！我们深感在今天新的时代背景下对于华西村这样的老典型、好典型更应该多一些理解、呵护和支持。于是我们决定把华西村新时期党的建设经验和经济转型发展新常态下的良好表现分别写两篇内参稿供高层决策者参考，然后再写公开报道。为了充分占有材料，所写报道真实全面经得起事实和历史的检验，报道主题和写稿思路确定后，我让孙彬和朱国亮再赴华西，进行了一次更加广泛深入地补充采访。这之后不久，我们所写的两篇内参稿于“七一”前夕发到了总社。7月2日，报道党建的第一篇内参发出，很快，中央领导作出肯定批示，刚刚到江苏出任省委书记4天的李强也作出批示：“请省委组织部阅。加强基层党组织建设和开展党性教育，十分重要。在‘两学一做’学习教育中，要善于发现、总结和推广一批基层典型。”接着，中宣部充分肯定华西“两学一做”经验，要求我们做公开报道，并安排中央各大媒体赴华西村采访。一时间，华西村在几近沉寂三四年后又一次成为媒体集中报道的典型。我们的公开报道《信仰为根　制度为本　监督为盾——江苏省华西村党性教育见闻》自然很快出手，上了《新华每日电讯》的版面头条，同时被各大新闻网站转载。

就在兄弟媒体7月中旬刚刚采访完华西村党建经验后，我们采写的华西村经济转型发展的另一篇内参稿7月20日刊出来了，结果中央领导又一次作出批示！李强书记也再次作出批示指出：“华西村以改革促转型升级的做法值得肯定，省级有关部门和无锡市要关注、支持这个老典型。”这不正是我们采访报道华西村的初衷吗？中宣部也再次要求各大媒体集中采访报道。于是，中央、省属市属各大媒体又一次走进华西村，我们的《华西村：转型发展新一波》第一时间如期发出。就这样，这一段时间，华西村的报道可谓铺天盖地。这是老书记吴仁宝去世3年来，华西村新闻报道的第一个现象级高潮！

但报道影响还在继续发酵！我们的稿件发出后，《经济参考报》特别认同，经征求我们意见后整版刊登华西村报道，还再给我们一个整版，约请我们作吴协恩书记专访。于是，朱国亮同志再度赴华西，围绕着吴协恩本人掌舵华西的方方面面，进行深度专访。而吴协恩这个表面行事低调、不善言谈的人，已被我们的报道所打动，居然与国亮一聊就是3小时，而且意犹未尽，第二天接着畅叙，俨然成了好朋友。短短几天时间，国亮的稿件就发到了编辑部！普通人的视角，轻松自然的笔调，图文互动的方式，把天下第一村新一代掌门人的风采首次大篇幅全景式展现在了读者面前！编辑很喜欢这篇稿件，一见到稿子就编排上版；见报后深受读者欢迎，各大网站和新媒体终端纷纷转载！因为稿件平实客观基调把握得比较好，华西干部群众和吴协恩本人都纷纷点赞！也正是因为新华社和各大媒体对华西村和吴协恩本人的一系列报道，此后不久，江苏省委宣传部于2016年10月授予吴协恩江苏“时代楷模”光荣称号！

我们的内参和公开报道发出不久，吴协恩书记给我和两位记者分别发来感谢信，信中说：“最近两个月，让我们华西人倍加感动的是，贵社内参先后两次发表华西的文章，不仅使我们再次受到中央和省委领导的充分肯定、多次批示，而且也对华西经验进行了一次全面的总结和宣传，对华西干群给予了一次极大的鞭策和鼓励。这也必将激励我们，要进一步继承好吴仁宝老书记的遗志，更好地打造好百年企业，建设好百年村庄，努力实现‘两个一百年’的美好愿景，从而不辜负从中央到地方各级组织的殷切期望，不愧对新华社江苏分社的辛勤付出，努力把华西的各项工作干得更好。”

客观地说，华西村这样的老典型，新闻报道要出彩很难。这次报道为什么能产生很好的效果？究其原因，就是在当今经济社会转型发展的关键时期，华西村这样的老典型仍然具有无可替代的样本意义，社会各界仍然关心和支持他们的探索和实践，关爱和呵护他们的发展和进步。

而为什么新华社又能够先人一步，及时回应党委政府和社会各界的关切？这是因为我们身上有着与众不同的“职业坚守”，这就是：党和人民耳目喉舌和国家通讯社的主流担当，始终不忘呵护和抒写人民群众伟大创造的为民情怀，一代代新华人接力传承、共同守望新华社红色基因和世纪辉煌的团队精神。

主流担当，这是新华社记者的内在气质。与苏维埃政权同日诞生的红色媒体、党和人民的耳目喉舌、新闻信息总汇、高端智库、国家通讯社、世界性通讯社，这样的媒体机构及其从业人员，必须是“党的政策主张的传播者、时代风云的记录者、社会进步的推动者、公平正义的守望者”。新华社历来要求记者要有全国意识全球眼光，站位要高，视野要宽，格局要大；记者的新闻报道必须服务于全党全国工作大局，坚持正确舆论导向。作为新华社地方分社的记者，更要充分利用平台和渠道的优势，站在国家通讯社的高度策划组织报道，写出来的稿子要在海内外有良好的传播力、公信力、影响力。这也是新华社记者的政治担当、时代担当、国社担当。

为民情怀，这是新华社记者的作品“有温度、接地气、感动人”的重要保证。身在江苏，守土有责，对华西村这样的老典型，关注不关注、关心不关心、关爱不关爱；在他们转型发展的重要历史节点，在外界猜疑、诟病甚至唱衰的喧嚣声中，能不能及时有效发声，正确引导舆论，考验的是记者的脚力、眼力、脑力和笔力，也检验着记者的为民情怀和境界。

团队精神，这是涌流在国社万人团队中的精神动力。当年，江苏分社记者袁养和对华西村的报道铭刻史册，现在接力棒交到了我们手上，我们和老袁一起再度走进华西村，不是为了别的，就是要在现场去感受老记者和老书记重逢叙谈时的气息，从而透过历史的云烟，认识曾经和当下的华西，增强我们报道的纵深感、精准性和时代意义。老袁铸就了华西村报道的高峰，我们新一代新华人就应该自加压力，承前启后，传承发扬老一辈的优良传统和作风，擦亮新时期新华社的金字招牌，不断书写华西村以及中国农村报道的新篇章。6年间，从老书记去世前到新书记掌舵后两次报道高潮，从华西村老书记和新书记都成为新华社的好朋友，就是最好的回答。

（本文完稿于2017年6月，选自拙著《镇版报道的气质养成》）

附原文阅读链接二维码：

《信仰为根 制度为本 监督为盾——江苏省华西村党性教育见闻》

《华西村：转型跨越“新一波”》

采访札记：

难在前瞻眼光，贵在民本情怀

冯　诚

2011年年初，我从湖北调江苏工作。从欠发达的中部省份到了改革开放前沿的经济发达地区，从已工作7年而相对熟悉的地方，一下子置身于陌生天地，反差是强烈的。长江三峡、神农架、武当山、恩施大峡谷……荆楚大地上的大山大水再也看不到了，到处是一马平川，良田沃野……苏州园林、扬州瘦西湖那人工打造的亭台轩榭、小桥流水，以前旅游时看过，如今再走一遍，很温婉煽情，但不震撼！说真的，从自然风光的险奇壮观和旅游资源的丰富多彩看，江苏比不上湖北！

但江苏毕竟与众不同！

初来乍到，学习为先。半年多时间里，我从案头的资料阅读到苏南苏北的城乡见闻，获得的信息量很大。经济体量大，开放程度高，城乡差距小，百姓口袋满，这些都声名远播，早已不是新闻——我试图用自己的眼光发现一些这个沿海发达省份的个性特征。

进入新世纪以来，全国各地都快速发展了10年，现在“十二五”开局起步，在此节点，用怎样的视角看江苏看全国？从湖北到江苏，从农业大省到工业大省，用怎样的目光看走势、看潮流？

触动我的有三件事：第一，6月中旬，省委书记罗志军下村蹲点搞调研，在一户农家吃住5天。这不是件简单的事。我多年来先后到四省区工作，这种情况还是头一次见。书记下去了，省长不例外，省、市、县主要领导干部都安排时间进村入户，察民情，解民愁。特别是农村经济已经很发达的省份，粮食产量当时居全国第三位，还有如此深的三农情怀，殊为不易；第二件事，在苏北宿迁市调研时，市领导不是先让我看城区的楼房马路和园区项目，而是把西城区绿色开发和生态建设当作得意之笔郑重介绍，这在湖北一些地市还很少见；第三，到扬州调研期间，宣传部同志说，他们一个市已建和在建的文博场馆两三年内要达到一百个以上，这也是中西部许多地市无法企及的，因为一要有兴趣，二要有实力。

这三件事如果仅限于此三个事例，那还只是“点”，是否已在全省具有“面”的普遍性呢？我开始关注了解，搜集素材，再从这三个维度观察分析，能不能说这是江苏在经济社会发展到较高水平后的一种理念升华和境界追求呢？如果回答是肯定的，那么，在当下，一个进入后工业化时代的经济大省，如此重视“三农”、重视生态、重视文化，这样的发展思想，无疑是有前瞻性的。再者，这种发展理念，说到底，是要淡看速度攀比、政绩崇拜，更注重打基础管长远，立足于百姓福祉、可持续发展。

我的想法渐渐成形，并考虑了成稿的题目：《江苏新时尚：亲农、尚绿、炫文化》！思路清晰后，我请来分社几位管业务的同志和相关记者，请大家研判：这个题目是否成立？我的认识符合不符合江苏实际？这样写稿行不行？结果大家一致认为这个题目有新意，也符合江苏现阶段实际，三个方面的新闻素材都丰富得很，应该抓紧做，并安排负责经济文化报道的两位年轻记者与我一起投入采访写稿，其他同志协助。就这样，我期待中的一篇重点报道启动了。接下来，两位年轻人经过补充采访和大量案头工作，很快把初稿拿出来了，而且基础很不错。于是我们一起再三斟酌，反复修改，精心打磨，在素材选用和语言锤炼方面很下了些功夫。

8 月 16 日，我们的稿件《江苏新时尚：亲农　尚绿　炫文化》发到了总社，17 日由新华社原题全文播发了通稿，新华网当天第一时间转发，《新华每日电讯》《新华日报》《南京日报》等不少报纸第二天都在头版头条刊登，两天时间新浪、搜狐等生成数十个网页。省委书记罗志军 18 日见报当天在《新华每日电讯》报上批示称赞："新视角，新观点，反映江苏科学发展的新面貌，新华社的报道值得称赞！"媒体同行和社会各界也都给予很多好评。这篇报道也荣获了第十四届江苏报道奖一等奖。

回顾这篇报道的采写成稿过程，我深感作为国家通讯社记者，只有站在时代和社会生活的前沿，以前瞻眼光和民本情怀去发现新闻、采写新闻，倾心倾力去打造精品力作，必然会赢得读者，无愧时代！

换句话说，这篇报道，既是江苏新时尚的现实写照，也是作者"有温度"的舆论引导。

稿件刊发不久，新华社新闻信息中心以《媒体、学者高度赞扬"江苏新时尚：亲农 尚绿 炫文化"》为题，对这篇稿件专门做了一次用户意见反馈，为帮助读者阅读，现摘要如下：

8 月 17 日，由江苏分社社长冯诚领衔调研采写的稿件《江苏"新时尚"：亲农 尚绿 炫文化》经我社通稿线路播发后，引起社会各方强烈反响和媒体好评。江苏省省委书记罗志军在刊发此稿的《新华每日电讯》上批示："新视角、新观点反映江苏科学发展的新面貌，新华社的报道值得称赞……"该稿在业界、学界受到较高评价，甚至引起上海、广州媒介专家的关注，显著提升了新华社报道的影响力。

一、江苏媒体高度赞扬该报道并在重点版面全文采用

1.《新华日报》以头版头条位置采用该稿，总编辑盛赞该稿紧贴省情，文字优美，标题精良。《新华日报》总编辑周跃敏对该文大加赞赏。他说，文章紧贴总书记对江苏提出的“六个注重”中注重发展农业等三大要求，没有直接写江苏最为外人所知的经济发展本身，而是将农业、环保、文化看似联系不大的三个领域串联起来，给外界展示了一个立体全面的江苏经济新形象，视角非常新颖。他说，《新华日报》之前也曾派记者分别写过江苏的农业、环保和文化，总是感觉不够丰满。新华社的这篇稿件，将三个领域中的一些现代项目巧妙地组合起来写，效果很好，给世人展现了一个不仅是经济大省，更是农业、环保、文化大省的江苏，对宣传江苏起到了非常积极的作用。

《新华日报》编辑许海燕说，看到该稿件时，眼睛一亮，一是新颖的标题令人叫绝，二是文章内容确实紧贴省情，三是文字风格如散文诗一样优美。她说，如今的读者很挑剔，信息化的标题无法引起关注，而这篇文章的标题极具时代感，很炫。报道紧贴江苏近年来经济转型，加大第一、第三产业比重的省情，采访、搜集了江苏各地的许多典型案例，对读者很有启发。

2.《南京日报》在头版头条全文刊发，值班编辑争相赞叹：如此美文凸显作者非凡的文学功底。《南京日报》编辑杨谦说，该报道虽然是“硬”新闻（时政类），但是语言却像诗一般，2800多字的长篇通讯，读后意犹未尽、不忍释卷，如此美文完全凸显出了作者非凡的文学功底和理论修养。他说，文章小标题制作也很有功力：“亲农，工业大省的农业情怀”“尚绿，‘美好江苏’的新追求”“炫文化，创富发展的新活力”，三个小标题在文章中非常和谐，自成一体，看似信手拈来，实为拿捏不易。杨谦说，这样的稿件体现出新华社作为国家级通讯社的报道水平，这样

紧贴地方的“美文”越多越好。

3. 江苏各地市报纸纷纷在头版或要闻版给予采用，并表示要将该文作为时政报道的范本在报社内组织学习研讨。《徐州日报》社长刘明说，徐州是一个老工业基地、资源枯竭型城市，新华社报道视角独特，从云龙湖的绿地说起，重点介绍了徐州高效农业及城市生态建设所取得的成就和变化，在宣传徐州的同时，启发了报社记者如何挖掘这座城市的美。

《扬州日报》总编辑陈征宇说，该稿件第三部分提到“守住城市的根，留住文化的魂”，指出扬州“文博之城”的脉动已触手可及，陈征宇认为此话正是他们一直无法概括出来的“脉”，因此《扬州日报》特意将上述妙言单独拎出来，收到了很好的宣传效果。

《扬子晚报》《常州日报》《盐阜大众报》等报社的领导均对该文章给予高度评价，并表示要在近期的业务研讨会上将这篇稿件作为时政报道的范本，要求报社职工好好学习。

二、专家学者表示该文的意义在于，超越了对江苏发展关注的本身，在成就报道的方法论创新方面作出了可贵的探索

复旦大学新闻学院教授、博导孟建说，这是一篇既有新意又有分量的好稿。此稿用独具的“新闻眼”发现了江苏在“科学发展”“创新发展”“跨越发展”中的新思路、新手笔，并以独特的写作风格予以呈现。现在常讲“科学发展”“创新发展”“跨越发展”，但是，具象到一个省、一个市、一个县究竟是怎样发展的，许多稿件往往流于空泛，启迪甚少。说此稿有“新意”，是指作者通过自己深入的调研、多方的观察、理性的思考，从现代农业、生态环保、文化产业三方面切入江苏的发展问题，并总结出江苏这样一个处在全国发展前列，达到工业化中期水平的省份“不易觉察”的三大创新之举。说此稿有“分量”，是指作者“石破天惊”

地道出了像江苏这样一个发达省份如不注意上述三大问题，特别是现代农业问题，可能会使自己走入发展误区的严峻现实。显然，这意义早就超越了对江苏发展关注的本身。涉及如此重要问题，按理说该写得“宏大厚重”，可恰恰相反，作者以活泼的文风和散文的语言、鲜活的实例、闪光的视点、翔实的数据、理性的思考，昭示出发展征程中些许的亮色。

暨南大学新闻与传播学院新闻系主任、教授、硕士研究生导师张晋升说，随着国家经济发展战略的整体转型，经济增长模式已经从片面追求 GDP 向优化质量、提高效益转变。如何及时而全面地反映这一巨变过程的新成就、新变化，是新闻媒体时代意识和社会责任的体现。《江苏“新时尚”：亲农 尚绿 炫文化》一稿以江苏省的经济转型升级为背景，选题紧贴“亲农固本、绿色低碳、文化引领”等江苏经济社会发展的亮点，用一系列具有说服力的事实和数据叙写了“江苏新时尚”。全文结构点面兼顾，统分结合，有对典型案例的个别介绍，有对面上情况的综合反映，令读者对江苏新时尚有了生动而立体的感知。值得一提的是本文在语言表达上下笔不凡，雍然大气，行文跳跃而不失稳重，叙事周详而不失鲜活，给读者带来一股简练清新之风，在成就报道的方法论创新方面作出了可贵的探索。（见新华社《用户意见反馈》2011 年 8 月 24 日第 682 期）

新华社舆情分析师也对此稿专门撰文进行了长篇评点。

（本文完稿于 2017 年 3 月，选自拙著《镇版报道的气质养成》）

附原文阅读链接二维码：

《江苏新时尚：亲农 尚绿 炫文化》

采访札记：

把“软新闻”做成“硬通货”

冯　诚

在较长一段时间内，一个省高密度地出现一批重量级的“感动中国”人物典型，这是很引人注目的。新闻工作者对这种现象应该有发现的敏锐、传播的自觉，而且应该出新出彩，尽量把“软新闻”做成“硬通货”！我这里所说的“软新闻”，是相对于动态性、事件性新闻而言的，指的是非动态性事件性新闻。它不是“神舟号”飞天，不是“蛟龙号”下海，不是媒体竞相追逐的突发事件，而是从干部群众改革发展实践和纷繁复杂的社会现象中提炼归纳出来的有传播价值的工作经验、发展走势、感人故事等。我在做分社社长和首席记者期间，策划采写了不少这一类“软新闻”。所谓“硬通货”，本来是指信用较好、币值稳定、汇价坚挺、被全球广泛接受并用于贸易支付的货币，在外汇市场的流动性比较好。这里用来比喻所写的新闻稿件，有广泛的传播价值，强劲的传播力，能产生良好的传播效果。

俗语说“天上九头鸟，地上湖北佬”，这句话历来多有贬义，意思是湖北人脑子灵、很精明，重利轻义，不好打交道。湖北的简称为“鄂”，于是，许多人把“鄂”字解释为两个口你争我夺怕吃亏，一个耳朵偏听偏信不公允。

而现如今，恰恰是这个所谓诚信缺失的地方出现了这么多见义勇为、扶危济困、讲信誉、重然诺先进典型，堪称层出不穷，灿若百花。仅2009年10月以来就出现了“10·24”英雄群体、“暴走妈妈”“小处方医生”等感人至深的故事，前二者均高票当选2009年度“感动中国人物”。近5年来，湖北省已先后有5人获评“感动中国”人物，4人被评为全国道德模范。继“全国基层党员干部的楷模”吴天祥之后，从湖北城乡走出来的全国道德标杆和先进典型周国知、刘继平、桂希恩、陈刚毅、谭纪雄、张绪、易满成等，也早已为全国人民耳熟能详。

以上英模人物及其新闻事件，新华社都及时做过报道，现在我们能不能把这种英模辈出作为一种现象来观照采写呢？在一次业务例会上，采编人员七嘴八舌议论开来。当时大家还没有明确的主题，但总是觉得这个现象值得关注。特别是时任分社副社长、总编辑唐卫彬同志认为，有必要做一些深度研究，力争形成有分量的稿件。之后不久，2010年元月，在新华社年度工作会议上，我向何平总编辑汇报工作时，专门汇报了这一情况。何总听完后鼓励说，你们对这个现象把握比较准，好好做些调查研究。他提出要从湖北的历史文化背景、近年来开展的“八荣八耻”教育等方面研究分析，主题要挖掘得深一些。我听了以后，很受启发和鼓舞，信心大增，回武汉后我们就立即开始做准备。正当我们酝酿调研采访时，在春节前两天，孝感“信义兄弟”（兄债弟还）的故事又见报了。春节之后，我和唐卫彬、熊金超3人开始了对湖北“群星现象”的调研采访。我们首先与时任湖北省委常委、宣传部长李春明同志沟通，听取他的意见。他听到我们采访湖北英模辈出非常高兴，大加赞赏。他说应该认真研究湖北精神文明天空这种群星灿烂的现象。后来他亲自出面，邀请来省里有关部门专家学者，还有孝感、荆州、黄冈等多个地市的宣传部长座谈交流。这些同志都分管精神文明建设，又搞宣传工作，很专业，有见解，大家交流了许多鲜为人知的新情况，对我们写稿帮助很大。大家重点从历史渊源和现实沃土方面进行了分析，认为湖北英模辈出，一是得益于历史文化的根基和传承，比如，中国几千年来被视为忠君报国的典范屈原，就是楚国人；“季布一诺”成语中的季布，也是楚人；二是得益于社会的进步、国民素质的提高；三是得益于党和政府久久为功的社会主义核心价值观教育及社会风气的好转。之后我们又广泛深入地搜集了大量素材，做了许多补充采访，经过一系列深入的采访调研，我们对做好这个选题有了充分的自信和把握。后来的报道实践说明，这次报道效益链很长，基本上在所有环节都做成了“硬通货”。

首先，我们所做的《湖北英模“群星现象”引人关注》内参稿有中央两位领导作出批示，中宣部专门派工作组，到湖北调研总结经验，向各地推广。其次，公开稿件《荆楚星光耀神州——湖北英模群星现象调查》于2010年7月19日新华社通稿播发，《新华每日电讯》报头版头条采用，多家报刊转载，各大网站纷纷链接，湖北“群星现象”一词由此诞生，并形成了良好的传播效应，外界对湖北的美誉度因此而大大增强。其三，通过此次宣传报道，有力地推动了实际工作，“群星现象”已成为湖北宣传文化思想建设的重要品牌和工作抓手。该报道也被评为宣传湖北好新闻特等奖。

实践证明，把非事件性“软新闻”，做成有刚性传播价值的现象级“硬通货”，不仅读者欢迎，也是主流媒体履行职责的必修课。

（本文完稿于2017年2月，选自拙著《镇版报道的气质养成》）

附原文阅读链接二维码：

《荆楚星光耀神州——湖北英模群星现象调查》

采访札记：

享受探险采访，不负一路风光

冯　诚

2008 年初夏时节，我和记者周甲禄、田建军在湖北省南漳县采访时了解到，文物普查人员不久前在南漳县西南部发现了一条民间文化遗产廊道——在不到4000平方公里的深山峡谷间，聚集了数以百计的古民居、古山寨、古墓葬等，其数量之多、文物点之集中，令人惊叹！当时，全国正在进行第三次文物普查，而过些日子，6 月 14 日，又是全国第三个文化遗产日，这使我们的采访“恰逢其时”。连续 3 天马不停蹄地采访，让我们此行收获多多：6 月 14 日当天，我们发出《湖北南漳：民间文化遗产廊道被发现》《中国文化遗产迎来全民共享时代》《民间文化遗产保护路在何方——湖北第三次全国文物普查试点调查》3 篇新华社通稿，引起媒体和社会的广泛关注。不久，我们又在新华社一本很有影响力的内部刊物上发了 4 篇共 28 页的参考稿件，配图 12 张，这样慷慨地拿出版面（占到该刊物将近一半篇幅）是该刊物极其罕见的，因为刊物主编认为稿件写得好！当我们的这些稿件实现了其应有的传播力和影响力之后，我们又掀起新一轮高潮，发出以《南漳民间文化遗存见闻》为题的一组 3 篇“压轴报道”：《鄂西惊现山寨群》《“蔡伦造纸”今犹在》

《隐在深山的民居古迹》。

与前面所发的3篇通稿和4篇内参稿相比，前者重在报道事实，把事情说清楚即可，而这组公开通稿报道更是我们在写作和可读性方面下足“洪荒功夫”的“走心之作”。南漳县的同志后来称赞说，是新华社把南漳深山里沉睡了数百年的文化遗存惊醒了、写活了。这次报道的规模之大、效果之好，在南漳被认为是“空前的”！通过这次一系列的报道推动，南彰这些民间文化遗存引起了国家有关部门和湖北省高度重视，一批遗存被分别列为国家级或省级保护文物，人力、财力及民间遗存保护工作大大加强，还有效带动了南彰民间文化旅游。

这次采访报道，给我们留下了非常深刻的记忆。首先，这是一次新奇刺激的探险之旅！

南彰地处鄂西北大山深处，崇山峻岭，人烟稀少。我们采访的古山寨、古民居和古造纸作坊等文化遗存，大都隐藏于深山老林之地，许多地方人迹罕至，甚至与世隔绝，交通极其不便，采访过程完全堪称猎奇探险，有时甚至惊心动魄。比如，我们在东巩镇采访古山寨时看到，那些一律修建于险山峻岭之巅的“人防工程”，有的跨越几座山头，规模之大令人惊叹；有的山寨外围防御工事依山脊蜿蜒构筑，酷似微型版的八达岭长城，至今保存完好；有的山寨虽为临时避难场所，孤悬山顶，但规划设计考究，功能分布科学，既是御敌避难之所，又是百姓安居的城池。这些古山寨遗存，要实地踏勘极其不易，有的山头要登上去得四五个小时。

我们实地查看的东巩镇陆坪村的春秋寨，修建在一座拔地突起的孤峰上，距今已有四百多年历史。上山时我们跟着向导，在杂草丛生、长满荆棘灌木的陡坡石坎上手脚并用地爬了整整半小时。上得山顶，视线豁然开朗，远山近水，尽收眼底。山寨地势非常险要，东、西、北三面环水，只有南北两个进出口，易守难攻。站在西面寨墙上往下看，六七十米高的石崖犹如刀削斧劈，令人不寒而栗。山寨依山脊走势而建，南北长 1200 米，东西宽三五十米，房屋全部是东西向，中间是一条南北向的街道 ，穿行其间，还能清晰地看到大大小小 150 多间没有了屋顶的石屋遗址，高高的炮台、瞭望台也都原貌保存。当年 3 万多平方米的建筑物 ，如今都成了残垣断壁，但仍能看出功能布局的科学合理和建筑工艺的精美。听山下老者说，新中国成立前后这里还住着 100 多户人家。

最惊心动魄的还是探访古造纸作坊。古造纸作坊位于南漳县西南约 60 公里的漳河源头深山峡谷中，目前只有陈氏 12 户人家，靠造纸维持生计。由于交通条件所限，这里几乎与世隔绝，本世纪初还不通电。那天，我们一大早从县城坐车出发，在崎岖山路上走了两个多小时 60 多公里后，因山脊顶上车道不通了，又弃车步行约两公里，将近 12 点时来到薛坪镇的三景庄“羊马坑”村一户农家门前，眼前突然变成了万丈峡谷，只有一条开凿在悬崖绝壁上的羊肠小道通到山下人家 。县委宣传部和文化局的同志请来村小学陈校长给我们当向导。他先给每个人准备了一截儿竹竿当拐杖，手里不让拿任何东西。当我们拄着拐杖，跟着他亦步亦趋进入峡谷路段刚走了几十米，脚下便成了万丈深渊，顿时让人胆战心惊，万分恐惧。这时每迈一步，腿脚都在发抖。好几处地段简直就像不系安全带的峭壁攀岩，如果稍有不慎，必将踩空失手，后果不堪设想。这条悬挂在绝壁上的所谓小路，长约两公里，海拔落差 500 米左右，是连接峡谷与外界的唯一通道。因为前几天刚下过雨，崖壁上石块松动，行进途中，眼前身后还不时有石块跌落。这时候你才知道什么叫险象环生，它不光是挑战着人的脚力、体力，更挑战着人的心理极限，真是不知道下一刻会发生什么。如果不是带队去采访，说啥我也不下山了。这是迄今为止，我走过的最险峻的山路。我们下去时走了大约一小时才走完这段险道。到达谷底后，一条二十多米宽的河流又挡在了眼前，过了河才是作坊人家。河面没有桥，只有几块淹在水中的石头高高低低露出水面，河水半米多深，湍急冰凉，过河须卷起裤腿，步步踩在湿漉漉的石块上，一旦脚步打滑，必落水中。此时我已精疲力尽无力过河，只好等对面迎过来的小伙子把我背了过去。据说，县里很少有人到过造纸作坊，有的人走一趟，六七天腿疼得不能上班。造纸作坊距离县城直线距离不过几十公里，但我们那天除了在古造纸传人陈老爹那里停留两个多小时外，一直在路上颠簸了将近 10 小时，直到晚上 8 点才回到县城。不过，当我们攀岩走壁、挑战自我，终于完成传统造纸作坊采访，安全返回县城时，途中的惊险反而成为我们记者生涯中的深刻记忆和骄傲谈资。

其次，这次采访，也是一次发现之旅。作为记者，探险采访的目的在于发现。我们在采访中，不但发现了南漳这座民间文化遗产宝藏，更重要的是发现了民间文化遗产保护开发方面的一些问题。一方面，随着“文化遗产人人保护，保护成果人人共享”理念日益深入人心，公众参与和社会共享成为我国文化遗产保护的新气象；另一方面，随着大规模城乡建设和城市化进程的加快，具有鲜明民族性和地域性特征的我国民间文化遗产受到了不同程度的破坏，消失速度大大加快，保护前景不容乐观。

在南漳县板桥镇冯家湾，村民们告诉记者，村子里以前老房子很多，不知道是文物，大都被村民拆掉了，拆掉的一些石狮子、石鼓、木隔扇、门窗等也被便宜卖了。在冯氏老宅二楼窗台，原有两幅对称的精美木刻浮雕，现在只剩下一幅，文物专家对其评价很高。据这家主人讲，另一幅早年就被他以 50 元的价格拆掉卖给了一个外地人。

一直以来，除了古代优秀建筑、代表性遗址等“雅文化”、精英文化外，我们国家对“传统民居”“乡土建筑”，以及“农业遗产”等民间文化遗产的保护不够重视。据南漳县文物部门介绍，目前全县列入国家、省、县三级文物保护单位的文物 91 处，只占已发现总数的 10.8%，而民间文化遗产列入文物保护单位的则更少。一些地方政府甚至存在“文物越多，包袱越重，责任越大”的思想 。

为此，我们根据一些文保专家建议，提出我国文化遗产保护应在进一步完善文物保护单位制度的基础上，借鉴导入国际成功经验和做法，对一些点多面广、一时不能列入文物保护单位的民间文化遗产，建立和完善新型文化遗产登录制度。通过建立这一制度，采取向公众公布，实行挂牌保护等措施，提高公众参与意识，形成科学的保护机制，把文化遗产保护由“少数人的抗争”变成“共同的努力”，使之成为全社会的普遍共识和自觉行动，为民间文化遗产保护探索出一条新路。这些建议通过内部报道反映后，有关领导作出批示，文保部门高度重视。这在各级各类媒体中还是第一次。

其三，把“探访发现”变为“分享呈现”。把探险猎奇中有意义的发现呈现出来与读者分享，这是记者的责任。我们这次采访，除了文化部门提供的一些总体情况和基本数字外，没有任何现成材料，全部稿件写的都是现场的东西。因为现场东西丰富多彩新鲜生动，我们尽量做到所有珍贵的素材都不浪费。为此，我们决定在完成前述动态消息和内部报道后，以 3 篇一组的组稿方式，把采访收获最大限度地分享给读者。这 3 篇稿件各自独立成篇，分别详记了古山寨、古造纸、古民居及古墓葬遗存见闻。

以见闻为主的通讯特写类稿件的写作，如同文学创作一样，既要把读者带入现场，又要把现场的情景细节描述出来。特别是对景物的描写，要用照排式手法，真实生动，精准到位。比如写春秋寨，到了山顶，看了大半天，从哪儿写起？是先写看到的景物呢，还是先写向导的介绍呢？先总后分还是先分后总？先近后远，还是先远后近？先写方位，还是先写实景？逻辑层次、时空方位都要合情合理，有序配置，语言修辞必须严谨准确，一般年轻记者很难把握。就是老记者，每一篇稿件都是一次新的挑战。

再比如，你离开了实地而又要描写现场时，材料够不够？当时看得兴致勃勃，但要写稿时眼中的情景全都模糊了。光靠脑子是不够的。这就要看你当时看到了什么，听了问了什么，笔记本上记了什么。我经常看到一些年轻记者采访时很容易满足，笔记本上不大记东西，而到写稿时“书到用时方恨少”！南漳这样的鄂西北山区，交通通信不便，那些造纸作坊、古山寨等，现场素材一次挖掘不足，以后很难补充。特别是我们这三篇见闻稿件，就是专业文物人士也很难帮上忙。

后来我们在回顾这组稿件写作时，感到有 4 个方面是我们特别在意的：一是高度重视采访过程，调动一切感官直击能力，任何眼见耳闻的东西都不能放过，多幼稚的问题都可以问，多和当地群众生发一些互动话题；二是稿件的主体全部用现场见闻来支撑，每篇稿件一定要透透彻彻写出几个遗存典型案例，这样才能给读者留下深刻印象，比如春秋寨、樊家寨、三家垸民居、鞠家垸民居等遗存的真实现状沧桑风貌，最大限度回答读者的“欲知、未知、应知”；三是写作笔法一定要用白描手法，放大局部刻画细节。比如陈氏三间造纸作坊和七十二道工序的描写，我们就用白描手法，剥丝抽茧，引人入胜：“记者在陈廷斌家庄院左侧的造纸作坊看到，作坊用木头搭建而成，共三间，主要设备是水车 3 架、木碓、石质浆池、碓臼、木质压水器、捞纸帘具、木质大小钓（挤压水分的工具）等”；“一进作坊，陈廷斌老人便吩咐工人开动水车，古老的水车带动巨大的木碓作业，‘哗、哗’的水响和‘嘭、嘭’的木碓撞击声在峡谷里回荡，古朴而悠长”；“陈氏造纸技艺看似简单，其实工序十分复杂。按照陈廷斌老人的说法，共有 72 道工序，从砍竹、捆竹、运竹、锤竹，到水沤、选料、浆灰、洗料、发酵、捣料、打槽、捞纸……一道工序也不能少，因而有‘片纸来不易，过手七十二’之说”；四是坚持“有喜报喜，有忧报忧”原则，对古民居保护不力、古造纸术面临失传等问题，虽然有专题内部报道，但也在见闻中不回避，以便引起社会各界对此问题的关注。

（本文完稿于 2017 年 5 月，选自拙著《镇版报道的气质养成》）

采访札记：

读者的关切，记者的动力

冯　诚

2000年3月，中国民间“三农”问题研究者、湖北省监利县棋盘乡前党委书记李昌平上书朱镕基总理，反映当地“三农”面临的问题，引起中央对“三农”问题的关注，“农民真苦，农村真穷，农业真危险”，这是他信中最经典的三句话，当时在全国城乡，几乎家喻户晓，形成了现象级的传播效果。后来他的《我向总理说实话》一书也一时成为畅销书。几年以后，中央政府宣布，彻底取消农业税，从而结束了中国千百年来种田交皇粮的历史。

时轮转到了2007年夏天。在新华社湖北分社任职的我，在出差路过荆州时，拜访了时任市委书记应代明。交谈中，当聊起监利县棋盘乡的情况时，他不无自豪地说，监利县和棋盘乡的变化很大，你应该去看一看，井冈山干部学院的学员最近都来参观过，评价很高，学院老师拿它当教学案例。他还介绍了自己前不久去调研了解到的许多新情况。我当时听得很兴奋：当年李昌平的信多有影响，可以说石破天惊！好几年过去了，棋盘乡怎么样了，监利县发展变化如何？这难道不是读者所关心的新闻吗？新华社就应该作出回答！但这次行程匆忙来不及采访，回到分社后不久，便抽出时间，带上记者张先国、魏梦佳一同前往探个究竟。先国对荆州平原农村情况熟，他听我在车上说起应书记介绍的不少情况，马上有了写稿的题目，说我们的稿子题目就写《再向总理说实话》。“好！”我和小魏不约而同地夸赞起来。我们考虑，不管棋盘乡和监利县农村是什么状况，我们都要说实话报实情。因此可以说随后的采访，就是《再向总理说实话》的命题作文了。

其实，对监利县的情况，我们相信应书记的介绍是可信的，但百闻不如一见，我们必须用记者的眼睛和脚力去考察。到监利县以后，我们便马不停蹄，走村串户，进农家，看田畴，与干部群众拉家常，话今昔，摸实情，一连跑了柘木、棋盘等多个乡镇、村庄。从县领导到乡村基层干部和普通村民，几天下来，接触方方面面数十人，了解了许许多多第一手情况。

农民的负担到底减没减？农民的日子到底好过了没？农村的面貌有没有改变？党的执政基础稳不稳？党的农村政策好不好？点点滴滴的所见所闻，解开我们一个个问号。

最让我们感慨的是，从我们的采访可以判断，当年李昌平的“实话”，一点都不过分；而短短几年后的今天，监利农村的变化，也是真真切切的。可以毫不夸张地说，李昌平写信那个时候，不仅是农业很危险，而且是农村政权很危险！试想，在荆州平原这样的鱼米之乡，到2003年前后，还有的乡政府大门居然被灵车一堵一两年开不了，村级组织大多软弱瘫痪，真是不可思议！

采访中，干部群众那带泪的欢笑、痛彻的反思，深深触痛我们的灵魂！三中全会以后，农村实行大包干政策，一定程度上解放了农村的生产力，一段时间，农村一片兴旺发展的好势头。但没过多长时间，广大农村又进入了“黄宗羲定律”的怪圈。改革开放二十多年，新世纪之交，祖祖辈辈在这里面朝黄土背朝天的种田农民现在却活不下去了，竟然被逼得喝农药、上吊，寻死觅活！归根到底，还是一些农村政策走偏了。

2003 年 3 月 6 日，温家宝总理在全国人大会议期间，参加湖北省人大代表讨论时说：“历史上每次税费改革，农民负担在下降一段时间后都会涨到一个比改革前更高的水平，走进‘黄宗羲定律’怪圈。”并郑重表示“共产党人一定能够走出‘黄宗羲定律’怪圈”。

2005 年，第十届全国人大常委会第十九次会议通过决议，宣布全国废除农业税。2006 年 1 月 1 日起，在我国征收了 2600 多年的农业税正式取消，“交皇粮”成为历史，什么“三提五统”“共同生产费”彻底翻篇。而粮食直补、良种补贴、农具补贴等越来越多的惠农新词进入了农民的账单。这才是扫除农村阴霾、释放农民生产热情的唯一正道，也无疑是新中国成立以来共产党的最大德政！采访时我们常常捶胸顿足感同身受，写稿时我们万千感慨涌上笔端。

采访结束不久，我们供领导参考的内参稿件《再向总理说实话——来自农业大县监利的报告（上、下篇）》就报到了总社，总社编辑非常重视，很快安排于 10 月 9 日发出，只是智慧冷静的编辑将“再向总理说实话”改成了“再向中央报实情”，结果有两位中央领导分别作出批示；随后，这篇 5000 多字的新闻纪实报告《再向中央报实情》于 10 月 15 日“十七大”开幕当天在知名时政新闻周刊《瞭望》刊出，并送到每个代表房间。后来，湖北分社就此次报道向总社写过一个简报，汇报了稿件引发的反响：

11 月 30 日，“十七大”代表、湖北省荆州市委书记应代明，市委常委、宣传部长易法新等一行，专程到湖北分社，代表荆州市委向湖北分社《再向中央报实情》报道颁发 2007 年“荆州新闻奖”“特别奖”。

应代明说，分社社长冯诚带领记者张先国、魏梦佳在“十七大”召开前深入荆州市监利县就农村改革发展深入调研，采写的《再向中央报实情——来自农业大县监利的报告》经内部刊物和《瞭望》周刊刊发后，引起中央领导和广大读者的广泛关注和高度赞誉。

他介绍说，10月14日，他到京参加“十七大”，与中央政治局委员、原湖北省委书记俞正声同志一碰面，俞正声同志就说：“应代明，温总理表扬你了，‘监利干得好，变化大’，这是总理的原话。”俞正声同志后来解释说，他向总理汇报工作时，总理一见面就讲他看到了新华社报道监利变化的清样稿，非常高兴。

据应代明介绍，在“十七大”第一次小组讨论会上，俞正声同志一开头就从《再向中央报实情》稿件讲起，引用了稿件中一个个生动鲜活的事例。当时，这篇稿件已转发在《瞭望》周刊上，每个代表手上都有一本，监利变化成为会场最热烈的话题。

荆州市委常委、宣传部长易法新说，《再向中央报实情》立意高远、调研深入、事例鲜活，让人过目难忘，在荆州干部群众中反响特别好。虽然我们是基层单位，没资格奖励中央新闻单位，但这篇报道为我们荆州新闻界树起了标杆，作出了表率，所以在今年记者节期间举办的“荆州新闻奖”评选中评为“特别奖”，主要是为了鼓励我们地方新闻工作者学习新华社深入实际、深入群众的好作风，以及生动活泼、精益求精的好文风。

《再向中央报实情》也获得当年宣传湖北好新闻一等奖。值得一提的是，监利县委宣传部和县新闻工作者协会也给我们颁发了2007年度对外宣传监利优秀新闻作品特别奖，这是我迄今为止所获得的来自最基层的新闻奖项，倍感珍贵。

（本文完稿于2017年8月，选自拙著《镇版报道的气质养成》）

附原文阅读链接二维码：

《再向中央报实情》

采访札记：

新闻就在那里，发现却待机缘

冯　诚

如同人之相遇相识总讲缘分一样，一篇有价值的新闻稿件，总是等待发现它的有缘人。

2007 年 7 月的一天，我在翻阅办公桌上一份省直机关干部下基层调研工作简报时，发现里面有几句话，说省委党校常务副校长马哲军同志，在蕲春县调研村级组织建设时，发现有个叫白石山的村子一直保存着 20 世纪 60 年代以来的各类村务档案。一件村级小事，两三行简短的文字，现在已经记不清当时是怎样从材料堆里跳入眼前的，但确实让我眼睛一亮。我过去当记者时多年负责农村报道，对基层管理情况多有了解，村一级组织，缺专人，条件差，能把几十年的档案资料管好真不容易。再说，一个村庄，几十年里经历了多少风风雨雨，如果什么时候管理混乱，或者班子里没有明白人，档案材料必然残缺不全。虽然还不了解详情，但我当时判断，可能有“戏”，值得去挖掘。随后，即拨通了记者张先国的电话，征求他的意见。先国是记者中的佼佼者，负责政治文教报道，新闻敏感性强，笔杆子很厉害。他一听二话不说，反问我明天能不能出发？于是，经他和县里宣传部门取得联系后，第二天一早，我俩乘车直奔白石山村。

听说新华社记者来采访，干部群众很高兴，加之宣传部打招呼，采访自然非常顺利。村委会的同志把收拾得整整齐齐干干净净的档案室打开来，让我们详细查看。一排排简易的文档柜里，从 1964 年至今，将近 2000 册各类党务、行政及重大村务事项档案资料装订整齐，按年份排列有序，目录编排，登记造册，管理要求，都很有章法。显然是长期坚持打理呵护的面貌。这在其他地方是见所未见、闻所未闻的。

置身档案柜前，我们反倒有些无处下手的感觉。但我们的双手必然止不住要去触碰这个村庄尘封的历史。1964 年最早的一本档案资料、“文革”期间的、改革开放以后包干到户时期的以及近年来的各种资料，等等，凡重要历史节点的要一一翻看，不少情况还要摘记下来或拍成照片。翻开每一本档案册，里面记些啥，有什么有趣故事？都想看个究竟，是写稿需要，也是好奇心使然。

在 1966 年的一本档案中，存有用黑色油墨油印的大队支部委员会、大队管理委员会、少先队、妇代会、贫下中农协会等组织的选举名单，以及参加选举的 99 名选举人的原始选票，每个候选人的得票情况都一清二楚。灰色的粗麻纸上油墨的香味还清晰可辨，真让人惊叹不已！推行包干到户以前，“7 岁以上每人每月交中等大粪一担，小便 30 斤”，“洗澡水一担记工 1 分，地灰一担 4 分”，养牛的“每月交牛粪 90 斤至 130 斤”。那时农民按劳动计工分，凭工分分配粮食、布票、油票和肉票，情况最好的 1979 年，年人均布票四尺，肉票 1.15 公斤。这些恍如隔世的原始记录是那样朴素真实，令人掩卷沉思，浮想联翩。

翻看了很多档案资料以后，我们又和村干部、部分村民座谈交流，还听取了县乡两级政府有关负责同志对这个村经济社会发展变化的介绍和评价。特别是村干部那些“三个千年不遇让我们遇上了”等生动而深刻的“家常话”和对历史变迁的真切感受，不和他们促膝交谈，是很难听到的。

大半天时间，我们的采访一刻没停，包括中午和晚上，简单的用餐过程都是在采访中进行的。半夜返回武汉时，我们既有满载而归的激动，又好像意犹未尽，脑子被塞得满满的，还来不及消化归纳，但两人都连连感叹不虚此行。

回到武汉后，先国又和马哲军等专家学者取得联系，听取他们的权威评说。然后我们反复分析研究，思考提炼，清晰思路，投入写稿。

时值迎接十七大召开的舆论预热阶段，中央对党的基层组织建设非常重视，因此，我们决定先写一篇内参稿件，供高层决策者参考。内参稿件我们力求透过白石山村 43 年村务档案，反映加强党的执政之基建设的重要性：“经济建设始终是党在基层的执政核心”，“党员先进性始终是推动社会进步的引擎”,“民主政治始终是基层组织执政的力量源泉”。

这篇决策参考稿件发出后引起高层领导和有关部门的重视，组织部门把它作为基层组织建设的先进典型予以总结推广。新华社总编辑何平同志看到内参稿件后认为很有意义，要求抓紧进行公开报道。于是，我们重新构思谋篇，用老百姓带有泥土风味的朴素语言，很快作出公开报道《恍如改天换地：打开一个行政村 43 年的村务档案》，9 月 19 日由新华社播发通稿，《新华视点》品牌栏目重点推出。

回顾这篇稿件的采写，有 4 点至今感到欣慰：一是我们敏锐地发现了一个中国农村最基层的行政村最不为人们看重的档案资料的新闻价值；二是在采访中，我们采取动静结合的办法，将静态档案材料的翻阅解读与干部群众座谈交流结合起来，深挖死材料的活价值，还原亲历者的鲜活记忆，激活历史资料的社会密码；三是把 43 年的村庄记忆梳理归纳，高度浓缩，通过大量的史料数据，揭示一个行政村经济社会和人民生活翻天覆地的变化、共产党执政基础的坚强有力、中国农村基层组织民主政治建设的轨迹，尽可能全面准确地反映档案史料的本质内涵和它所折射出的社会现实，从而使其社会意义最大化；四是通讯写作中注重形式创新，采用“档案速览 + 亲历者说 + 记者点评”三个不同层面，把本来琐碎枯燥的文档材料变得可触可感，有故事有温度。

稿件发出后，受到媒体用户的普遍欢迎，社会反响很好。《新华每日电讯》在头版头条刊登，中央电视台在读报节目中口播讲述了3分多钟，《农民日报》《北京日报》《湖北日报》《长江日报》等媒体均在头版加“导读”，在要闻版以大半个版面刊登。都市媒体和各大网站都予以转载。何平总编辑在关于这篇稿件的用户意见反馈上批示：“此稿之所以受到媒体好评，关键是记者深入基层、深入农村、深入群众采访的结果。作风决定文风，在十七大报道中，希望能有更多体现‘三贴近’要求的优秀新闻报道。”

从新华社新闻信息中心专做的一期《用户意见反馈》来看，媒体同行也普遍认为这篇稿件以小见大、体现“三贴近”要求，是十七大配合报道中的精品力作，其主要特点和成功之处可归纳为 3 个方面：

1. 小切口，大主题，选题角度巧妙。

在十七大召开前夕，各媒体用户需要多登一些反映改革开放以来，特别是党的十六大以来我国发生巨大变化的稿件。这篇稿件透过湖北省蕲春县横车镇白石山村保留的 43 年村务档案，见证了这个普通村庄 43 年的沧桑变迁，反映出中国农村改革开放以来的发展变化。《银川晚报》编辑韩均说，稿件以小见大，从白石山村的沧桑变迁折射出中国农村发展的巨大变化，“三个‘千年不遇’给我们遇上了”“党员本来就是要为群众服务的”“老百姓的事老百姓说了算”，3 个小标题反映了“农民赶上了改革开放的好时代，生活好了；基层党员尽职尽责，为群众多做好事；百姓当家做主，幸福和谐”的主题，这正是我们社会的缩影。

《长江日报》国内版编辑郑欣荣说，这篇新华视点稿选取的角度特别好，没有按照过去的模式讲大道理、说大成就，而是以小见大，从一个最基层的村务档案着手，用村民们亲身感受到的43年的变迁来反映国家农村政策给农民带来的益处。这种小切口、大折射的写作风格值得我们媒体人员学习。

2. 材料生动扎实，语言真实亲切。

《兰州晨报》出版部主任陈国宁认为，稿件使都市报不惜版面大量采用的最成功之处在于，以村民的“家常话”表现宏大主题，符合都市报读者阅读思维的叙述方式。稿件主要内容以村民的“家常话”表现，自然顺畅，无斧凿痕迹，且风趣幽默，如“简直没办法开口，那时候用的煤油灯，他见都没见过，下雨天我没胶鞋就踩高跷，他怎么也想不明白木棍能当鞋穿，还有好些农具，现在连影都找不着了”“唾沫星子不能当饭吃啊”等。而且，一些朴素的话语透露出真理，如“搞一次特殊，就失一份威信；破一次规矩，就留一个污点；谋一次私利，就失一片民心”。诸如此类的叙述中，我们看不到枯燥的语言，我们看不到说教式的灌输，字里行间均流露出村民对发展变迁的自豪，对党的政策的拥护，对幸福生活的渴望。

《湖北日报》国内版责任编辑叶伴说，这篇稿子让我们感觉很亲切，因为采写的地方是我们湖北的农村，主角是我们身边的农民，语言是农民们自己说的话，真实、自然，没有夸大，没有缩小，是真正的来自基层的声音，这些来自第一线的东西是最能打动人的。《银川晚报》编辑韩均说，稿件语言朴实，全部是引用农民的话，例如“这几年至少有三个‘千年不遇’给我们农民遇上了”“穷不是社会主义，也不是党员标准，党员如果都是穷人，党还有什么意义？能人觉悟提高了，入了党，扶贫助弱会更加主动”。“老百姓的事老百姓说了算，这就叫民主。”既贴近实际，又能说明问题，读起来有亲切感。

3. 写法新颖，表现形式独特。

《新疆日报》编报部主任王定贵说，该篇稿件采用“档案速览 + 亲历者说 + 记者点评”的写作模式，将过去和现在进行对比的同时，更是通过记者点评的方式，从一个旁观者的角度出发，透过一个行政村 43 年的村务档案，反映整个国家翻天覆地的变化。这种表现形式使整篇报道客观真实，朴素而直观，给读者留下深刻的立体印象。《科技鑫报》副总编辑延风说，稿件《恍如改天换地——打开一个行政村 43 年村务档案》以其独特的表现形式吸引了读者。每一小段都以“档案速递”“亲历者说”“记者点评”组成一个完整的片段。这种行文结构，有效解决了历史与现实的逻辑混乱，好像电影镜头切换，极具穿透力，非常简捷地把历史和现实串连并清晰地呈现给读者。特别是每一段结束语“记者点评”，起到了画龙点睛的作用。寥寥数语，勾画出我国改革发展的历史轨迹，表现出“恍如改天换地”的新闻主题。

（本文完稿于 2017 年 5 月，选自拙著《镇版报道的气质养成》）

附原文阅读链接二维码：

《恍如改天换地——打开一个行政村 43 年村务档案》

掀开文化报道资源的“堆积层”

冯　诚

在甘肃省秦安县清水河南岸的黄土坡上，文物专家郎树德领我们踩着羊肠小道，一会儿来到散布山弯的农家庄前屋后，一会儿涉进齐腰深的麦田走近一人多高的地埂断崖前，在他的指点下，几乎每处高坎断崖上，都能看到一段段五六米到十来米长、三五厘米厚的土层，灰渣、陶片、松土，红色、黑色、灰色，与其他自然状态的生土层决然两样。每到一处，郎树德用文物铲沿特殊土层底部平行铲过，断崖上就会露出一段类似水泥地面一样平整光滑呈水平走向的坚硬灰土层，长的竟有 20 米左右。这就是文物专家所说的“大地湾文化堆积层”，也就是距今8000—5000年间，大地湾先民留下的文化遗迹：那灰色的地面就是他们当时居住时硬化了的地面。而中国考古界迄今为止发现的最早的旱作农作物标本、最早的彩陶、最早的宫殿式建筑、最早的料礓石“水泥地面”、最早的地画等，就是从这些湮没于漫漫黄土山坡的“文化堆积层”中一铲一铲地发掘出来的。

当我们历经 3 个月，跟随着文物专家的脚步，采写出一篇篇探及华夏文明之源的独家考古报道并得到考古专家、新闻界同行、社会各界广泛好评时，我们竟对自己亲手抚摩过的“大地湾文化堆积层”产生了遥远的惦念——作为新华社记者，我们不也是在跋山涉水，去一点一滴地发掘祖国大地上那一处处文化报道资源的“堆积层”吗？

决胜于独家、原创、首发

2002年夏秋季节，我和分社3位记者经过3个月的调研采访，先后于9月初和10月下旬发出两组文化考古报道，一组是《秦始皇祖陵探秘》（一组5篇）；另一组是《解读大地湾奇迹》（一组8篇）。这两组报道以“新华组稿”的形式经新华社对内、对外播发通稿后引起了较大反响。国内稿每组稿件都有数十家报刊采用，不少报纸整版全文刊登。电视口播、网络转载、报刊编辑约稿，外地读者电话称赞致贺并咨询详情。

一时间，这两组报道成为当地一些人士议论的热点。延续到今年年初，还有一些杂志转载组稿中的某些篇章。《新华文摘》大篇幅转载了大地湾报道组稿，甘肃省有的媒体还把《大地湾考古刷新六项“中国之最”》评为2002年中国十大考古新闻。两组稿件都先后受到国内部、对外部表扬，《秦始皇祖陵探秘》对外英文稿受到总编辑室表扬，两组稿件均在内参、国内、对外三部门获得了部级好稿。总社编辑和兄弟分社同行还把自己搜集到的刊用这两组稿件的报纸一次次寄到我们手中。最令我们自豪的是，秦始皇祖陵和大地湾遗址虽然都是甘肃新闻界人人皆知的重点文物遗存和人人关注的考古报道题材，但我们一介入便基本做到了将新闻资源“吃干榨尽”，因此，这两组报道每发出一组，都几乎把省城兰州的六七家报纸全部覆盖，每组都有三四家报纸整版刊登。这种情况，以往是不多见的。

这两组报道发出后，也引起了分社采编人员的思考。大家议论最多的是，秦始皇祖陵自1994年盗墓贼盗掘发现至今已有8年，大地湾遗址正式发掘更是长达24年，为什么偏偏在今天由我们新华社作出了独家、原创、首发的成功报道？当我们回顾、探究个中缘由时，突出的一点感受是：文化考古报道与其他报道一样，谁“深入”谁就能得风气之先。

硕果出自深入调研

2002年年初，我们听说8年前由于盗墓者乱挖乱盗而意外发现的甘肃礼县大堡子山上的古墓已被文物专家认定是秦第一祖陵，但由于种种原因，发掘报告还未出来，因而这一发现也未正式向外界公布。得知这一情况后，我们没有停留在简单地抢发独家消息的套路上，而是从调查研究入手，翻阅了大量有关秦族、秦历史文化的研究史料，请来兰州的文物考古专家和秦文化研究学者座谈，然后深入到礼县，两上大堡子山古墓遗址现场踏勘，两到县博物馆一一查看青铜器等出土文物，分别与县领导、参与发掘保护的有关人员、文化界人士座谈了解当地历史文化背景和对秦祖陵的发掘保护情况。还抽出半天时间，专程到大堡子山下的世居村民中访问考察当地的民俗风物及与秦文化的渊源关系。在占有大量第一手翔实丰富材料的基础上，我们写出了《秦始皇祖陵惊现甘肃礼县》《秦祖陵出土大批珍贵文物》《秦人后裔诠说先祖殡葬文化》《秦西垂宫之谜有望解开》《秦始皇祖陵将重现原始风貌》一组5篇稿件，先于文物部门首次将这一重大考古发现公之于世。也正是由于我们的稿件占有材料丰富、事实准确、言之有据、见解独到，文物管理部门和专家学者对报道完全认同，普遍赞赏。

过去，新闻界对被学术界评定为我国20世纪百项考古大发现之一的大地湾遗址做过不少报道，去年初夏我们了解到，标志着大地湾考古发掘阶段性成果的考古发掘报告已全部完成，并通过了专家鉴定。这一事件本身没有多少新闻价值，因而省内所有新闻单位都没有在意。但分社的同志分析认为，过去大地湾的报道由于受考古发掘和研究成果限制，显得零散，不系统，而现在对其进行全面系统深入报道的时机成熟了，关键看能不能深入挖掘，写出新意。于是，我们在其他新闻单位毫无意识的情况下启动了大地湾考古的战役性报道。

从疏通文物管理部门关系，到邀请专家学者座谈，从省城兰州到遗址所在的县、乡、村，从主持考古发掘报告的专家到文物遗址的守护者，我们先后召开5次以上座谈会，访谈接触五六十人，搜集资料一二十万字。于是，我们写出的稿件不再是过去报道的复述，也不是文物专家金口玉言的"拷贝"。《大地湾考古刷新六项中国之最》《神奇的原始人大会堂》《从乡村到城镇的演进》《华夏文明史，到底几千年》等，篇篇都是主题重大的独家原创报道，体现着记者独到的视角和见解。尤其值得一提的是，组稿中的《华夏文明史，到底几千年》一稿，作为此组报道的灵魂篇，是我们在经过大量充分研究论证基础上写成的，它通过大地湾遗址发掘出的六项"中国之最"，向世人提出了重新研究判定华夏文明起源年代的新命题。这样事关华夏民族文明之源的重大主题报道，我们经过不知多少遍的斟酌推敲，保证做到"无一字无来历"。也正因为如此，稿件刊发后，包括"夏商周断代工程"专家李学勤以及国家文物局、中国社科院等各界专家学者不仅没有异议，而且对我们的新闻命题给予充分肯定。

影响来自全方位覆盖

值得一提的是，在组织采写这两组报道时，我们充分发挥新华社各种报道形式和手段的优势，全力实现影响力最大化。在采写新华组稿的同时，还写出了两组内参稿件，制作了新华网"焦点网谈"，所有稿件都运用图文互动方式，先后发出图片近20幅。为了把稿件最大限度地打造成精品，每篇稿件都修改五六遍，最后再请专家审定。从事大地湾考古工作长达20年、主持其考古发掘报告的文物专家郎树德被我们深入采访、认真写稿的态度所感动，最后成了我们随请随到的好朋友。他称赞我们搞新闻比他们发掘文物、写论文还细致严谨、一丝不苟，并对我们的许多观点大加赞赏，甚至说我们提炼的一些观点连他们文物专家也没有想到。参与报道的分社年轻记者们也深深体会到，如果不是深入调查研究，苦下功夫，而是等着人家拿出成果搞新闻发布会，做现成文章，就不会有这两组独家报道的产生。

甘肃是一个文物大省，文化报道资源十分丰富，“文化堆积层”遍布全省。驰名中外的敦煌莫高窟，数不清的彩陶、汉简、石窟，即便是像敦煌歌舞、“《读者》现象”等当代文化艺术报道题材，也俯拾皆是，特色独具。关键是看我们用什么样的视角去发现，用什么样的方式去采访报道，用什么样的手段去揭示它今天的新闻价值。

可喜的是，我们的年轻记者正用自己的方式去掀开陇原大地上那一处处文化报道资源的“堆积层”！

（原载《新闻业务》2003 年第 7 期）

附原文阅读链接二维码：

《秦始皇第一祖陵惊现甘肃礼县》

《秦西垂宫地址之谜有望解开》

《大地湾遗址》系列报道：

《新闻背景：大地湾遗址》

《大地湾考古刷新六项"中国之最"》

《神奇的"原始人大会堂"》

《盘古开天第一画》

《大地湾彩陶："中国制造"的证据》

《华夏文明史到底几千年》

做新闻要学会“在无字句处读书”

冯　诚

发源于祁连山冰川雪山的黑河，古称“弱水”，是我国第二大内陆河流。黑河流经青海、甘肃、内蒙古三省区 9 个县、区、旗，全长 821 公里，最终汇入巴丹吉林沙漠西北缘的两片戈壁洼地，形成东、西两大湖泊，总称居延海。作为黑河尾闾湖泊的居延海，位于内蒙古自治区额济纳旗境内，总面积 300 平方公里。

“居延”，匈奴语，意为“平地流沙”，准确而形象地概括了当地的自然特点。历史上居延海水域辽阔，鸟飞鱼翔，周围胡杨遍地，林草丰美，依托黑河干流和居延海形成的额济纳绿洲曾是西北边疆一道天然的绿色屏障。唐代大诗人王维《使至塞上》诗中的千古名句“大漠孤烟直，长河落日圆”写的就是赴居延海边塞慰问将士途中的所见所感。

但自 20 世纪中期开始，随着黑河流域社会经济迅速发展，水资源矛盾日益突出，导致黑河中下游地区生态迅速恶化。下游额济纳绿洲随着黑河断流时间的拉长，在 40 多年时间里，绿洲面积从 6940 平方公里锐减到 3328 平方公里，40 多万亩胡杨林枯萎死亡，戈壁沙漠面积增加了 460 多平方公里。西、东居延海也先后于 1961 年和 1992 年完全干涸，引起世界广泛关注。干涸的居延海和萎缩的额济纳绿洲成了新的沙尘策源地。据卫星遥感探测，其影响范围涉及我国西北、华北、东北乃至华东等地区，总面积约 200 万平方公里。

2000 年春天，国务院作出黑河跨省分水的重要决策，以拯救居延海，保护额济纳绿洲。2001 年 8 月，国务院正式批准实施黑河流域近期治理规划，决定在三年内投资 23.6 亿元，通过建设配套水利设施，发展节水型社会，实施均衡分水，保证下游额济纳旗每年有足够的来水量，并使久已干涸的东居延海重新"碧波荡漾"，从而有效阻止沙尘东进，恢复和改善额济纳绿洲生态环境。这既是我国西部大开发战略中一项重要的生态建设工程，也是新世纪我国第一个跨流域生态调水工程。

2002 年 7 月，黑河首次直接向东居延海调水并获得成功。从 9 月 10 日起，黑河又一次向居延海调水，中下游 500 多公里河流沿岸 60 多个引水口一律关闭，所有来水全部注入东居延海，调水时间持续 40 天。

对这项跨流域生态建设工程，媒体给予了广泛关注，从决策立项到开工建设，都有不少动态报道。但将近两年时间过去了，各大媒体尚无较全面深入的调查研究报道。毫无疑问，这样一项新世纪第一大生态调水工程，其实施的进程、难度、问题、成效都是决策层和社会关注的热点。

2002 年 9 月，我带两名年轻记者启动了黑河调水工程调研采访。

三大成效令人欣慰，张掖采访收获颇丰

这次采访，我们的主要目标是张掖地区。因为黑河调水，在甘肃境内主要涉及张掖一个地区。而获水区的居延海，隶属于内蒙古额济纳旗，其报道原则上由新华社内蒙古分社分管。9 月 19 日，正是黑河向居延海调水的关键时期，我和文字记者马维坤、电视记者张猛从兰州驱车 500 多公里抵达张掖，采访就从晚餐桌上开始了。

当晚，时任张掖地委书记李希和地区有关部门负责同志就给我们介绍了许多情况，之后连续 3 天，我们马不停蹄，查看引水工程设施建设、黑河沿线取水口管理、黑河分水流量，到多个县乡农田村庄与干部群众座谈交流，获得了大量鲜为人知的第一手材料。归纳起来，张掖实施黑河调水工程取得三大成效：一是成功实现了国家向下游分水的计划；二是以节水经济为前提的生态综合治理进展顺利；三是逼出水资源市场化一条新路。

黑河流域面积 14.3 万平方公里，其中地处中上游的张掖地区集中了黑河流域 92%的人口，用水总量占全流域的 83%，承担主要分水任务。根据国务院确定的黑河分水方案，当黑河上游来水量达到多年平均值 15.8 亿立方米时，必须向下游分水 9.5 亿立方米。这意味着张掖地区在自身水资源量远远不足情况下，还要将一半以上的黑河水分向下游。

就是在这样的情况下，张掖地区连续 3 年 12 次对黑河干流“全线闭口，集中下泄”，累计分水超过 20 亿立方米，占同期黑河来水量 52%，全面完成了国家下达的调水指令，多次受到水利部的表扬。

黑河调水一般都在农田用水高峰时节，被当地干部群众称为“口中夺食”，工作难度很大。为保证完成调水计划，甘肃省委、省政府多次安排部署，省领导亲自到张掖地区检查督导，要求将其作为政治工程，不折不扣完成好。张掖地委、行署克服诸多困难，说服、教育干部群众。2002 年夏天，地委书记和专员还亲自带队到下游额济纳旗考察访问。回来后，通过媒体大张旗鼓宣传向下游分水的生态意义、国防意义和民族团结意义，要求大家统一思想，顾全大局，为下游地区作出贡献。

李希给我们谈起黑河调水十分动情。他说，在分水前两年，由于群众不理解，“汉奸”“吃里扒外”等种种谩骂扑向各级干部，分水任务执行之艰巨列全地区各项工作之首。其中矛盾最尖锐的是 2001 年，黑河流域遭受60年不遇的大旱，全流域到处响起盼水声，地委、行署顶着巨大压力，下令按计划向下游分水。但沿岸一些群众却不顾分水政令，大规模偷水、抢水，并直接导致当年第一次分水失败。关键时刻，地委、行署果断对工作不力的几个部门进行全地区通报批评，并对主要领导给予行政处分。“铁令”一出，立即在全地区引起强烈震动。第二次分水开始后，上千名干部走上分水一线，沿岸巡守，并深入群众讲道理、稳情绪，使黑河水顺利流向下游。

连续3天夜以继日的采访，使我们的心灵受到极大震撼，许多见闻是坐在省城办公室根本无法想象的。张掖到下游额济纳旗500多公里，输水线路长，损耗大，每次分水闭口时间少则十几天，多则三四十天。分水期间沿线农田灌溉一律停止，农民当然很有意见。2002年7月，黑河连续向居延海分水17天，沿线水口全部关闭。当时，正是张掖玉米扬花季节，农田却十多天滴水未进，玉米棒子半截儿干枯，许多农民哭着喊着请政府开闸让水。据统计，三年来全区累计240多万亩农田因分水受旱减产，直接经济损失4亿元。2002年，全地区因分水延误浇灌，竟有600亩粮田绝收，这在有“陇上江南”之称的张掖灌区，前所未有。

“这几年，为了黑河水我们农民跟干部们理没少辩，眼泪也不知淌了多少。最终是理辩清了，心里也哭亮堂了：保下游，其实也是在保张掖。”说起三年黑河分水，张掖地区高台县罗城乡河西村农民许志杰感慨万千。

“干部们说，黑河分水是让下游额济纳旗的林草重新长出来，挡住向东吹的沙尘。这样就能保证酒泉卫星基地和整个北方不受风沙危害，我们张掖也能长久发展”，许志杰说，“可那时我们就是想不通。哪有水从门前过，硬是不让用的道理？”因此前两年每次分水，堤岸上都站满了痛哭流涕的农民。而前来执行分水任务的干部们，则成了农民出气的对象。

水利部派往张掖地区挂职的副专员陈晓军对记者说，黑河连续 3 年分水成功，谱写了一曲生态建设的“绿色颂歌”，为西北内陆地区水资源合理分配，积累了成功的经验，更为全面推行黑河流域综合治理开了好头，打下了基础。

黑河向下游分水，光靠“铁令”是不会长久的。政府在调水工程实施之初，就考虑了如何在水资源紧缺的黑河流域实施生态综合治理工程，建立起节水型社会，走出一条可持续发展的路子。

采访中，干部群众算的一笔笔水账让我们大为吃惊。张掖地区人均水量和亩均水量分别为全国的 57% 和 29%，平水年份缺水 2.29 亿方，属典型的内陆资源型缺水地区。按全地区年用水总量和国内生产总值相比，一方水的产出只有 2.81 元，仅为全国平均水平的 1/6。许多乡村，一亩耕地一年浇七八次水，用水量七八百立方米。

张掖地区水利处副总工程师贾永勤说，如果静态分析，就是说如果张掖把用水效益提高到全国平均水平，那么只用现状 1/6 的水，全地区就可以达到目前的社会经济发展水平。换句话说，过去张掖把 5/6 的水资源浪费在了效益低下的领域。

黑河流域用水大户酒泉卫星发射基地过去是只管用水却很少管理。基地营防处副处长乔海平说，几十年来，基地从来没有一本水账，用水单位和职工家里没有水表。基地一年需要多少水，用了多少水都不知道。大家随意用水，浪费可想而知。

黑河调水迫使人们沉思：缺水不等于水不够用，更不等于无法实现社会、经济与生态的协调发展。黑河分水和综合治理工程开始后，人们突然发现了用水方式的落后和对水资源的浪费，也同时看到了西部节水的广阔潜力。正是在调水工程的倒逼下，张掖地区在全国率先实施一“退”

一“调”的农业结构调整和一“证”一“票”的水商品市场化改革。

“退”，就是把高耗水、低效益的作物种植退出去，计划到2003年，将有着悠久历史，但耗水量大的10万亩水稻彻底退出张掖农业种植史；黑河沿岸30万亩粮田将退出农田行列，变为水源涵养林带；开中国“吨粮田”先河的玉米带田种植也开始退出张掖耕作模式。

“调”，就是将用水少、效益高的新兴产业调上来。草畜、果蔬、制种、轻工原料四大产业迅猛发展，开始成为张掖地区主导产业。苜蓿草块、脱水蔬菜、番茄酱、啤酒麦芽、葡萄酿酒、农作物制种等10大龙头企业群体的形成，带动张掖地区发展各类制种54万亩、优质牧草43万亩、精细蔬菜22万亩、中药材25万亩以及其他经济作物近9万亩。全地区粮、经、草比例由分水前粮食“一头沉”的局面调整为现在的35∶57∶8。

一“退”一“调”，使黑河流域可持续发展格局开始初步显现。张掖地区专员田宝忠兴奋地说，按调整规划，到2005年时，张掖地区将形成100万亩优质牧草、100万亩制种、100万亩经济作物和100万亩粮食生产的基地规模。这一调整目标的实现，意味着届时张掖全地区总用水量将由现在的26亿方减少到20亿方。其中农业用水比例将由现在的90%以上降低到56%左右，而生态用水比例将由现在7.4%提高到21%以上。农村经济的收益将随这种调整而大大提高，全地区社会、经济与生态也将由此步入可持续发展的良性轨道。

黑河分水开始后，水利部正式将张掖地区确定为全国第一个节水型社会试点地区。张掖地区选择临泽县梨园河灌区展开以水权为中心的用水制度改革，后又推广到民乐、山丹等县。经过近一年的实践，初见成效。

我们调查了解到，张掖地区在推行这项用水制度改革中，首先对试点区水利工程、土地利用、用水状况等社会经济和水资源现状进行调查摸底。在此基础上，对农户用水实行总量控制，定额管理。即先根据各类作物多年来每亩用水量的平均值和今后十年内二、三产业、生态、生活用水的发展目标，生产单位的用水指标，确定灌区的总用水量。最后再根据灌区内农户承包地的数量，确定农户的水权及水量，并颁发《水权证》。水权制度改革后，水资源开始变为商品，农民用水完全实行“水票制”。即农民根据《水权证》标明的水量购买水票，用水时先交水票后放水。如果超额用水，需通过市场交易从有水票节余者手中购买，价格也是“随行就市”。

推行用水制度改革后，农民用水开始精打细算，随意浪费水资源现象大大减少；“水票制”的实行，使乱收费再也无法“搭车”，农民负担得到减轻；农民开始琢磨起了减少用水的办法，如过去用水量大的大块田地，现在都被农民改成了用水少的小块田地；私自开荒、偷水、抢水等现象开始销声匿迹，农民用水纠纷大大减少。实践证明，农业结构调整和水权制度改革为黑河向下游长久分水和黑河流域生态整体好转打下了坚实基础。

采访中，干部群众还反映了一些分水工程和节水型社会试点中遇到的具体困难和问题，希望我们向有关方面反映。

本来，上述一系列的采访让我们感到收获颇丰，特别是调水工程三大成效都有很重要的报道价值，写几篇稿子是没有问题的。但越是到采访后期，越感到有一个环节是断不可少的，这就是调水后的居延海现状到底如何，需要我们回答。只有对居延海入水情况同样进行扎实深入眼见耳闻的现场采访，才能算是完成了调水工程上下游的全程采访，也才能使调水工程的成效报道更加权威可信。有鉴于此，我们在结束张掖地区采访后果断决定沿黑河而下，直奔额济纳旗探访居延海。

瀚海三奇令人惊叹，情钟居延有负胡杨

因为居延海属内蒙古额济纳旗管辖，赴额前我给新华社内蒙古分社负责同志电话通报了采访考虑，他听后非常高兴，表示将大力配合支持；张掖水利部门的同志也给额济纳旗水利部门打了招呼，衔接非常顺利。因此我们按预定计划直接赶往距离居延海最近的额济纳旗达来呼布镇。从张掖到达来呼布镇，500多公里车程，除酒泉市区和酒泉卫星发射基地外，全部穿越戈壁荒漠地带。头天晚上我们借宿于酒泉卫星发射基地，也顺便了解了基地用水节水情况。

25日中午，我们抵达达来呼布镇。迎接我们的是额济纳旗副旗长邓吉元（旗政府所在地就在达来呼布镇），他和镇里负责同志在镇上的一个招待所等着我们。听说新华社记者来采访居延海调水，邓吉元非常高兴。见面后几句寒暄，便趁饭前工夫，先领我们参观镇北面的额济纳生态示范园区和附近的牧民定居点。

正在兴建中的生态示范园区总占地面积7万多平方米，是集休闲、旅游、文化娱乐、科普文教于一体的休闲观光园。规划有地域风情、小镇情怀、生态园、观赏林等多个景区，是达来呼布镇、也是整个额济纳旗近几年间出现的一道新风景。而这两年新建的牧民定居点也很有规模，全旗70%的牧民已实现了定居。

额济纳旗地处黑河下游径流的消失区，也是超干旱荒漠地区。海拔900—1100米，年降水量为40毫米左右，蒸发量却高达3700毫米，生态系统十分脆弱。农牧业和生产生活用水全靠黑河，而黑河的断流时间已由20世纪50年代的约100天延长到现在的近200天，而且河道尾闾干涸长度也呈逐年增加之势。居延海干涸、黑河上游来水逐年减少，对额济纳生态环境和群众生产和生活造成极大威胁。黑河调水给这里带来了福音。近年来，额济纳旗把生态保护建设作为立旗之基、兴旗之本，

围绕生态环境保护建设开展各项工作。他们按照黑河调水和综合治理规划，大力实施围栏封育天然林，人工更新胡杨林、梭梭林，在苏木（乡级行政区划单位）、镇、场居民集中区营造防风固沙林，全面推进黑河水利建设工程、天然林保护工程、防沙工程、生态经济圈工程“四大工程”，遏制生态恶化趋势，改善生态环境，再造秀美绿洲，成效显著。这一切，正是得益于正在实施的黑河调水工程。

邓吉元和镇里同志一路上不断给我们介绍黑河调水带来的种种变化和镇上的基本情况，每个人脸上都洋溢着一种久旱逢甘霖般的喜悦之情。由于计划当天下午赶往此行目的地居延海，所以午饭之后我们便迫不及待起程。

从镇上到居延海 40 多公里，在原来的想象中，到居延海近前，亲眼目睹入水后的居延海水面，就不虚此行，写上游分水的稿子就更加全面客观。但出乎预料的是，居延海之行，带给我们意外的奇遇和收获。

一奇遇：晴天突遭沙尘暴，咫尺居延见面难。

这天下午两点多，我们从达来呼布出发，一路上天气晴朗，西北风相伴。出了镇子向北偏东方向行进约 30 来公里，简易公路消失，眼前戈壁沙丘一望无际。循着一些隐约散乱的车辙，穿过几公里戈壁荒漠砂石路面，便进入寸草不生的连绵沙丘。前面带路的蒙古族司机加里森很有经验，车子加大油门，在三四米到五六米忽高忽低的沙丘间左突右冲给力向前。车轮下时而会有尖硬的土石地面，但大多是在一两尺厚的松软沙土中颠簸前行，人坐在车上颠来倒去翻肠倒肚，没法坐稳。车行过后一路沙尘飞扬久久不散，空气干燥得像要燃烧，车上满是沙尘的气味，喉咙呛得难受。不用问，这就是居延海一带的生态面貌。车子绕来绕去走了八九公里，越过一片略微隆起的高地后，眼前变得开阔起来，平缓沙地开始出现了过水后干涸龟裂的痕迹。不一会儿，地上的植被越来越好，远处东北方向天地相接处出现一条蓝色的弧线，向导说那就是我们要去的东居延海。由于我们想先看看黑河进入居延海的入水口状态再看湖面，因此同行的黑河管理局的同志先带我们从居延海湖面西南侧几公里的位置向南再向东绕行几公里，来到黑河尾闾段，找到了居延海南端的黑河注水口。由于这里是黑河冲积平原上的大片平缓沙地，以前河床很宽，这两年黑河来水后变成了茫茫湿地，人和车都不能太靠近入水口，我们的车只好停在距湖面约两公里处的河岸边。跳下车来，双脚踏在长满芦草、梭梭、白刺等灌草丛生的岸边湿地上，同行者个个激动不已。虽然这里还看不到居延海水面，但从黑河上游一路追踪而来，我们终于看到了千里黑河如愿下泄居延海的景观。出乎预料的是，黑河在这里显得特别温顺，约 20 米宽的河面波澜不惊，远不是我们想象的那样波澜壮阔。但是，当你站在这里，心灵分明受到一种震撼。据黑河局同志介绍，这里的湿地，都是过去的河床，前些年黑河断流，致使这里水草枯萎、土地沙化，黑河分水两年，干涸已久的黑河尾闾河床重染绿色，枯死多年的沙生植被得到有效恢复，大片的胡杨、红柳生机重现。在河岸边环视四周，到处是灌木绿草，刚才在路上看到的沙丘戈壁完全看不到了，空气也变得湿润许多。据介绍，这里黑河流量每秒约 15 立方米。现在看到的水流正是上游张掖地区从 9 月 10 日开始的当年第五次分水，9 月 20 日上午到达额济纳旗一道桥，9 月 22 日早晨流进了东居延海。想想黑河上中游干部群众眼看着流淌千百年的河水突然被“全线封口，集中下泄”而必须服从大局严守“铁令”，是多么不易；国家为实施此项工程又下了多大决心，付出了多少代价！黑河调水工程实施后，额济纳旗已规划从居延海到上游甘蒙交界处的狼心山一带，沿河两岸建设百公里长的绿色长廊，恢复植被，防风挡沙。这对恢复和发展额济纳绿洲意义重大。

由于受大面积湿地影响，在注水口无法近前看到居延海水面，我们只停留了一会儿就起身往西北面离湖最近的地方去。但万万没想到的是，就在我们车子开动不到10分钟，西北面天空突然风沙骤起，一条齐刷刷的灰黄色风沙瀑布向我们逼近，眼前的天色很快变得混浊起来。对于沙尘暴，我们这些长期在大西北生活的人都不陌生。但在这秋高气爽的九月、在晴空万里毫无征兆的情况下突如其来，又是在远近闻名的中蒙边界居延海黑风口地带，真让人吃惊不小。“快往回走，沙尘暴来了！”只见前面带路的车子停下来向我们打招呼。这种情况下谁还敢含糊，我们一行两辆车子迅速掉头往回走。就在说话掉头前后几分钟时间，已是天昏地暗，天空由黄而灰接着变黑，铺天盖地的沙尘暴，呈万丈悬崖状，从身后滚滚而来，天地间黑压压一片。挡风玻璃和车窗被砂石敲打得叮咚作响，狮吼狼嚎般的声音震耳欲聋，车子几乎没什么能见度了。这种景况，以前只在电视镜头中看到过，没想到让我们不期而遇，当时很让人恐惧。本来好好的天气，怎么突然间就变了脸色，而且来势凶猛十分可怕，连当地人也没有任何警觉和预感！来时走过的沙丘地段大约10公里半个多小时车程，这时背风而行却用了将近一小时才走入便道。

晚上7点多终于回到住地，邓吉友副旗长看到我们回来了，高兴地说，回来就好，就怕沙尘暴来得突然走不出来迷了路就麻烦了。据他介绍，黑河断流、居延海干涸以来的短短40年间，居延海周边530万亩湿地和林草地变为沙漠和盐碱滩。居延海一带形成了一条六七公里宽的风沙通道，当地群众称为“黑风口”，一年四季随时有西北风从北距居延海15公里的中蒙边界挟沙扬尘扑向东南，春秋季节尤为严重。这就说明我们的奇遇在当地可能只是稀松平常的事。

按照行程计划，我们准备第二天下午就要返回，所以额济纳方面安排当天下午踏访居延海，次日上午参观著名旅游景点怪树林和黑城，这也是此行我们的一个特别期待。到了额济纳，无论如何不能不去看看怪树沐和黑城，尤其是时近中秋，大片的胡杨林初绽金黄，怪树林也更显沧桑，“生而1000年不死，死而1000年不倒，倒了1000年也不会腐烂”，现在正是领略额济纳怪树林美景的好机会。所以晚饭时邓吉友副旗长把第二天上午参观的车辆路线都确认好了。可是由于当天下午被沙尘暴干扰没有看到居延海，我心里很郁闷，一点看风景的兴致都没了。为了一探居延海入水的情景，我们奔波数百公里，结果因为沙尘暴就要与之擦肩而过，实在不甘心，如果就这样转身走了，那不等于我们此行没有完成任务吗！纠结半夜，第二天一大早发现天色已放晴，我立即在早餐前和马维坤、张猛商量，放弃参观，再去居延海。没想到他们也和我一样，不到居延心不甘！于是我们早早吃完早饭，再次奔居延海而去。

二惊喜：水荡居延美如画，鸥鹭苇草赛江南。

二往居延，大家都有了熟门熟路、驾轻就熟的感觉，心情放松了许多。与昨天返程不同的是沙尘退去、晴空如洗，晨光中的额济纳，四野无垠，空气清新透亮，公路两边大片大片枝叶婆娑的胡杨、红柳、梭梭等沙生植物在明媚的阳光下熠熠生辉。从达来呼布镇到东居延海，曾是黑河尾闾地段最漂亮的一片绿洲。若不是黑河断流、居延干涸、植被萎缩、沙化加剧，这里不正是“天苍苍，野茫茫，风吹草低见牛羊”的好地方吗！如今黑河调水，这里的植被明显恢复，初现生机。

头天下午去居延海途中，我们先是到路边一个村子参观了蒙古族牧民道尔吉家500年树龄的“胡杨王”，后又绕行到居延海南缘察看入水口，所以耗时较多。第二天则一路快速前行直奔水面而去，所以很快就到达目的地。

东居延海是深卧于茫茫沙丘中的浅碟状湖盆，西南到东北大半圈都被沙丘包围。只有黑河来水的东南侧有绿色植被。我们是抄近路、从西南侧到达居延水岸的。到达水岸前，先是穿过几公里沙丘，然后进入久已干涸的坚硬湖床。湖床边缘距水边 200 多米，大约有 20 度左右平整缓坡，一色的细碎砂石，脚踩上去倒也舒服。

一进入湖床，低洼处的湖光水色就映入眼帘。当我们在不远处停下车子，步行几十米来到水边，目睹着眼前澄澈碧蓝的湖水荡漾于沙海深处，真让人喜出望外，心旷神怡。正是上午 10 点左右，站在岸边放眼东望，湖水在晴空丽日下烟波浩渺，水天一色；银鸥白鹭翩翩翻飞，时近时远；近处湖水边缘，片片水藻逐波泛绿，充满生机。阵阵轻风吹来，空气分外湿润。此情此景，让人对大自然的神奇和生命的顽强顿生敬畏。此时大家又是拍照，又是蹲下来捧水洗脸、扔石子玩水，个个开心不已。陪同我们的额济纳水利部门的同志说我们是居延海入水后第一拨亲水采访的中央媒体记者，完全可以向世人证实居延海在干涸二十多年后重泛碧波不是传说了。据他们估算，当日水域东西宽超过了 3 公里，南北长有 5 公里，水域面积已超过 16 平方公里。到这一季调水结束，居延海水域面积将超过 23 平方公里，并可保持到明年春季，这对有效减少当地风沙、改善生态环境恶化现状将发挥重要作用。

是的，只有在这时，你才会理解，为什么媒体记者的报道权威可信，首先是因为“我在现场”！就眼前的居延海来说，如果不是在水边现场目睹耳闻，哪会想到，16 平方公里的水面会是如此辽阔壮观令人震撼；哪会想到刚刚来水不几天的水边就已水草茵茵，生机盎然。而身后寸草不生的沙丘荒漠又让我们对黑河调水陡生紧迫感，对上游人民的牺牲奉献多了一重理解和敬佩。再说，许多新闻现场不是每个人都能到达的。额济纳地处偏远，无论从内蒙古、呼和浩特市还是宁夏银川，或者甘肃兰州，去一趟都很不容易，所以我们的采访本身就如同探险，所见所闻都是新闻！

来到居延海边，每个人都想多停留一会儿。张猛一刻不停地摄像拍照，我和维坤一边察看水面景观和周遭自然面貌植被特点，一边拉着水务局同志想到什么问什么，生怕把有意思的东西漏掉。虽然周边岸线景色没有多大变化，但大家在刚才的水岸边待了一阵子，又顶着漠风烈日沿着西岸向北行走了好几百米，才依依不舍地离开。

三震撼：瀚海荒漠现甘泉，无人区里有敖包。

在离开东居延海返回途中，刚走出湖盆两三公里，我们远远地看到了一群骆驼。它们一溜儿小跑，来到一个略微凸起的沙丘上，停了下来。我们停下车子，慢慢走过去，靠近驼群，只见一股细细的泉水从沙石缝里汩汩流出，流过一段五六米长的水泥渠道后，渗入沙石中。刚跑过来的 11 峰骆驼一个个低着头吮吸喝水旁若无人。向导告诉我们，这就是当地远近闻名的“沙漠自流井”。其实它不是井，而是自然溢流出沙漠的泉水，东居延海干涸后它也照样流出，成了这一带荒漠中唯一的自然水源。

因为骆驼有灵性，会认路，所以居延海干涸后它们经常来这里喝水。当地牧民还在自流井口修上了水池，防止风沙堵塞泉眼。

正当我们起身上车为沙漠甘泉津津乐道之时，向导的车子又把我们领到了一座名叫敖包山的高高沙山上，参观了矗立其上的一座敖包。敖包由石块、树枝堆集而成，是蒙古人敬天地、山川、 水草诸神的地方。以前居延海有水的时候，敖包山下青草、鲜花遍地，高高的芦苇随风摇曳，骏马驰骋，牛羊满坡。每到祭祀日，东居延海边的牧民便聚集在敖包山上，往敖包上添石块、插树枝、献哈达，祈求风调雨顺、人畜兴旺。祭祀活动结束后，有情人便双双远离人群，到僻静的地方倾诉衷肠。东居延海干涸后，牧民纷纷远走，那种热闹场景早已远去。如今随着居延海来水，来敖包山添石祭拜的人越来越多了。

如果说居延海重泛碧波令我们惊喜，让我们看到了国家政策和上下游人民齐心协力改变生态恶化的决心和成效，那么，骆驼泉和敖包的奇遇则让我们看到了额济纳牧民饱受风沙之苦后的渴盼和寄托。

当天下午踏上返程，我们感慨万千。这次采访，我们抓住了黑河入水的时间节点，对黑河调水有了全流程的了解把握，真可谓收获满满，不虚此行。只是由于国庆节前有节日报道等其他任务而无暇他顾，参观怪树林和黑城美景的计划只好放弃，每每回想起来总是心生遗憾。

三组报道各展风采，居延组稿“无中生有”

从额济纳经酒泉过张掖回到兰州，我们的车子马不停蹄整整跑了两天。一路上我们像过电影一样回忆着此行采访的一幕幕镜头、一个个故事，酝酿梳理着写稿思路，每天都讨论分析到很晚。在回到单位前，我们便把写哪些稿件、突出哪些重点、发稿先后节奏等都理清楚了。回来后立即整理素材，着手写稿。国庆节前后，张猛拍摄的视频和一批照片陆续在总社播发，10 月 4 日，马维坤执笔的消息《我国第二大干涸湖泊居延海重泛碧波》亦由新华社向海内外发出通稿。这本是一条重要的生态建设新闻，海内外媒体广泛采用。但对我们来说，它只是预热，重点稿件尚在后头。此后，我们先后发出三组重要稿件，每一组都形成了很好的社会效应。

首先，刊发了一组 3 篇专供领导层决策参考的内部调研稿件，包括《水荡居延海，情暖额济纳》《“退”入节水型社会，“调”出可持续发展》《政策须完善，措施要跟上》。第一篇重点通过黑河向下游调水后居延海绿洲生机重现、农牧民感谢党的生态惠民好政策，以及上游张掖地区人民顾全大局、牺牲奉献的让水精神，说明黑河调水的重要性和紧迫性；第二篇重点介绍了张掖地区人民为了保证下游用水，被迫在全国率先实行水权制度改革、调整农业生产结构、向节水型社会迈进的实践探索和可资借鉴的做法经验；第三篇重点反映了基层干部群众在工程实施过程中遇到的困难、问题和他们的呼声。这组参考稿件发出后，当即引起领导层的高度关注，时任副总理温家宝作出批示，充分肯定调水工程取得的良好进展，并要求相关部门就稿件反映的多方面问题逐一协调解决；甘肃省主要领导也作出长篇批示，加大省里对张掖调水工作的支持。此后不久，国务院秘书局专门向新华社反馈了温副总理批示的落实和相关问题全部得到解决的具体情况。张掖地区还将这组稿件作为参阅文件下发各区县和地直部门学习，使当地干部群众备受鼓舞，各项调水工作更加顺利有效。而总社编辑部门除了充分肯定这组稿件内容外，还将其中第一篇评为好标题稿件。我本人也因这组稿件和其他两组深度调研稿件而获得当年国内分社社长十佳调研奖。

紧随内部稿件的刊发，我们的第二组稿件《新华组稿：走近居延海》一组6篇见闻报道于当年11月初由新华社通稿播发，引发海内外媒体广泛关注，报刊网络纷纷转载，《新华每日电讯》报整版刊登。

之后，我们选择在来年春季发出第三组稿件《新华组稿：节水型社会》，一组5篇，全面展示了张掖地区开展节水型社会试点的探索和经验。稿件播发后同样产生很好的社会效果。

一篇消息和这三组稿件，以及多组图片和视频报道，构成一个完整的报道链条，立体化、多层次、系统全面地展现了我国第一个跨流域生态调水工程的空前壮举。稿件内容全部为独家、原创、首发。最让我们视为意外收获的就是“走近居延海”这组稿件。相比之下，第一组和第三组稿件是我们此行采访比较明确的重点目标，而第二组完全是计划之外的“无中生有”。

在去居延海之前，我们没有想过到水边会有什么稿子写。到了居延海边，前后也不过一小时，碧水、青苔、飞鸟、阳光、蓝天、沙地，看上去很苍茫、有诗意，但新闻元素不多。但是，随着骆驼泉、敖包的奇遇，加上我们沿途顺道对牧民乌力吉的详细采访，一连串看似互不相干的镜头却把我们引向了人与自然关系的深度思考。居延海湖盆干涸沙化后，天上不飞鸟，地上不长草，而黑河水才来几天，就变得生机盎然；沙坡上的一股溪流本不起眼儿，但成群结队的骆驼却要长途逐水而来以解生命之需；敖包山四野茫茫不见人烟，但敖包周围稠密的脚踪和崭新的哈达彩幡分明告诉你什么才是居延人恒久的愿景；而乌力吉，一个世居居延水边的蒙古族后代，他对居延海的记忆和诉说，加上头天下午我们遭遇沙尘暴的情景，怎不令人深思自省！

其实，对于这一切，如果缺乏新闻人的敏锐和执着，就永远不会有这组见闻的出现。当时，我们并没有形成写稿的思路，但我们没有放过一点点时间和采访细节。居延海入水现状、邂逅骆驼泉、敖包、乌力吉，甚至遭遇沙尘暴的过程，力求眼见耳闻的点点滴滴都弄清来龙去脉，每一件事、每一个细节都尽可能从平淡无奇中发现它背后的内涵和必然。记得，当天晚上我们在嘉峪关住地讨论居延海采访之行的收获时，大家七嘴八舌议论起上午的见闻，一桩桩、一件件愈加生动鲜活丰富多彩，当时就确定写一组“走近居延海”组稿，每一篇的题目都基本敲定了。

这组稿件发出来后很受报刊欢迎，也广受媒体同行好评。究其原因：一是居延海交通不便人迹罕至，近距离获取新闻事实的难度大；二是稿件的主体内容具有不可复制性；三是运用散文化的笔调，白描的手法，增强了新闻故事的趣味性；四是将《千里走居延 ，沙海见奇观》《奇特的沙漠自流井》《敖包的守望》《乌力吉的“梦”圆了》等多个即时散见的新奇故事配以《新闻背景：拯救居延海》和记者述评《居延海的呼唤》，形成串珠之效和整体效应，传播效果比较好；五是笔调轻松，主题重大。当我们写完这组稿子时，才蓦然发现，“居延海的呼唤”才是党和政府不惜一切代价实施黑河跨流域调水工程的初衷和归宿！也正是对居延海的采访和认知，才有了《水荡居延海，情暖额济纳》这样的题目和稿子。

有一句名言，是说“与有肝胆人共事，在无字句处读书”，这后一句讲的是读书不能只看文字表面的意思，要能体味出隐含于字里行间的深刻含义。做新闻也一样，也要学会“在无字句处读书”，就是在表面看似没有新闻的地方，挖掘出具有独特新闻价值的东西来，所谓见别人所未见，写别人所未写，道别人所未道。唯其如此，才显与众不同。

（本文完稿于2017年11月，选自拙著《镇版报道的气质养成》）

一个“动”字探“景深”

冯 诚

人所共知，写诗有所谓“诗眼”之说。那么，新闻作品有没有“新闻眼”呢？我认为是有的。当然，这里所说的“新闻眼”是对应于“诗眼”而言，而非人们常说的记者的“第三只眼”。比如，刊发于《新华每日电讯》2002年9月9日的通讯报道《浙江大潮动陇原》这篇稿件标题中的“动”字，可以视为全篇的新闻眼。

“诗眼”，指的是诗作中点睛传神之笔，犹如人之眼目。它的表现形式主要在于选用词语的功夫，或为一字之妙，或以句制胜，使诗词形象鲜活，神情飞动，富于艺术魅力。它能统摄全篇，精准表达诗人对事物的思想和情感，所谓“立片言以居要，乃一篇之警策”是也。

同理，“新闻眼”，就是最能反映事物的本质特征、有效传达新闻报道中心思想和记者主观意图的字词或语句，它在新闻稿件中起着贯穿全文、引领写作的作用，是新闻构思、选材、表达和运用语言的前提。

2002年5月，甘肃省派出一个以老同志为主的高规格代表团赴浙江学习取经。那些年，浙江的非公有制经济非常活跃，全国各地取经者纷至沓来，但对于甘肃来说，取经意义更是非同寻常：20年前，甘肃与浙江在人均国内生产总值、地方财政收入、农民人均纯收入等主要经济指标排位上同属全国中等水平，绝对值也相差无几；20年后，浙江经济总量由改革开放前的第十三位上升到第四位，而甘肃几大经济指标都退居全国的倒数第三、第四位。

甘肃向浙江学习，“不能光‘心动’，关键看行动”，这是触动我们写稿的动因，也是贯穿稿件全篇的深层内涵。于是，我们追问：甘肃为什么要去浙江取经？为什么是退下来的老同志？取回来哪些真经？对甘肃决策层有哪些触动？学习浙江经验有什么具体行动？能不能产生效果？带着一系列的问号，我们开始了采访，最终，我们落笔于一个“动”字：甘肃向浙江学习取经的动议、动作、动态、效果等，我们就想抓住这个“动”字把文章做足做透。

我是在当年5月29日的省委常委会上获悉甘肃向浙江学习取经这件事的。作为一个重要的专门议题讨论研究，可见省委省政府对这件事的重视，而汇报和讨论过程也热烈异常！从与会常委及四大班子有关领导，到赴浙江考察的9位老同志，人人有一种强烈的差距意识和自我反省态度，会议全过程都弥漫着凝重的气氛！而考察团关于甘肃省学习浙江的建议意见和省委省政府决定采取的九条措施，显然是经过深思熟虑后的顶层设计。但我还是保持了新华社记者应有的冷静，没有急于发稿。这是因为，多年来在中西部地区，前往东南沿海地区的类似考察学习泛滥成灾，省、市、县、乡、村，哪一级哪一年不出去几次，名曰学习取经，实则走马观花浮光掠影，常常是去的时候看到什么都激动，回来后写个考察报告吆喝一阵子，最后总是以当地地处边远、自然条件差、沿海经验在西部“水土不服”而告终。所以，我认为“九老汉”做特使沿海取经，回来后省里作出学习决定，这个过程省内媒体可以做报道，但新华社从全国眼光看，作出决定还只是写在纸上说在嘴上，即使能发稿也不会有多大新闻价值，关键要看后面的落实过程如何。但不急于发稿不等于不发稿，无论如何，这是一个值得关注的有分量的新闻选题，必须牢牢盯住，一旦九条措施真正付诸实施展开落实，就可以做重点报道，而且要立即投入实质性采访，全方位搜集素材，做好写稿准备。为此，我请年轻记者胡梅娟和我一起来做这一报道。

对赴浙江考察团老同志的采访，是第一项功课，必须通过采访把他们在浙江考察的全过程形象地还原出来。没有这一过程，后面写稿就没有深度，两省的反差就体现不出来。令我们感动的是担任考察团领队的原省人大、省政协两位老领导，特别欢迎我们采访，都毫无保留地介绍了考察过程中的许多故事和大家的收获，特别是他们结合考察，把自己多年在甘肃高层领导岗位工作的自省和思考也向我们和盘托出。

有了取经过程的追踪采访，有了省委决策会议的现场感受，接下来就要看全省上下的行动。就在我们采访调研的两个多月时间里，甘肃上下果真掀起了一场声势浩大的学习浙江经验活动。其实质内容是一场解放思想、转变观念、“拆围破障”、加快发展非公有经济和市场经济的重大行动。干部群众真的被发动起来了！省委省政府的九条措施一层层落实了下去！这样见贤思齐，知耻后勇，自发自觉地向一个兄弟省老老实实学习，多年来在甘肃还是第一次！从动议取经，到省里决策部署，再到贯彻落实，过程链是完整的，每个环节都有故事、有看点。其实我们一直是以质疑的眼光，拉长采访观察时间，求证这次取经到底能给甘肃带来什么促动，会不会是叶公好龙虚张声势，雷声大雨点小，刮一阵风了事？现在看来，是动真格的了。这是全省干部群众的期盼，也成全了我们写稿的愿望。

对这篇稿件的写作，我们在胡梅娟同志起草初稿前反复讨论琢磨，形成了几点明确的思路：一是写一篇政论性通讯报道，叙议结合，尽可能写出思想深度；二是通讯要以“动”字为切入点，写出从动议到行动的一系列真学实干之举，特别是要把由浙江导入陇原的解放思想大潮、发展民营经济大潮呈现出来，这是稿件的新闻价值所在；三是甘肃向浙江学习，是一个事件性新闻，稿件要抓住取经过程、决策反思状况、付诸行动三个环节，按时间顺序搭建结构，还原感性；第四，要把握好基调，既要把甘、浙两省在发展理念、开放意识、扎实拼搏方面的反差写深写透，又要承认区位条件、自然禀赋、投资环境、人才资源都不可同日而语，不能片面指责甘肃观念落后、封闭保守。

要把这样的想法变成稿件，谈何容易！从初稿成形到最后见报，我们至少七易其稿，反复修改打磨，直到自己满意。

比如标题制作，既涵盖了甘、浙两省，又点出二者的使动关系，“动”字的选择更是煞费苦心。由于这个字选得准，最终它不辱使命，出色发挥了“新闻眼”的特殊作用。再如导语，也是反复推敲，力争不落俗套：作者出境说事，以政论句式开头，开门见山，直指议题，用两个简捷并列的短句，直接点出“动陇原”的新闻本质。全文要说的本就是甘肃对照浙江的反思以及反思后的行动，但在这里用“触痛灵魂”四字，特别是“痛”字的运用，极言反思之非同寻常；而“知耻后勇”的腾跃，亦是一种带有强烈批判色彩的褒奖。接着用两组数据说明“痛”和“耻”的过往，然后两句设问，引出全文主题。导语本要求文词凝练、言简意赅，反对冗长空洞、过度铺排。如若能在全篇“主脑”的有限文字中恰到好处地营造出“山重水复”“波澜起伏”之境，自然会有引人入胜、欲罢不能之效。

文章 3 个小标题，不仅考虑了统领该部分内容的作用，而且在语言修辞上均采用 3 个长短句，统一句式，排比递进，强调动感和气势。全篇各个部分和每一段落的起承转合也力求通过节奏、旋律、气韵的美学追求强化内容的入脑效果，实现稿件新闻性、思想性、文学性的统一。

这篇稿件在《新华每日电讯》发出后，《甘肃日报》以及省内外诸多网站全文转载。省内一些新闻同行称赞此稿高屋建瓴、跳出甘肃写甘肃，无论思想深度还是写作功力都值得称道。此稿获 2002 年度甘肃新闻奖一等奖。

（本文完稿于 2017 年 7 月，选自拙著《镇版报道的气质养成》）

采访札记：

“散文化”是新闻写作的美学追求

冯　诚

因工作需要和组织安排，我在新华社新疆分社工作整整四度春秋。毫无疑问，这是我工作记忆中最美好的地方！特别是那“吐鲁番西三百六”的边城乌鲁木齐，每到盛夏时节，气候宜人，瓜果飘香，从大街小巷到处飘飞的《达坂城的姑娘》《我们新疆好地方》《阿拉木罕》《吐鲁番的葡萄熟了》等如梦如幻的醉人歌声，到维吾尔族姑娘等各民族群众漂亮大方能歌善舞的迷人风采；从二道桥大巴扎琳琅满目的民族商品到烤羊肉串、手抓饭、大盘鸡等独具特色的风味美食；从长年抬头可见的博格达高山雪峰到形形色色独具特色的城市建筑，美不胜收的异域风情，吸引着无数中外游客流连忘返。

1999 年夏季，是我进疆工作的第三个夏天。两年多来，我对全疆特别是自治区首府乌鲁木齐的认知了解不断加深。美丽的边城也已从 1997 年 2 月那场突如其来的公共汽车爆炸案（暴力恐怖事件，造成严重人员伤亡和交通瘫痪）阴影中走出，外界对新疆尤其是对乌鲁木齐市的投资环境、市场机遇、旅游资源、人文环境比以往更加关注。世纪之交，我们怎样更好地向世人展示不一样的边城？夏天，是乌鲁木齐市最美好的季节，但对一座城市来说，我们的报道又从何入手呢？最早触动我的是乌鲁木齐随处可见的各类桥梁。乌鲁木齐干旱缺水，没有大的河流，但市区的桥梁密度很高，而且多数都是近几年新建的。除了桥梁多，我还发现乌市街头擦皮鞋的摊点也特别多，而且有不少是三五成群，抱团揽客，很有阵势。这些在当地人司空见惯而在我这个异乡人却颇感新鲜的镜头，能不能进入新华社记者笔下呢？因为没有硬新闻由头，我想到应该用散文化笔法做点尝试。

散文化新闻是20世纪八九十年代新华社新闻写作创新的重要尝试，在新闻界很有影响和带动效应，也备受社会关注，深得读者好评。这不仅因为它的倡导者是当代新闻界泰斗、时任新华社社长穆青，更因为它符合新闻写作规律和读者阅读体验，给此前千人一面的模式化新闻一击重锤，让世人耳目一新。

1985年，我进新华社甘肃分社当记者时，老记者们讲得最多的就是怎样写好短新闻、散文化新闻。因为，从全国和全球的眼光看，一个地方分社在一省一市，尤其是偏远落后的西北地区，能发新华社动态消息的大新闻的确不多，堪写长篇大论的报道更少。而更多的是要从基层一线挖掘所谓带露珠带泥土芬芳的鲜活新闻，以小见大，响应读者关切。

比如当时甘肃分社资深记者曹永安采写的《梅雨上高原，染绿兰州城》，就是在常人看来干旱少雨的兰州不过是稍稍多下了几天雨而已，并没有任何重大新闻事件发生，而曹永安却以独特的视角和诗意笔法，写出了兰州多年来坚持植树造林、绿化荒山、持之以恒改变干旱落后面貌等深藏在现象背后的新闻要义，备受媒体和业界追捧，《人民日报》曾在头版显著位置刊登，被认为是散文化短新闻的经典之作。

由此我想到，作为新疆首府的乌鲁木齐，人们的关注度比较高，各家媒体对外宣传报道的东西也不少，关键是出新出彩难。而用见闻的形式、散文化的笔法、七八百字以内的短小篇幅，从不同角度组合式地做一组报道，不失为一种新尝试，也可以说是分社业务创新的小小探索。

段芝璞同志当时是乌鲁木齐市记者站站长，刘心惠同志从新疆人民广播电台调来分社不久，负责政文报道，他俩对当地的情况都很熟悉。因此我找来他们商量策划，很快形成共识并迅速投入采访。一连多日，我们走街串巷，看广场、逛夜市，访市民、进机关，实地明察暗访，反复讨论筛选，最终形成一组5篇稿件：《乌鲁木齐变桥城》《下岗灯盏亮边城》《宵夜文化姓文明》《5元小炒有商机》《皮鞋美容成风景》。这组稿件由新华社每天一篇连续5天播发，立即引起热烈反响，《乌鲁木齐晚报》每天加花边刊出，《新疆日报》整版推出。新华社《新华每日电讯》报以“乌鲁木齐好地方哟”为竖排通栏标题，文图并茂做了一个整版。时任新疆维吾尔自治区党委常委、乌鲁木齐市委书记吴敦夫一见面就竖大拇指称赞说，你们这组稿件写得真好，体现了新华社的大手笔。分社采编人员也认为这组报道让人耳目一新，纷纷展开讨论评说。

此后我们在回顾总结此次报道时，也颇有感慨。它不仅有效地讲述了边疆都市改革发展的美好故事，也在业务上加深了我们对散文化新闻的认识和理解。

散文化新闻包含了新闻写作的多方面特质，按照穆青老社长的观点，新闻也是散文的一种，可以有个人风格，可以百花齐放，大胆创新，可以夹叙夹议，既有形象的细节描写，又允许少量的议论和记者的感受。

散文化新闻有广泛的适应性，消息、通讯、特写都可以将文学的故事性、形象性、诗意性和修辞技巧渗透其中。它要求记者有深厚的文学底蕴，有诗性的表达能力和个性化的语言风格。归根到底，它是新闻写作的美学追求。

以这组稿件为例，我们首先将选题定位在有现场感、有故事性又容易情景化表现的对象上，以便写作时容易从感性切入。我们放低视线，以普通受众的身份和眼光触摸城市的脉动，感知城市的内涵和品质，从大量的采访素材中筛选了桥梁建设、宵夜文化、下岗职工夜市、小店商机、皮鞋美容等可观可感的选题，使整组报道既有较强的现时性、时代性特征，又使报道面显得丰富多彩。

其次，在写作手法上，每篇都是从讲故事开始，把读者带入新闻现场。每篇稿件的主体部分都有新鲜生动的故事情节做骨干支撑。

第三，稿件中既有形象的细节描写，又有记者的主观感受和认识；既完全尊重采访事实，又艺术地取舍素材、谋篇布局，并注重诗性地语言描写。新闻散文化的特征，最主要的还是体现在写作手法和风格上。为了使稿件能充分体现我们的策划设想和风格追求，在写稿时我首先执笔写出了最先触动我也是我了解最深的《乌鲁木齐变桥城》以作示范。在这篇稿件中有这样一段集中描写桥梁风采的文字，全部是带有作者主观感受的精短句子和运用文学修辞手法的语言：

“桥依城秀，城因桥美。建在大西门的环形过街天桥，直径达60米，造型精美，雄伟壮观；横跨河滩路的21座桥梁，有吊桥，有虹桥，有斜拉桥，有双拱桥，一桥一景，各具特色，仿佛桥的画廊、桥的展馆。西大桥，巍然凌驾于河滩路中段，桥面宽阔，装修华美，是连接新老城区的交通枢纽。置身桥上，但见桥上桥下车水马龙，两端公园绿树成荫。临桥赏景，拍照留念，已是各族市民和外地游人的一大乐趣。”排比、对仗、多点位转换，让读者在文学语言的美感中加深对桥秀城美的阅读体验。

作为一组稿件，要篇幅相当、风格一致，但在结构、层次、导语、修辞手法等方面又要各具特色，灵活多变，避免形式雷同。比如，同样是导语部分，《5 元小炒有商机》从呈现事实入手，首先告诉人们最主要的新闻主体事实，然后再详述之："今夏以来，西北边城乌鲁木齐的餐饮市场，悄然刮起了一股 5 元小炒风"。而《下岗灯盏亮边城》的开头，则是典型的现场切入式描写："夜幕初降，乌鲁木齐市沙依巴克区的五一路和与之相连的经一路，400 多盏路灯一瞬间亮了起来。灯光映照下，600 多米长的丁字形街道上，数百个经营摊主早已在街道两边各就各位，吆喝一声高过一声，沿街的人流也开始变得稠密起来。闻名边城的五一星光夜市就在这一片喧嚷热闹的气氛中开始了。"如果开头是远景镜头的话，后面则由中景到近景，由经一路百货街到下岗女工马俊玲、买买提的摊位，再到夜市顾客，由远而近层层递进；从时间纬度来看，则从夜幕降临写到凌晨一点，把夜市的红火状态通过时间的长度予以充分展示。

至于组稿对细节描写的追求，可从《皮鞋美容成风景》一稿中人们大都熟悉的擦鞋过程可见一斑：

"落座在张姓女师傅的椅子上，搁脚说话之间，只见她双手往来如梭，鞋子沙沙作响，洗尘、去污、上油、打蜡、亮光，几道工序转眼完成，一双鞋五六分钟就擦好了。而最让人叹为观止的是，她在最后的亮光工序完成后，突然从口袋里掏出一块一尺多长的红绸子，在鞋子上'噌噌噌'又是一阵猛擦，然后扬手让你看：红绸子一尘不染。其情其景，让人身心一爽。"

这一段完全是我多次到这个鞋摊擦鞋观察所得，这和作家观察熟悉生活是一个道理。我相信，这短短的几行文字，一定会让读者像我一样，对张师傅的擦鞋手艺叹为观止，也由此而生发对擦鞋故事的阅读享受。如果没有这一段的支撑，这篇报道就单薄干巴不成体统了。

总之，如此煞费苦心地经营这样一组稿件，目的就是让读者透过稿件，看到一个社会稳定、民族团结、城市漂亮、生活美好的时尚边城。此组稿件获当年乌鲁木齐对外宣传新闻报道一等奖。

（本文完稿于 2017 年 8 月，选自拙著《镇版报道的气质养成》）

采访札记：

追问真相，引领舆论

冯　诚

20世纪八九十年代，随着改革开放的强力推进和中国市场经济蓬勃兴起，个体、民营企业如雨后春笋般遍地开花。洪流滚滚方显弄潮儿本色，闯滩历险不少人一夜暴富。一方面，物质的丰富和市场的活跃让人们告别了经济短缺时代的窘迫；另一方面，市场秩序不健全，监管机制不到位，坑、蒙、拐、骗，钻“双轨制”政策空子、权钱权商交易等种种不良现象令人发指；财富的原始积累怕见阳光，很多老板对第一桶金的掘取讳莫如深，社会对暴发户的诟病成为那个时代经济领域的强势舆情。对媒体人来说，报道民营企业自然慎之又慎。

我在新疆工作那几年，社会上对华凌集团的议论也和其他诸多民营企业一样，负面舆论较多。争议的焦点一是老板米恩华从乌鲁木齐市城管办一名普通工作人员下海经商十余年，就成为新疆屈指可数的几大民企老板之一，自然离不开行政资源人脉关系；二是他懂工商管理政策，也必然要钻政策的空子；三是他开办和出租商铺，吃地差红利，少不了盘剥经营户等。当时，新疆多家知名民企都与媒体关系很近，唯独华凌集团是个例外。分社在组织企业报道时，记者们议论到这种有争议的民企，尺度不好把握，老板米恩华也不善与媒体打交道，要采访报道这样的企业难度不小。这反倒触发了我探寻真相的兴趣。一个叱咤市场的大牌企业，是黑是白，我们不能人云亦云，必须自主发声，发出自己的声音，澄清舆论，以正视听。我认为，对于一个在新疆这片边疆民族地区的热土上快速发展成长起来的民营企业，有问题不能回避，如果真正行得正、走得好就要多呵护它，不要老给人家泼脏水。就这样，我和分社当时派驻乌鲁木齐记者站站长段芝璞于 1998 年 4 月进驻华凌集团采访调研。

那次调研，我们真正是以问题为导向的。事后，我们深深感到，对于记者来说，深入调研采访是硬道理。无论多么纷繁复杂的舆情，只要真正深入采访下去，总会逼近真相，明辨真伪。

记得那天去采访，老板米恩华天黑的时候才从市场的基建工地赶来见面。他一身工装，风尘仆仆，分明像个工程队伙计，哪有一点点老板的样子。跟他聊起来，就像跟民工兄弟拉家常，朴实亲和，没有距离。在后来的采访中，我们心中的戒备和疑惑被一层层冰释解开，而且对华凌集团的崛起由衷赞叹，对米恩华的好感油然而生。他下海经商，完全是出于一个回族青年对于市场经济的热衷。他 1988 年辞职下海，租用一家露天电影院的场地开办了一座简陋的小市场，从此走上了一条以创办市场、招租个体工商户经营为主的创业之路。创业道路并非一帆风顺。因为电影院环境整治，他的市场刚兴旺一时便被无偿撤除，损失自担；在二道桥下面谁也瞧不上的乱石滩上再次开办市场，没过多久，河滩整治，又是无偿拆除，没一分钱补偿，损失惨重。第三次只好跑到市区边缘一个小村子的垃圾场再从头开始。就这样摸爬滚打，硬是由小到大发展起来。讲起这些经历，他没有丝毫报怨。他闯荡市场不靠“名片”靠信誉，聚集财富不靠投机靠汗水，资产超过了 10 亿元，完全是自己一点点滚动发展起来的，仅有的 4000 万元贷款还是银行找上门来软磨硬泡放的贷，而相比之下，社会上又有多少企业不是靠银行贷款撑着！他做了大老板依然不要排场不花天酒地，而始终泡在工地一线或者经营户中，保持着普通劳动者的本色。他手中有了用不完的钱，但个人生活依然简朴，而对于社会公益事业、对于扶贫济困的事从不讲条件。他不善言谈，不会高谈阔论，但他朴实厚道的为人和诚信善良的经营理念深得租户们的交口称赞，与数千经营户打交道一直都不用签合同。而他所经营的市场对当地经济社会发展的贡献是有目共睹的，比如，新疆大小1500个各类市场年成交額150亿元，其中华凌市场就占了50亿元，并且带动周边餐饮、酒店、家具、物流等产业蓬勃兴起。在采访中，我们不回避一些尖锐问题。比如，我们在和米恩华深入交谈后直截了当提出，你如何看待现在社会上的那些潜规则？搞经营少不了要拉关系托人情请客送礼，否则许多权力部门怎么摆平？他的回答令人肃然起敬：我这些年就坚持一条，遇到困难尽量自己克服，克服不了就改变思路，绝不做违反政策的事，不做行贿送礼害人害己的事。

在企业的采访结束后，我们还向乌鲁木齐市有关部门求证华凌在工商税收、守法经营等方方面面的情况，确保调研成果真实准确、权威可靠。

做记者多年，这样有特点的企业、有情怀的老板还很少见。很快，我们的两篇供领导层决策参考的稿件《新疆崛起一个资产超10亿元的私营企业》《新疆华凌集团的成功之道》发到了总社。十余天之后，国家体改委、商务部有关调研组就带着朱镕基总理等领导的批示精神抵疆调研。他们一到新疆就约我们座谈，交流看法；之后又广泛走访企业、商户和有关部门，详细核实相关情况。最后得出结论：华凌集团是一个诚信经营和有担当的民营企业，记者报道的情况是属实的。随后，我们的《以信为本》这篇公开报道在1998年6月8日《经济参考报》头版头条浓墨重彩地推出。揭示真相，引领舆论，我们的采访目的达到了。从此，华凌集团的企业形象和社会美誉度大大提升，发展势头也越来越好。

记得1988年我在甘肃分社做普通记者时，在分社社长周国华指导下，对甘肃一家国营大企业所属集体性质的劳动服务公司兼并另一家国有企业做过采访报道。那是我第一次做企业报道，当看到一个名不见经传的劳动服务公司竟然将一个创办多年的国营农药厂一举吃掉而且“消化良好”，真是兴奋不已，写稿过程变成了回放采访情景的享受，采写的《“小鱼”如何消化“大鱼”——兰州宏达公司兼并纪实》一稿，由周国华同志配写《坚持生产力标准》的短评，在《经济参考报》头版头条刊出，《甘肃日报》头版头条转载。当时，全国跨所有制的企业兼并等改革重组才刚刚出现，媒体上还基本看不到“解剖麻雀”似的典型报道。特别是集体企业兼并全民企业，所谓“小鱼食大鱼”者尤为罕见。而这篇报道则领风气之先，为以生产力发展为标准深化企业改革鸣锣开道。报道社会反响很好，当年被新华社评为二等好稿。10年之后，对华凌集团的采访，又一次让我沉浸于对一个企业采访见闻的喜悦感慨之中——“以信为本”，这应该是作为市场主体的各类企业始终不变的坚守。我们的稿件以此为主题，集中展示华凌集团与众不同的经营崛起之道，在当时，很有针对性和普遍意义。即使在今天，“以信为本”依然是企业、市场、社会的声声呼唤。

保加利亚女作家玛丽亚·波波娃在谈到作家为什么要写作时说，创作是“为了满足一种基本的重要的需求”。她认为所有人都有这个需求，“这是对他们存在于这个物质世界的确认”。“你来到生活当中，生活提供了你的感官所能承受的一切；动物性的感受的宽广暗流在思想的特殊性身旁流淌。阳光、星星、颜色、气味、声音，人们脸上的表情和声音里的情绪，年复一年，所有这些都被灌进你体内……我听到了！看到了！感觉到了！这就是它的模样！它是流动的创作和美好的感知力在同一处发生，一种伟大的召唤和回应。”我在读到她这些话时，有一种感同身受的共鸣！记者的报道何其相似——采访对象的故事在你的身心里感知和流淌，你听到了，看到了，感觉到了，于是你情不自禁地进入一种“伟大的召唤和回应”，报道它成了你自身的冲动和需求，最终你就带着读者返回这种“感知和流淌”。与作家不同的是，你不能有丝毫的虚构和想象。

到有争议的企业去采访，带着疑问进去，带着感动出来，这是一种享受，也是心中所愿。我们多么希望所有的采访企业都像华凌集团一样辛辛苦苦打拼、本本分分经营，诚实守信，回报社会。在新疆，我们是第一家对华凌集团进行深入采访、典型解剖并引起巨大社会反响的主流媒体，《以信为本》也获得了第四届新疆新闻报道奖、好新闻奖。在我写这篇短文时，我已离开新疆 17 年，而从多方面了解到的信息看，华凌集团迄今一直健康稳步发展。与 17 年前比，企业壮大了，财富增加了，但米恩华依然是那样低调朴实，不事张扬。这样的民营企业才能走得更远。

（本文完稿于 2017 年 9 月，选自拙著《镇版报道的气质养成》）

新闻报道也要抓市场机遇

——《国务院贯彻〈条例〉调查组随行记》采写体会

冯　诚

1993年5月中下旬，国务院有关部门组成6个调查组分赴12个省市，调查贯彻落实《全民所有制工业企业转换经营机制条例》情况。甘肃是西北调查组的第一站，总社陈芸同志随行，我也参加了在甘肃的调查活动。

这次活动虽然时间短，但收获颇丰。调查组在甘肃活动7天，陈芸同志和我采写了7篇随行记，连续在《新华每日电讯》刊出。此外，这些稿子还受到其他新闻媒介的普遍重视。其中有4篇被《人民日报》在5月19日二版以《负重起步》的大标题集中刊用；《工人日报》在报眼位置加框采用3篇，《人民日报》海外版在二版头条采用一篇。还有《经济日报》《青年报》等中央和省市报纸采用了其中部分稿子。调查组的同志在甘肃活动期间，看到我们发出的稿件后，说不但发稿及时，稿件选材、角度、观点都不错，希望我们多发些类似稿子，从舆论上促进贯彻落实《条例》工作。

这次小小的战役性报道，对我这个长期偏居西北一隅，常常为发稿、用稿难而发愁的分社记者来说，是一次难得的锻炼机会，也使我对新闻工作有了新的认识和体会。

新闻报道，也要注意抓“市场机遇”

这几年，抓“市场机遇”一词，成了人们的口头禅。毫无疑问，搞市场经济要抓市场机遇。同样，搞新闻报道，更离不开抓新闻市场机遇。《随行记》一组稿件小有成功，关键一条，就是从编辑到记者，抓住了新闻市场竞争中一次大好机遇，按市场需求组织适销对路的新闻产品。

贯彻落实《条例》，是转变企业经营机制、促使企业走向市场的关键性措施，也是今年经济体制改革的“重中之重”。尽管自去年7月《条例》发布实施后，各级政府做了大量工作，新闻舆论也进行了大量宣传报道，但是从各地反映的情况看，《条例》赋予企业的14项自主权还有相当部分未完全落实，特别是一些部门和单位放权不主动、不彻底，企业转换机制的外部环境很不成熟。在这种情况下，各级政府和企业迫切需要新闻舆论进一步加强这方面的报道，拿出一些有分量稿件。这是《随行记》之所以受欢迎的原因之一。

除此之外，这次采访报道，还有两个有利条件：一是国务院调查组的活动本身引人关注，二是除个别调查组有中央人民广播电台记者随行外，其他就只有新华社记者随行，这样我们就可以拿出“人无我有”的产品。

正是基于对新闻市场这些良好机遇的认识，总社编辑部门一开始就对这次报道十分重视。工商编辑室负责同志多次商量，提出了意向性的报道计划，在《新华每日电讯》上安排了充分的版面，编辑室副主任陈芸同志放下手中的工作参加调查组活动。稿件一到编辑室，编辑室主任吴锠才同志立即编发。

当然，有了机遇，能否利用好，能否拿出有竞争力的好产品，这对记者来说也是一个考验。

说实话，调查组所了解到的许多情况，对记者来说并不陌生，有许多是长期耳闻目睹、司空见惯的现象。而且客观地讲，像这样的调查活动，新华社并不是非发稿不可，发与不发，发多发少，主动权完全在记者手中。调查组活动的头一天，我根本没有写稿意识。我想等调查活动结束后发一篇综合性的东西也就交差了。但陈芸同志却不这么看。她说，那样做未尝不可，但是如果我们能把随调查组活动的所见所思及时反映出来，虽然不能保证每篇都有深度，但短平快的稿件时效性强、可读性强，贴近读者，会受到读者欢迎。实践证明，这样做是对的。经她这一点拨，我的脑子也开始自觉地转动起来了。事后回想，假如让我一人参加调查组活动，十有八九会让这次写稿的良机失之交臂。

“萝卜快了也要洗泥”

客观地讲，我们在写这组稿子时，只想到供《新华每日电讯》用，在自己的报纸上造一点小小的声势，至于别的报刊会不会采用、社会效果到底如何，当时根本没考虑那么多。但是有一点心里是明确的，这就是：既然要写，就要尽最大努力写好一点，决不能糊弄报纸、糊弄读者。可以想象，如果不是这组稿件事实准确、选材典型、篇幅短小，并有一定的思想深度，即使我们自己的报刊用了，别的新闻媒介也不会买你的账。由此使我想到许多老记者常常说的“萝卜快了也要洗泥”这句用来比喻任何时候都不能忽视稿件质量的话。

调查组在兰州铝厂座谈时，我们和其他调查人员都听说铝厂今年因电费涨价使企业增加成本 3 亿多元。在《快牛的重负》一稿中我们列举了这个例子。谁知，我们将稿子传到总社、离开兰州到白银市调查时，兰州有色金属分公司的同志告诉我们，全省有色系统电价成本增加了 3 亿多元，而不是铝厂一家。我们一听，原稿的数字错了。虽然这个差错见报后不一定会有人查究，但我们想决不能因差错小而明知不纠。回到兰州后，我们立即给铝厂打电话，核准了铝厂的数字，连晚饭也没顾得吃，就给总社编辑室打电话更正了原稿。

贯彻《条例》的稿件，人们写了不少，要写出深度谈何容易。再说，陈芸同志过去搞商贸报道多，接触大中型工业企业少；我过去一直跑农口，今年初才调整搞工商报道，情况不熟，写稿难度是可想而知的。但我们并不因此而灰心。为了搞好报道，我们一人手捧一本《条例》，边调查边学习，座谈时我们比任何人听得仔细、记得认真。不清楚的情况立即补充采访，一些拿不准的问题，及时向调查组和甘肃省有关部门的同志请教。这样，我们对一些深层次的问题也形成了自己的见解，稿件的主题、选材角度也避免了和以往的报道重复雷同。在稿件写作上，我们尽量以所见所闻的典型事例入题，通过述评、叙议结合等形式，不躲不闪、直截了当揭示人们普遍关心的问题。如《起死回生话机制》《快牛的重负》《自主权不到位，卡在哪里？》《自主权依然是核心问题》《“婆婆”该有怎样的作为》等稿，都从不同侧面揭示了当前贯彻《条例》工作中的一些难点、热点问题，赢得了读者好评。

企业自主权不到位，是调查组遇到的反映最普遍的问题。记得今年3月在甘肃一个厅局的工作会议上，省里一位副省长在谈到贯彻《条例》时说：“现在政府部门说该放的权都放下去了，可是企业说没有见到，那么自主权到底到哪儿去了？希望大家研究这个问题。”这个问题在我脑子里放了很久，因种种原因未来得及研究。这次调查时，这个问题反映仍然很强烈。当调查组在与兰州市一些企业座谈时，一些厂长、经理纷纷批评行业主管部门不但不放权，而且凭借手中的权对企业能卡就卡、能宰就宰，比“婆婆”厉害得多。最典型的是有个厂去年初将厂内一个破旧库房的土坯前墙换成铁栅栏墙，又坚固又漂亮，但事过一年后，城乡土地规划部门发现后硬说这是违章建筑，开口要罚款2.2万元，厂里软磨硬泡，最后罚了 2000 元。企业反映的许多类似问题使我们对“企业自主权到哪儿去了”的问题一下得到了回答,《自主权不到位,卡在哪里？》一稿便应运而生。在稿子中我们借用一位厂长的话指出：“政府职能难以转变，企业权力不到位，根子在政府机构太庞大，庙太多，不拆庙搬神，问题就解决不了”，揭示了一些部门卡权的症结所在。稿子发出后，《人民日报》国内版、海外版,《工人日报》《经济日报》等多家报纸广泛采用。甘肃省体改部门的一位同志看了稿子后称赞说,这个问题揭得准、揭得好。

落实企业自主权，是贯彻《条例》的关键，但是有了自主权，用权环境不配套，自主权依然难以运用好，企业也很难活起来。在调查中，一些企业反映的大量事实使我们感到,市场体系建设滞后、体制改革滞后、政出多门等外部改革环境问题和部门利益作怪、社会摊派多、制约企业用权问题以及企业内部改革跟不上等问题，严重影响企业落实和运用自主权。于是我们以《自主权仍是个核心问题》为题，用述评形式指出贯彻《条例》、转换企业经营机制的难点在于：社会环境的配套改革滞后，企业有权不能用；企业有后顾之忧，有权不会用。这些观点见报后，引起了调查组和社会各方的普遍共鸣。

最要紧的，还是敬业精神

采写《随行记》一组稿件，给我印象最深的是陈芸同志那种一门心思扑在工作上的敬业精神。在兰州的 7 天，除了调查组安排搞调研活动外，她没有出过宾馆的大门，晚上几乎没有看过电视，业余时间都用来翻阅资料、写稿。

调查组抵达兰州的第二天晚上，省里在兰州饭店安排了一个文娱活动。调查组只有陈芸一位女士，大家自然非请她出席不可。我也劝她说：“昨天旅途颠簸、今天调查座谈参观一整天，该轻松轻松了。”但陈芸同志见状灵机一动，说“你们先走，我和冯诚随后就到”。等到其他人走了，她诙谐地说：“让他们去乐吧，我们写稿。”仿佛写稿是最开心、最快乐的事，接着她向我谈了当天调查形成的“快牛的重负”一稿的思路，并动手写了起来。等我第二天早上从家里到宾馆时，她拿出抄得整整齐齐的稿子，交我拿回分社去发。

调查组在甘肃7天，接触了20多个大中型企业、10多个业务主管部门，又是座谈又是参观，每天集体活动十四五个小时，我们写稿就只好打“时间差”。有天上午在兰化公司座谈参观到12点多，吃完午饭已是中午一点半，其他人都回宾馆休息去了。陈芸同志又和我一起，找来公司总经理郭锡廉，从公司宣传部借来录音机，请郭锡廉补充谈了这个“一五”期间兴建的老企业如何走向市场的体会。这次采访写出了《听一位经理谈市场》一稿。

5月17日下午，陈芸同志坐飞机赴广州参加另一个调查组的活动。因为前几天的辛苦奔波，大家都很疲倦，所以16日晚饭后我劝陈芸同志早点休息，明天还要坐飞机，写不完的稿子留下我干，不料她听后认真地说：今晚说啥咱也得把原定明天发的两篇稿子一人一篇赶出来。我听后无话可说，回到住房赶紧铺开稿纸干起来。第二天早上在参加国营长风机器厂的座谈时，我们一面往笔记本上记这个厂的情况，一面誊抄着昨晚写好的稿子。到吃午饭时，两篇稿子都抄好了。午饭后，陈芸同志留下稿子，匆匆忙忙赶到机场飞广州去了。

陈芸同志不知疲倦、完全忘我的工作精神，得到调查组、甘肃新闻界同行和工作人员的交口称赞。有一次在参观企业的途中，省计委一位副处长开玩笑地问陈芸：“现在社会上流传说一等记者炒股票，二等记者拉广告……末等记者傻写稿。你们是几等记者？”陈芸笑答：“我们是傻写稿的末等记者”，车上的人哄地笑了。接着大家七嘴八舌议论起来，都说现在像陈芸这样乐此不疲、一门心思爬格子的记者不多见，新华社记者的素质就是不一般。大家在一起活动多日，都比较熟了，我听得出来，大伙的话发自肺腑，没有半点虚假恭维之意。

我作为一位分社记者，通过这次和总社同志的合作，深深感到，新华社老一代新闻工作者历来倡导的那种执着不渝热爱党的新闻事业、热爱新华社事业的敬业精神今天已在新一代人身上闪光。这正是我们在激烈的新闻市场竞争中立于不败之地的重要保证。

（原载《新闻业务》1993 年第 21 期）

一则视频广告引发的非虚构断想

冯　诚

大约半年前，我从某权威电视媒体新闻频道黄金时段和一些网络平台上看到了促销甘肃东乡羊肉的一条公益性视频广告，广告镜头和广告词一下子吸引了我的眼球。此后，我一有机会就想看看这条广告。说实话，以前看过听过无数的广告作品，还从来没有过这种“才下眉头又上心头”的纠结感。该广告内容大体是这样的：

镜头里，甘肃东乡县一架黄土山坡上，一位白胡子老爷爷挥鞭驱赶着雪白的羊群，笑呵呵地说：“吃山里的草，喝山里的水，（甘肃）东乡羊肉那叫一个美；以前山高路远，卖不出去，现在碧桂园放到手机上卖，今年我还要养500头！哈哈哈……”七句话，五十几个字的广告词，结束于一串响彻黄土高坡的开怀大笑。

广告词言简意赅，总长15秒的视频镜头也很抓人：随着一声带有当地方言的吆喝，推出一只黑眼圈大绵羊的特写镜头，紧接着就是几十只绵羊从一个一两人高的黄土山崖下被赶过来，羊群过处黄土飞扬；来不及定睛，镜头里出现一只大手握着一把刀子，手起刀落，一大片羊肋骨被切下一根肋条；然后是那位白胡子老爷爷双手举着一根长长的羊肋条，在盛着羊排的餐桌上大快朵颐，其味觉享受的神态，让人过目不忘甚至垂涎欲滴；再往下看，是全景镜头了：沟壑纵横的峁梁，虽是夏季却植被稀疏的山坡，陡峭山坡上是一层层的梯田…… 这时，又一个以山崖为背景的镜头出现了：这位刚才大口吃肉的老者，眼前又是羊群，左侧还是那一两人高的山崖，有羊只慌不择路、接二连三地从这处足有一人高的断崖顶端蹦跳下来（无疑是有人在后面追赶）；突然，镜头切换，画面中出现两位年轻人和这位老者再一次撵着羊群从断崖下走过来，羊群过处，又是一阵黄土飞扬；此刻，这位老者右手举起手机，口中的广告台词正好说到“现在碧桂园放到手机上卖，今年我还养 500 头……哈哈哈”。视频结尾是老人挥鞭、羊群集聚于梯田层层的山坡台地上。

这位老者头顶银发，蓄着长长的白胡子，笑得合不拢嘴。听着广告词、看完视频，给人的整体印象是：过去山高路远卖不出去的优质东乡羊肉，因为碧桂园通过手机帮着打开了销路，不愁卖了，真是让人开心。老者的愿景就是今年还要养 500 头！他所表达的，不正是东乡许多养羊农民的心声吗？

从百度词条中可知，东乡县地处甘肃中部黄土高原沟壑区，境内土质含有多种微量元素，牧草也有 8000 多种，所育羊儿肥壮且富有营养，历史上曾作为皇家贡品被称为“东乡贡羊”。近些年的脱贫攻坚战中，“东乡三宝”之一的羊产业，被作为基础支柱产业大力扶持。

另据媒体报道，两年前，碧桂园集团结对帮扶甘肃东乡县，瞄准远近闻名的东乡“手抓羊肉”传统品牌，引进行业领先技术，插上电商物流的翅膀，确保东乡羊肉新鲜速达，在 24 小时内直达一线城市百姓的餐桌。两年多时间，累计帮助东乡销售 6 万多只羊。销路打开后，东乡手抓羊肉的名气越来越大，产量却跟不上了。于是碧桂园集团在销售帮扶的同时，又打起生产帮扶的大旗，在王家川村的一个山谷内建起集种羊养殖、繁育、示范为一体的碧乡种羊繁育基地。该基地占地 30 多亩，建成3000多平方米的两座高标准羊舍、一座600平方米的饲草棚、一座1000立方米的青贮窖，全部智能化管理。看来，东乡养羊业正在向规模化、标准化、市场化大步迈进。

由此可见，广告的主题和老农的愿景是多么美好。另一方面，我也为碧桂园勇担社会责任、扶持贫困地区发展养羊业的公益善举真诚点赞。

但让我纠结的是，这条公益性促销广告要不要这样拍？我的疑问是：为什么要把羊群赶到山坡土坎断崖处拍摄？

我认为：赶羊群上山不利于植被保护；镜头语言违背当地养羊业客观实际；摆拍效果有误导受众之嫌。

首先，赶羊群上山不利于植被保护。

东乡县是甘肃中部18个干旱贫困县之一，境内山大沟深，地形破碎，六大山梁夹着六条山沟，能数出1700多条梁峁和3000余条沟壑，平均海拔2610米；气候干燥，降雨量少，植被条件差，水土流失十分严重。20世纪八九十年代，我在新华社甘肃分社当记者时，跑遍了包括东乡在内的甘肃中部所有的县，对那里的自然生态条件刻骨铭心，也做过一些当地改善自然面貌的报道。那时候，甘肃中部及毗邻的宁夏南部山区28个县，被认为是全国最贫困的地方，百年前左宗棠任陕甘总督时就曾上奏朝廷“陇中苦瘠甲于天下”（当时的陇中包括现在的宁夏西海固地区）。1982年，国家实施“三西”扶贫工程，即“兴河西走廊之利，济甘肃以定西为代表的中部地区和宁夏西海固地区之贫”。其中一条重要阶段性目标任务就是“三年停止植被破坏，五年基本解决群众温饱”。为什么要把停止植被破坏当作当务之急呢？就因为这些地方干旱缺水，黄土裸露，山体破碎，植被条件差，而老百姓因为缺柴草导致长期铲草皮挖草根，加之牛羊骡马满山放养，使本就脆弱的植被条件雪上加霜。过去有一句话形容甘肃中部那些光秃秃的荒山：“拉羊皮不沾草！”苦瘠之地，何等形象！为此，中央政府启动了我国第一个区域性扶贫开发工程，即“三西建设”工程，时任总书记胡耀邦还号召全国青少年采集草籽树种支援这些地方种草种树。从此，保护和恢复植被成了甘、宁两省区干旱贫困地区一项重大国策，各地通过多种途径解决群众“锅下愁”“炕底寒”，同时对坡度25度以上的地方退耕退牧、还林还草，广大农村大兴种草种树之风，提倡农户舍饲牛羊，大力恢复生态植被。因为减少了人为破坏，在全面进入小康的时候，这些地方的植被条件有所改善。但毕竟是地理大环境使然，植被的脆弱并未得到根本性改变。

比如，视频广告镜头中的山山沟沟，现在看上去仍然没有一处地方可以让人心安理得地赶一群羊上去！绿色稀薄的梯田，黄土裸露的山坡，大山大沟，那种豆沙包子似的地皮最怕牛羊踩踏。过去一家一户少量散养都承受不了，哪能经得住大量羊群折腾！就是在“三西”扶贫开发工程实施之初，当地已经提倡舍饲、圈养，提倡公司＋农户的规模养殖，那是几十年前我当记者时政府就倡导的农村养殖业新路径。今天，“绿水青山就是金山银山”的理念深入人心，保护生态环境更是成为全社会的共识。事实上，就东乡全县来讲，用今天的生态理念看，绝大多数地方依然根本不适宜散养牛羊等大牲畜。再说，进入西部大开发构建新格局的新发展阶段，应该是进一步持续加大力度去修复这里穷山陋水的疮疤，而不是反向操作。

其次，镜头语言违背当地养羊业客观实际和发展方向。

我理解，广告策划者无非是想渲染东乡羊肉质好，是要让受众确信这里的羊是“吃山里的草，喝山里的水”，山上草好水好，羊肉品质自然就好。如果是圈养、是规模养殖，那么，赶羊群上山干吗呢？而且不惜再三再四地取景于尘土飞扬的山坡断崖下。人们当然有理由发问：用户买到的羊只就是在那山坡上撵来赶去放养出来的吗？当下东乡大力发展羊产业还在走那条祖祖辈辈赶羊上山的传统之路吗？我认为白胡子老者一家要养殖 500 头，一定不宜这样赶着满山放养了。别说一年四季长期放养，只是为拍一次视频把那么多羊只赶上山坡，都让人不忍。生态条件不允许、政府不提倡，一家一户的传统“山养”必须转型。

其三，摆拍镜头有误导受众嫌疑。

这几年，媒体上一些写实性农产品促销广告不用明星代言，也不炫技，深入山乡实景拍摄，文质兼美，给人印象深刻。这则广告采用的就是实景拍摄手法。但广告镜头的创意既远离主题又有违生活的常理！从镜头语言的角度讲，赶羊群跳悬崖、弄得黄土飞扬的画面给人强烈的不适感，去问问哪个老农舍得赶自家羊群跳那么高的崖坎子，它也有违广告信息传播伦理。一群羊惊恐万状、亡命奔逃似的任性镜头，于荒山荒坡何堪，于无辜的羊群何堪，当地老百姓看得惯吗？而且短短十几秒的广告视频中，竟四次出现羊群扎堆聚集或走过一片山间断崖下的特写镜头，真是不可思议。哪怕你简单拍一个蓝天白云下羊群在山坡上吃草撒欢儿的场景，视觉效果和心理反应一定比现在好。

正是因了这些原因，我看此广告的感受可能与他人不同。

令我不解的是，从广告策划制作到编审、到播出平台、到当地政府相关部门和老百姓，大家看着如此促进养羊业的镜头能心安理得吗？难道我这样的受众、这样的断想，只是一个例外？

我是一个土生土长的甘肃中部人、一个曾经的媒体人，现在是一个新闻传播学界的教师，因此我便习惯性地代入不同的身份视角来认识和分析这则广告：作为家乡人，该怎么看待这则广告的社会效果？作为媒体人，在报道、推介这里养羊业时会怎样把握编审包括广告在内的各类稿件？作为一名教师，怎样选择正反案例指导学生策划拍摄高品质的广告作品？

新闻传播学界一位资深学者和我交流时说，该广告在创意制作方面除了镜头语言不够理想外，对赞助商的嵌入也过于生硬，显得突兀，没有把赞助商品牌与广告内容及公益广告本身巧妙、自然、不着痕迹地联系在一起；一位传播学教授、博士生导师认为，这则广告带有明显的“他者”优越感，以“他者”视角放大了东乡农村的落后和贫困；有学生在参与讨论时说，广告作品应该遵循创意求美原则，而这则视频广告中刀劈羊排和羊群跳崖的镜头只图吸引受众眼球，毫无美感可言，甚至可以说是典型的败笔；有媒体朋友说，如果真正了解当地自然生态历史文化状况，这则广告的创意和播出都要重新考虑了。

出乎意料的是，我家乡有的亲友却直言不讳地劝我，万不要动写稿的脑筋了，广告受众千千万，别人就算看破也不说破，你何必较真儿、自讨没趣。再说，东乡这样的地方，要不是大企业扶持，哪有钱在媒体打广告，又有谁能知道东乡的羊肉好吃呢！文人就是喜欢吹毛求疵！显然，站在不同的位置，看问题的角度不尽相同。

但无论如何，当今全球化传播时代，广告作品不单纯是促销产品的信息传播，其主题诉求和创意表现必须与广告投放区域的文化背景，以及目标受众的价值观相兼容。也就是说，广告作品的创意策划制作，同样要考虑经济社会发展的时代特征，顾及受众的文化认同和审美情趣，传导正确的价值理念。

我的想法是，东乡羊肉的公益促销广告当然要继续做，但应该提升创意策划水准，科学有效地引导当地农民规模化舍饲养殖，同时要保护好社会企业扶贫济困积极性和东乡广大农村的生态环境。

（本文完稿于 2022 年 2 月）

后记

书稿付梓之际，心绪突然复杂起来：兴奋而又焦虑，期待而又惶恐。如司十月怀胎的母亲即将分娩时的忐忑——孕育过程的酸甜苦辣能否换来新生命的卓尔不群？当然，每一个婴儿的呱呱坠地都值得欣喜！此刻，惟愿即将问世的拙著不要有太多缺憾。

如果说书稿的写作、整理过程是对自己记者生涯实践感语、经验得失的反观、自省和理性呈现，那么，收笔之时，漫溢于心萦绕于怀的则是满满的感恩之情！

我感恩新华社！投身于这样的媒体大家庭中，不断学习、成长、进步，记录时代风云，履行社会职责，书写属于自己的诗和远方，此生何其有幸！

我感恩母校兰州大学，是母校惠赐于我无尽的知识给养和“自强不息，独树一帜”的人生价值坐标。当我完成32载新闻工作旅程而离开跑道时，母校又一次喊我回家，并以教书育人的名义，让我回炉淬炼，再次与莘莘学子们并肩起跑！

我感恩曾经辗转工作过的甘肃、新疆、湖北、江苏四省区230多万平方公里的热土，以及热忱关心支持我工作的无数朋友，我工作过的每一个地方，都是知我冷暖的故乡！

我感恩曾经和我一起并肩采访写稿的所有师长和同事们，本书不少合作文章以及所引用案例稿件，都有赖于他们辛勤的脑力笔力！

我感恩在兰州大学新闻与传播学院四年来的学习工作时光！在这里，我从活跃在学院三尺讲台上数十位心怀国之大者、为党育人为国育才的师者身上看到了中国式现代化新征程上新闻传播教育和战略性新闻传播人才培养的希望所在；在这里，我也有幸结识了中国新闻传播学界无数令人景仰的大先生、引领潮流的学术大咖以及年轻有为的教学科研新秀，几年间，在与他们的交流交往中，我领略到了新闻传播学界开放包容平等互信的良好文化生态，也汲取到了许多学术营养！

就本书而言，还有更多的书外机缘让我感动！

衷心感谢中国书协主席孙晓云女士！当我恳请她为我题写书名时，她在微信中欣然应允“没问题”，几天以后书作原件就已经转交到了我手中，殊不知这已经是她为我题写的第三本书名了！

衷心感谢崔士鑫、严文斌、周跃敏、向培凤、郭锦诗、胡正荣、王润泽、刘晓程等各位令我肃然起敬的专家学者行业翘楚，他们在百忙之中应我之请拨冗浏览拙著电子版，并予以深情点评。我明白，他们的那些深邃精美的评介文字于我而言是褒奖、鼓励和鞭策，我深为感动也深感惭愧！但从更高层面来看，他们表达的是各自对新闻传播实务的理念遵循和中国特色新闻传播学科的学术坚守，从这个意义上说，他们的点评值得每一位媒体人和新闻传播学界同仁共勉。

衷心感谢新华出版社社长匡乐成先生对本书出版的策划指导！衷心感谢责任编辑祝玉婷、陈思淇女士的辛勤付出！

衷心感谢所有关心支持本书出版的亲友们！

我珍惜人生旅程中所有的遇见、相知和美好！

冯　诚

2023 年 9 月 25 日于兰州大学新闻与传播学院